KB268776

아시아·태평양전쟁

Series NIHON KINGENDAISHI, 10 vols.
Vol. 6, ASIA, TAIHEIYO SENSO
by Yutaka Yoshida
© 2007 by Yutaka Yoshida
First published 2007 by Iwanami Shoten, Publishers, Tokyo.
This Korean edition published 2012
by Amoonhaksa, Seoul
by arrangement with the proprietor c/o Iwanami Shoten, Publishers,
Tokyo

아시아 태평양전쟁

요시다 유타카 지음
최혜주 옮김

어문학사

소비에트 사회주의 공화국연방
바이칼 호
이르쿠츠크
치타
만저우리
하이라얼
노몬한
치치하얼
하바로프스크
카라후토
울란바토르
몽골 인민공화국
하얼빈
만주국
에토로푸
신징
펑톈
블라디보스토크
베이징
뤼순
옌안
텐진
다롄
경성
조선
히로시마
도쿄
일본
시안
중화민국
난징
한커우
나가사키
청두
충칭
상하이
동지나해
이창
우창
오키나와
오가사와라 제도
구이린
이오
마리아나 제도
메이크틸라
인도
임팔
류저우
타이완
미얀마
광저우
하노이
홍콩
프랑스령 인도차이나
하이난
루손
랑군
남지나해
필리핀
사이판
타이
방콕
마닐라
곰
남사군도
(스프래틀리 군도)
사이공
레이테
송클라
민다나오
파라오
펠렐리우
코타바루
브루나이
말레이
싱가포르
(서캐롤라인제도)
할마헤라
수마트라
보르네오
셀레베스
파렘반
뉴기니
라에
스라바야
몰카제도
살라마우아
네덜란드령 인도네시아
반톤
자바
발리
티모르
포트모르즈비
포트다윈
오스트레일리아

아시아·태평양전쟁 관계 지도(에구치 게이이치 『15년전쟁소사(신판)』를 기초로 작성

▶ 일러두기

● 일본의 지명 및 인명, 고유명사는 현 외래어 표기법에 따라 표기하였다. 단 장음 표기는 하지 않았으며, 어두에는 거센소리를 쓰지 않아 가급적 일본어 발음대로 쓰는 것을 원칙으로 삼았다. 예를 들어 と, か, た가 어두에 오면 '도' '가' '다'로 표기하고, 어중이나 어말에서는 그대로 거센소리 '토' '카' '타'로 각각 표기하였다.

● 논문이나 국가 간 합의 문서, 법 조문, 노래, 시, 연극, 소설 제목 등에는 「」, 신문은 〈 〉, 잡지와 단행본 등 책으로 볼 수 있는 것은 『』로 표시하여 구분하였다.

● 본문의 일부 내용 중 보충 설명이 필요한 부분에는 역자가 각주를 달아 이해를 도왔다.

● 참고문헌에 있는 방위성 방위연구소 전사부, 외교사료관, 아시아역사자료센터의 소장자료에 대해서는 소장처를 생략했다.

머리말

길게 지속되는 '전후'

왜 '전후'는 끝나지 않는 것일까? 미국의 역사가 캐롤 글럭(Carol Gluck)은 어느 나라든지 간에 제2차 세계대전의 '전후'로 불리는 시대는 1950년대 후반까지 끝나고, 그 뒤의 시대는 '현대'로 취급됨에도 불구하고 일본에서는 아직 '긴 전후'가 계속되고 있다고 지적한다(「現在のなかの過去」).

물론 일본에서도 몇 번인가 '전후'의 종결 선언이 이루어지고 있다. 경제기획청의 『쇼와 31년도 연차경제보고』(1956년), 이른바 『경제백서』가 "이제 '전후'가 아니다"라고 큰소리로 선언하여 논의를 불러일으킨 것은 잘 알려져 있다. 또 1965년 8월 전후의 수상으로 처음 오키나와를 방문한 사토 에이사쿠(佐藤栄作, 1901~1975년) 수상은 나하(那覇) 공항에서 발표한 성명문에서 "나는 오키나와의 조국 복귀가 실현되지 않는 한 우리나라에게 '전후'는 끝나지 않은 것을 잘 알고 있습니다"라고 말하였다. 사토 수상의 이 인식에 따르면 1972년 오키나와가 본토로 복귀함에 따라 '전후'는 끝난 것이 된다. 확실히 이 1972년은 일본의 전후사에 있어 커다란 전기가 된 해였다. 1956년 소련과의 국교 회복, 1965년 한국과의 국교 수립에 이어 대일전에서 최대의 피해를 입은 중화인민공화국과의 국교가 회복되었기 때문이다. 1951년에 조인된 샌프란시스코강화조약에는 중국을 대표하는 정권과 한국 정부는 초청받지 못했고, 소련도 조인을 거부했다. 냉전하의 '단독강화'다. 그것을 생각한다면 조선민주주의인민공화국과의 국교 문제가 남아 있다고 해도, 1972년의 중일 국교 회복에 따라 겨우 '전면 강화'가 실현되었다고 말할 수 있을 것이다.

전쟁 책임이라는 문제

그러나 그 후에도 '전후'라는 말은 결코 사어(死語)가 되지 않았다. 그 이유의 하나로서 아시아·태평양전쟁의 전후 처리가 불충분한 형태로만 이루어졌다는 문제를 들 수 있다. 특히 1990년대에 들어와 위안부와 강제 연행된 사람들처럼 아시아 여러 나라의 전쟁 희생자 중에서 일본 정부에 대해 전후 보상을 요구하는 목소리가 높아지기 시작했다. 일본 국내에서도 치안유지법으로 탄압받고 학대받은 사람들과, 공습이나 원폭의 희생자 중에서 일본 정부에 보상을 요구하는 움직임이 나타났다. 2006년 4월에 아사히(朝日) 신문사가 실시한 여론조사에 따르면, "일본은 침략이나 식민지 지배를 통해 피해를 준 나라나 사람들에 대해 사죄나 보상을 충분히 해왔다고 생각합니까, 아직 충분하지 않다고 생각합니까?"라는 질문에 대해서, "충분히 해왔다"는 36%에 그치고, 51%의 사람들이 "아직 충분하지 않다"고 답했다. 전후 처리는 일본인의 의식 중에서도 아직 끝나지 않고 있는 것이다.

전후 처리 문제와 관련해서 중요한 것은 이전의 전쟁에 대한 평가가 일본인 가운데 일정하지 않다는 것이다. 전후의 일본 사회에서 식민지 지배의 역사나 만주사변 이후 일련의 전쟁의 성격에 대해 본격적인 논의가 시작된 것은 1980년대 이후의 일이다. 그 역사적인 배경에 대해서는, 필자의 『일본인의 전쟁관』(2005년, 이와나미 현대문고)에 양보하기로 하고, 여기서는 많은 국민이 전쟁 책임이라는 문제를 정면에서 다루지 않았다는 것을 느끼고 있다는 사실에 중심을 두고 싶다. 예를 들면 마이니치(毎日) 신문사가 2005년 8월에 실시한 여론조사에 따르면, "전쟁 책임에 대해 전후 일본의 의논은 충분했다고 생각합니까?"라는 질문에 대해서, "충분했다"고 답한 사람은 불과 14%이고, "충분하지 않았다"는 75%에 달하고 있다.

이러한 상황을 토대로 엄밀하게 말한다면 전후 처리의 전제가 되어야 할 전쟁 책임의 문제를 강하게 의식하면서, 이 책을 통해 아시아·태평양전쟁 시대를 필자 나름대로 재구성해 보고 싶다. 이 경우 전쟁 책임이란 일본 국가와 일본인의 대외적 책임 문제만이 아니라, 일본의 국가 지도자들의 국민에 대한 책임 문제도 시야에 넣어 생각해 보고 싶다.

'전후'가 끝나지 않는 다른 하나의 이유는 전후의 일본 사회가 두 번의 전쟁을 직접 체험하지 않았다는 점을 들 수 있다. 일본은 한국전쟁이나 베트남전쟁에서 미국의 군사 행동에 협력하는 형태로 깊이 관여하고 있지만, 스스로 직접 무력을 행사하는 주체가 된 적은 없었다. 만일 새로운 전쟁을 직접 체험했다고 한다면, 그 새로운 전쟁의 전후가 시작되고, 아시아·태평양전쟁의 '전후'는 종말을 고하거나, 혹은 새로운 전후에 의해 상대화되어 그 가운데 매몰되어 갔을 것이다.

그러나 새로운 전쟁을 체험하지 않았다고 하는 것은 아시아·태평양전쟁의 체험자 이외에 전쟁 체험자가 존재하지 않는 것을 의미한다. 그리고 시류와 함께 전쟁 체험자는 확실히 감소해 간다. 당연한 일이지만 전투자 집단으로서의 자위대도 이러한 시대의 흐름과 무관할 수 없다. 육상자위대간부학교 전사교관실장 시라이시 히로시(白石博司)는 이미 10여 년 전에 다음과 같이 쓰고 있다(白石博司, 「戦史雜感-その1」『陸戰研究』, 1995년 12월호).

요즘 구 군관계자가 자위대의 현직을 떠나고, 또한 실전을 체험한 사람도 노령에는 이기지 못하여, 드디어 자위대도 완전히 미체험 군사 집단이 되어 버렸다. 체험·실험이 어려운 군사를 전문으로 하는 우리 간부 자위관에게 실전을 배울 교재로 남은 것은 전사 이외에 없다고 해도 과언이 아니다. 드디어 앉아서 전사를 공부할 때가 왔다고 생각한다.

전혀 다른 이유지만 나도 시라이시와 위기감의 일부를 공유한다. 전쟁 체험 세대가 감소하는 가운데, 현재의 일본 사회에서는 전쟁의 현실, 전장의 현실에 대한 리얼한 상상력이 급속하게 쇠약하고 있다고 느끼기 때문이다. 1991년의 걸프전쟁(Gulf War)부터 이러한 변화가 시작되었다고 생각한다. TV 영상을 통해 본 최신예의 하이테크 병기, '대본영 발표'를 생각나게 하는 미군 대변인의 전황 보고, 병기의 성능만을 자랑삼아서 해설하는 군사 평론가. 이러한 보도의 홍수 가운데 우리들은 알지 못하는 사이에 전쟁 게임 같은 발상과 감각으로 전쟁을 관찰하여 논평하고 있었던 것은 아닐까. 적어도 그때 우리들의 시야로부터는 최전선의 참호 가운데 죽음의 공포와 싸우고 있는 병사의 존재나 전쟁에 휩싸인 민간인 희생자의 존재는 전혀 빠져 있었다.

필자 자신도 전쟁을 체험하고 있지 않다. 1954년에 태어난 '전무파(戰無派)' 세대[1]의 연구자다. 그러나 직접 체험은 하지 않았어도 전쟁의 현실, 전장의 현실에 대한 상상력을 몸으로 느끼는 것은 가능하지 않을까. 본래 직접 체험하지 않은 일을 상상하는 것이 불가능하다면 역사학이라는 학문은 성립할 수 없을 것이다.

구체적으로 말하면 사람과 사람이 죽이고 죽는 관계성 가운데로 던져진 전장이라는 살육의 현장에 대한 상상력, 거대한 버섯구름(핵폭발 직후에 생기는 거대한 버섯 모양의 구름—옮긴이) 아래에서 일어나고 있는 수많은 사건에 대한 상상력, 남편이나 자식의 죽음이 '명예의 전사'로 받아들여지는 시대와 사회의 강대한 힘에 대한 상상력, 그리고 '적의 얼굴' 가운데 '인간의 얼굴'을 발견해 가는 것이 가능한 상상력 등이다. 이 책에서는 그러한 전쟁이나 전쟁의 현실에 대한 리얼한 상상력의 회복이라는 문제의식을 다른 하나의 핵으로 삼고 저 전쟁의 시대를

---

1 제2차 세계대전 이후에 태어나 전쟁을 전혀 모르는 세대.

재구성해 보고자 한다.

　　한편 이 책에서는 1941년 12월에 시작되어 1945년 9월에 항복문서 조인으로 끝난 전쟁을 '아시아·태평양전쟁'이라고 부르기로 한다. 당시 사용된 '대동아전쟁'은 너무나 이데올로기 과잉의 호칭이고, 현재 일반적으로 사용하고 있는 '태평양전쟁'도 미일전쟁 본위의 호칭으로, 중국전선이나 동남아시아 점령지의 중요성을 놓치게 될 가능성이 있다. 필자도 편집위원의 한 사람으로 참여했던 『이와나미강좌 아시아·태평양전쟁』(2005년) 전 8권에서는 만주사변, 중일전쟁, '태평양전쟁'이라는 일련의 전쟁을 '아시아·태평양전쟁'이라는 광의의 개념으로 파악할 것을 제창하고 있다. 전후도 포함하는 시간적 확대와 '제국'이라는 공간적 확대 가운데 전쟁을 다룬다는 문제의식에 근거하고 있는 것이다. 그러한 문제의식을 계승하면서 이 책에서는 '아시아·태평양전쟁'을 '태평양전쟁'에 대신하는 호칭으로 사용하고 싶다. '대동아전쟁' '태평양전쟁'을 대신할 적절한 호칭이 달리 발견되지 않는 이유에서이다.

차례

제1장 개전에의 길

1941년 10월 20일, 수상 관저에서 고노에 후미마로
전 수상(왼쪽)과 사무인계를 하는 도조 히데키 수상
(오른쪽).
미·일 교섭에 의욕을 보여온 고노에 내각의 퇴진은
미일 관계의 큰 전환점이 되었다(마이니치신문사).

1. 삼국동맹에서 대미영 개전으로

삼국동맹·무력남진정책

1940년 7월 22일, 제2차 고노에 후미마로(近衛文麿, 1891~1945년) 내각이 성립하였다. 고노에는 고셋게(五攝家)[2] 필두(筆頭)라는 유서 깊은 가문에서 태어난 구게(公家)[3] 출신의 정치가다. 궁중과의 관계도 깊고, 1891년에 태어난 젊은 정치가로 국민적인 인기도 있었다. 이미 1937년 6월부터 39년 1월에 걸쳐 제1차 내각을 조직하여 중일전쟁의 장기화에 커다란 정치적 책임을 지고 있었다.

국내 정책면에서 고노에는 광범위한 국민의 조직화를 통해서 고노에 신당을 수립하고, 그 정치력을 배경으로 군부를 내각의 견제 아래에 두는 것을 노려, 조각(組閣) 직전부터 신체제운동을 개시하고 있

---

2 고셋게(五攝家)는 가마쿠라 시대 이후 셋쇼(攝政)·간파쿠(関白)에 임명된 고노에(近衛)·구조(九条)·니조(二条)·이치조(一条)·다카쓰카사(鷹司)의 다섯 가문을 말한다.
3 조정에 벼슬하는 귀족·상급 관인의 총칭.

었다. 결국 이 운동은 여러 정치 세력 간의 대립을 극복하지 못한 채 신당 구상으로서는 좌절하고, 모든 정당이 해산한 뒤에 전 정치 세력을 망라한 대정익찬회(大政翼贊會)[4]가 1940년 10월 12일에 결성되었다. 고노에 수상을 총재로 하는 이 익찬회는 고노에가 당초 기대한 대로 군부를 견제할 만한 정치력을 획득하는 데는 실패했다. 그러나 각종 관제 국민 운동 단체나 부락회·정내회(町內會)[5] 등의 지역 조직을 산하에 모으는 것으로 파시즘 체제 확립기의 국민 운동 조직으로 커다란 힘을 발휘하게 된다.

대외 정책면에서는, 이 제2차 고노에 내각 아래에서 1940년 7월 27일 대본영정부연락회의가 「세계 정세의 추이에 따른 시국 처리 요강」을 결정한다. 독일·이탈리아와의 정치적 결속 강화와 동남아시아로의 무력 남진을 결정한 중요 국책이다. 그 결과 같은 해 9월 27일에는 일·독·이의 삼국 사이에서 삼국동맹이 체결되었다. 유럽에서는 독일·이탈리아의, 아시아에서는 일본의 지도적 지위를 서로 승인하고, 제3국(실제로는 미국)과의 사이에 무력 충돌이 생겼을 경우에는 상호 군사적 원조를 행한다는 사항이 결정되었다. 또한 일본 정부는 군사적 압력을 배경으로 프랑스령 인도차이나[6] 당국과의 사이에 군사 협정을 체결하고, 이에 근거하여 9월 23일에는 일본군이 북부 프랑스령

---

4 고노에 후미마로 등이 1940년 10월 12일에 신체제운동 추진을 위해 결성한 관제 조직. 1945년 6월 13일에 해산하여 국민의용대가 되었다.
5 정내회는 중일전쟁 시기부터 일본 각지에서 만들어지기 시작하여 태평양전쟁 시기에는 대정익찬회의 최말단 조직으로 시(市)에 조직되었고, 정·촌(町·村)에는 부락회가 정비되었다. 정내회의 하부 조직으로는 효율적인 배급이나 사상 통제를 위해 여러 집을 하나의 단위(一組)로 만든 인조(隣組)를 조직한 것이 있다.
6 1887년부터 제2차 세계대전 후까지 인도차이나 반도 동부에 있던 프랑스 식민지를 통틀어 이르는 말. 제2차 세계대전 때 일본이 점령했었는데 1945년에 패하게 되자 베트남과 라오스가 독립하였다.

인도차이나에 진주하였다. 이 사이 현지군이 독단으로 월경하여 프랑스령 인도차이나군과의 사이에서 전투가 벌어졌다. 이 북부 프랑스령 인도차이나 진주는 영국 등의 대중국 원조 물자의 보급로인 원장(援蔣, 프랑스령 인도차이나)루트[7]를 차단하고, 아울러 남진을 위한 기지를 확보하는 것에 그 목적이 있었다.

중일전쟁의 교착

삼국동맹·무력남진정책의 배경에 있었던 것은 중일전쟁의 교착 상태다. 1937년 7월에 중일전쟁이 개시되자 일본군은 같은 해 12월에 수도 난징(南京)을 점령하고, 다음 해 1938년 8월 5일에는 쉬저우(徐州)를, 10월에는 우한(武漢)을 점령했다. 그러나 국민정부는 수도를 충칭(重慶)으로 옮겨 항전을 계속하였다. 역으로 1939년 말에는 중국 국민정부군의 동계공세가, 1940년 여름에는 화북의 팔로군(八路軍, 공산당군)에 의한 반공작전[百團大戰][8]이 이루어져 일본군에게 충격을 주었다.

이렇게 일본 전쟁이 장기화하여 전선이 교착하는 가운데 군사력에 의한 해결의 전망을 잃어버린 일본 정부는 정략 공세에 의해 국면을 타개해 보는 데 기대를 걸게 되었다. 그 최대의 것이 왕자오밍(汪兆銘, 1883~1944년) 공작이다. 이것은 국민당의 부총재인 왕자오밍에 대한

---

7 영·미의 장제스(蔣介石) 정부에 대한 원조 물자 수송로.
8 100개 단(단은 연대[連隊]의 의미) 이상의 팔로군이 1940년 8월부터 5개월간 화북의 일본군에 대해서 치룬 항일전쟁 중 최대 규모의 작전.

화평 공작이지만, 일본 측이 요구하는 중국에서의 권익 확보나 일본군의 주류(駐留)에 계속해서 구애되었기 때문에, 중국 측의 충분한 지지를 얻지 못하고 국민정부에 대한 붕괴 공작으로서도 실패한 채 끝이 났다. 결국 충칭을 탈출한 왕은 1940년 3월에 난징에 국민정부를 수립하지만 그 내실은 일본군의 괴뢰정권에 지나지 않았다. 같은 해 11월 30일 왕자오밍 정권은 일본 정부와의 사이에 일화기본조약을 체결했는데, 이 조약은 일본에 광범한 군사·정치·경제상의 특권을 부여하는 것이다. 치안 회복 후 2년 이내 일본군의 철병을 규정하고 있던 것으로, 그 후에도 특정 지역에 계속 주류하는 권리를 일본 측에 인정하고 있었다. 중국 민중이 일본에 대해 너무나 타협적인 왕 정권을 지지할 리가 없었던 것이다.

'사국협상' 구상과 그 파탄

삼국동맹·무력남진정책의 또 다른 하나의 배경은 유럽으로의 독일군 대공세다. 1939년 9월에 발발한 제2차 세계대전은 '기묘한 전쟁'이라고 불리는 대치 상태가 계속되고 있었다. 1940년 4월에는 독일군이 노르웨이, 덴마크에 침공, 5월에는 벨기에·네덜란드·룩셈부르크·프랑스에 침공하고, 6월에는 파리를 함락시켰다. 독일군에 의한 '전격전'의 승리다. 이에 따라 육해군 안에 친독파가 왕성하게 세력을 확장시킬 뿐만 아니라, 정부나 육해군 사이에 독일의 군사력에 대한 과대한 평가가 급속하게 확대되어 갔다. 또 한편으로 독일의 승리에 의해 전쟁이 종결될 경우 동남아시아에 존재하는 영국·프랑스·네덜

란드 등의 식민지가 독일의 세력권에 들어가 버린다는 것에 대한 위구(危懼)도 생겨났다. 이런 가운데 독일의 승리에 적극적으로 편승하여 독일과 일체가 되어 세력권의 재분할 전쟁에 가세하려는 세력이 대두하게 되었다.

이상에서 본 것처럼 중일전쟁의 교착에 직면하고 있었던 일본은 독일의 승리에 현혹되어 삼국동맹의 압력에 의해 미국을 견제하면서 무력 남진한다는 노선을 선택하였다. 그리고 이 남진에는 두 가지의 목적이 담겨 있었다. 하나는 식민지를 탈취하여 중국을 지원하는 영국의 약체화를 도모하고, 아울러 프랑스령 인도차이나루트·미얀마루트라는 두 가지의 원장루트를 차단하여 중일전쟁을 해결한다는 목적이다. 다른 하나는 독일의 승리에 편승하여 동남아시아에 무력 진출하고, 이 지역에서 일본의 경제적 자치권을 확립함에 따라 일본의 전략적 태세를 강화하려고 하는 목적이었다.

그런데 이 삼국동맹은 '사국협상' 구상의 가운데에 놓여 있었다. 대표적인 '사국협상' 론자인 제2차 고노에 내각의 마쓰오카 요스케(松岡洋右, 1880~1946년) 외상은 먼저 일본·독일·이탈리아 사이에 삼국동맹을 맺고, 여기에 소련을 넣어 '사국협상'으로 발전시킨다고 하는 구상을 하고 있었다. 1939년 8월에 독소불가침조약을 맺고 있던 독일과 소련은 당시 표면상은 양호한 관계에 있었다. 또한 소련도 일본 군사력의 방향이 북방이 아니고 남방을 향할 것을 바라고 있었다.

이런 가운데 마쓰오카 외상은 독일과 이탈리아를 방문하고 돌아오는 길에 모스크바에서 스탈린과 회담하고, 1941년 4월 13일에는 일소중립조약에 조인한다(사진 1-1). 조약의 주안점은 양국 간 평화 우호 관계의 유지, 일국이 제3국의 군사 행동의 대상이 되었을 경우, 다른 일국은 중립을 지킨다고 하는 중립 의무 규정 등에 있었다. 또한 일소중립조약은 일본의 대중국봉쇄 전략의 일환이기도 했다. 소련은 이 조약 체결로 인해 어쩔 수 없이 중국에 대한 군사 원조를 정지하게 되었던 것이다. 그러나 이미 이 단계에서 일소중립조약의 전제가 되고 있었던 '사국협상' 구상은 파탄으로 치닫게 되었다. 1940년 12월 18일, 히틀러가 대소전의 준비를 국방군에 명하고 있었기 때문이다.

미국의 대일 정책의 경화

일본의 남진 정책은 미국의 대일 정책을 경화시켰다. 1939년 7월 미국은 텐진의 영국 조계 봉쇄 문제로 일본과의 대립이 깊어가고 있던 영국에 대한 지원의 자세를 명확하게 하기 위해 미일통상항해조약의 폐기를 일본 정부에 통고했다. 더욱이 1940년 9월에 일본군이 북부 프랑스령 인도차이나에 진주하자, 같은 달 말에는 철강·설철(쇠부스러기—옮긴이)의 대일 수출을 금지하여 금속·기계 제품 등에도 점차 수출허가제가 도입되어 갔다. 미국은 경제 제재로 일본의 남진을 저지하려고 했던 것이다. 그러나 일련의 대일금수정책은 남진 저지라고 하는 점에서 그다지 실효성이 없고, 오히려 육해군 안의 대미강경파의 발언권을 증대시키는 결과를 가져왔다. 미국과 일본 간의 긴장이 높아지는 가운데, 1941년 4월부터는 미일 관계를 조정하여 전쟁을 회피하기 위한 외교 교섭이 미·일 간에 개시된다. 이른바 미일교섭이다. 이 교섭에서는 삼국동맹이나 중일전쟁, 대일금수 문제가 큰 쟁점이 되었지만, 양자 사이의 틈을 좀처럼 메울 수 없었다.

이 무렵 유럽 정세도 큰 전기를 맞이하고 있었다. 1940년 8월부터는 영국 본토 상륙 작전을 위한 전초전으로 독일 공군이 영국 본토에 공습을 개시하지만(영국공습, Battle of Britain), 영국 공군이 격렬하게 반격하여 제공권을 빼앗는 데까지는 이르지 못했다. 또한 도버(Dover) 해협의 제해권은 여전히 영국 해군이 확보하고 있었다. 결국 히틀러는 영국 상륙 작전을 최종적으로 단념하고 대소전 준비를 본격화하여, 1941년 6월 22일 발트 해에서 흑해에 걸치는 전선에서 대소침공작전을 개시하였다. 바르바롯사(Barbarossa) 작전이다. 이에 따라 일본의 '사국협상' 구상은 완전히 파탄하였다.

격변하는 국제 정세에 대응하기 위해 일본 정부와 군부는 7월 2일에 어전회의를 개최하여, 「정세의 추이에 따른 제국국책요강」을 결정하였다. 그 결정 내용은 독소전이 일본에 유리하게 진전된 경우에는 소련에 무력 행사를 할 것, 대미영전을 그만두지 않는 결의 아래 남진 정책을 강력하게 추진할 것 이 두 가지다. 이 어전회의 결정에 근거하여 육군은 대소전 준비를 위해 대병력을 만주에 집결시켰다. '관동군특종연습(관특연)'의 비밀 명칭으로 불리는 병력 동원이다. 계속해서 7월 28일에는 남부 프랑스령 인도차이나 진주가 개시되었다. 이에 따라 일본은 남진을 위한 항공 기지와 해군 근거지를 획득한다.

일본 측의 의도를 사전에 파악하고 있던 미국 정부는 일본군이 남부 프랑스령 인도차이나에 진주한 것에 대해 민감하게 반응했다. 7월 26일에는 재미일본자산의 동결을 공표하고, 8월 1일에는 일본에 대한 석유 수출을 전면적으로 금지하는 조치를 취했다. 미국은 일본의 남진 정책을 이 이상 인정하지 않는다고 하는 강한 의사 표시를 행한 것이다. 미국 측의 격한 반응을 충분히 예상하지 못했던 일본 정부와 군부는 자산 동결과 석유 금수라는 대항 조치에 큰 충격을 받았다. 미일 관계가 악화되는 상황에서도 애써서 대량의 석유를 비축해 왔지만, 일본의 전쟁 경제는 미국으로부터의 석유 공급에 크게 의존하고 있었기 때문이다. 이후에 석유 공급이 끊겨 국력이 악화되기 전에 대미 개전을 결의해야 한다고 하는 주전론이 세력을 얻게 되었다. 미일 교섭은 그 후에도 계속되어 상호 타협할 가능성이 전혀 없었던 것은 아니지만, 일본은 남부 프랑스령 인도차이나 진주에 따라 대미영 개전으로 크게 방향을 틀었던 것이다.

2. 전쟁의 성격

영일전에서 미일전으로

1941년 12월 8일 오전 2시 15분(일본 시간), 일본 육군의 다쿠미 지대(佗美支隊)[9]는 영국령 말레이 반도의 코타바루(Kota Bharu)로의 상륙을 개시하였다. 이어서 3시 19분에는 일본 해군의 기동 부대에서 발진한 제1차 공격대가 진주만으로의 공습을 개시, 여기에 아시아·태평양 전쟁의 막을 열고 진주만은 함락되었다. 이 전쟁의 성격에 대해서는 다양한 논의가 있지만 개전의 경위부터 생각한다면 적어도 다음 세 가지의 논점을 검토하는 것이 필요할 것이다.

하나의 논점은 대영전과 대미전의 관계이다. 일본군의 공격이 진주만이 아니고 영국령 말레이 반도에 대한 공격에서 시작하고 있는 사실이 단적으로 드러내는 것처럼, 이 전쟁은 무엇보다도 대영전쟁으로

---

9 제18사단의 보병 제56연대를 말한다.

일어났다. 일본이 중일전쟁을 개시한 이후 중국에서 영국의 권익을 점차로 침해하여 영일관계는 이미 급속하게 악화되고 있었다. 더욱이 결정적이었던 것은 1940년 9월에 있던 일·독·이 삼국동맹의 체결과 일본의 남진정책 개시다. 1940년 봄 독일군의 대공세로 대륙에서 어쩔 수 없이 철퇴하게 된 영국은 계속되는 독일의 공세에 직면하고 있었다. 8월에는 이미 말한 대로 영국 본토 상륙 작전의 전초전으로서 독일 공군은 영국 본토로의 공습을 개시한다.

일본 정부는 이러한 국제 정세의 변화를 호기로 삼아 삼국동맹의 압력 아래에서 미국을 견제하며 무력 남진하는 노선을 선택한 것이다.

주목할 만한 것은 일본의 무력남진정책이 영일전쟁을 불가피한 것으로 만들었다고는 해도, 미·일 간에는 결정적인 이해 대립이 반드시 존재하지 않았다는 사실이다. 따라서 일본의 군부 안에서도 대영전에 주력을 두고 미국과의 전쟁은 극력 회피하려고 하는 '영미가분론'과, 대영전은 대미전을 반드시 유발하는 이상 대영전 결의에는 대미전 결의를 동반하지 않으면 안 된다고 하는 '영미불가분론' 사이의 대립이 생겼다.

실제의 전쟁은 대영전과 함께 대미전을 개시한다고 하는 형태를 취했지만, 결국 일본의 무력남진정책이 대영전을 불가피한 것으로 만들었다. 더욱이 영일전쟁이 미일전쟁을 초래했다고 할 수 있다. 나치 독일의 팽창 정책에 대결 자세를 강화하고 있던 미국은 아시아에서 '대영제국'이 붕괴되는 것을 방관할 수는 없고, 최종적으로는 영국을 강하게 지원하는 입장을 명확하게 한 것이다.

미일전쟁의 성격

두 번째 논점은 미일전쟁에서의 전쟁 책임 문제다. 일찍이 다케우치 요시미(竹内好, 1910~1977년)는 중국이나 동남아시아에 대한 침략전쟁과 구미 열강에 대한 전쟁을 구별해야 한다고 하며 다음과 같이 논한 적이 있다(竹内好, 「近代の超克」).

> 대동아전쟁은 식민지 침략 전쟁인 동시에 대(對)제국주의의 전쟁이기도 했다. 이 두 가지 측면은 사실상 일체화하고 있었지만 논리상은 구별되지 않으면 안 된다. 일본은 미국이나 영국을 침략하려고 의도한 것이 아니었다. 네덜란드로부터 식민지를 빼앗았지만 네덜란드 본국을 빼앗으려고 했던 것은 아니다.

아시아·태평양전쟁에는 식민지를 보유하는 제국주의 대국인 구미 열강과, 아시아 최대의 제국주의국인 일본과의 사이에 일어난 식민지 재분할 전쟁이라고 하는 측면이 있다. 제국주의 국가 상호의 전쟁이라고 하는 측면에 한정지어 말한다면, 일본은 미국이나 영국, 네덜란드에 대해서 전쟁 책임을 질 까닭은 없다는 주장이다. 이러한 주장에 공명하는 사람은 적지 않은 것 같다. 요미우리신문사가 2005년 10월에 실시한 여론조사에 의하면 "대전에 대해서는 다음과 같은 지적이 있습니다. 이 가운데 당신의 생각에 가장 가까운 것을 하나만 들어주십시오"라는 질문에 대한 회답은 이러했다. '중국과의 전쟁, 미국과의 전쟁(영국, 네덜란드 등 연합국과의 전쟁도 포함)은 모두 침략 전쟁이었다'=34.2%, '중국과의 전쟁은 침략 전쟁이었지만 미국과의 전쟁은 침략 전쟁이 아니었다'=33.9%, '중국과의 전쟁, 미국과의 전쟁은 모두 침략

전쟁이 아니었다'=10.1%이다. 두 번째 회답에 나타난 것처럼 다케우치의 주장에 호응하는 국민 의식이 상당히 두텁게 존재하는 것을 확인할 수 있다.

이러한 전쟁관의 배경에는 왜 일본만이 단죄당하지 않으면 안 되는가, 미국에 일본을 재판할 자격이 있는가, 라는 불공정감이나 불평등감이 존재한다. 전후의 도쿄재판(극동국제군사재판)[10]에서는 원폭 투하나 일본 도시에 퍼부은 무차별 융단 폭격 등, 미국의 전쟁 범죄는 전혀 심판받지 않고, 미국 자신이 그 뒤 군사 패권 국가로서의 역사를 새겨온 것도 부정할 수 없다. 그렇다면 이러한 역사 인식이 어느 정도의 건전한 균형 감각에 의해 지탱하고 있는 면이 있는 것도 확실할 것이다.

그러나 역사적 현실이 전개되는 과정 가운데 전쟁 책임이라는 문제를 생각해 볼 때, '미일동죄론', 나아가 아시아·태평양전쟁은 일본의 자위 전쟁이고, 미국 측이야말로 전쟁 책임이 있다고 하는 주장에는 과도한 단순화가 있다고 말하지 않을 수 없다. 첫 번째로 지적하지 않을 수 없는 것은 중국에 대한 침략 전쟁과 미일전쟁을 기계적으로 분리하는 것은 불가능하다는 문제다. 악화되는 미일 관계를 타개하기 위해 1941년 4월부터 미일교섭이 시작되지만, 그 교섭의 최대 쟁점은 중국 문제였다. 미국 측이 일본군에게 중국에서 철병할 것을 요구하자, 고노에 후미마로 수상은 어떤 형태로든 철병을 실현하여 교섭의 결렬을 회피하려고 했다. 하지만 이것에 강경하게 반대한 것은 육군이었다. 도조 히데키(東条英機, 1884~1948년) 육군대신은 10월 14일의

---

10 제2차 세계대전에서 일본이 항복한 후 연합국이 전쟁 범죄인으로 지정한 일본의 지도자 등을 재판한 일심제(一審制) 재판을 말한다.

각의에서, "철병 문제는 심장이다. (중략) 육군으로서는 이것을 중대시하고 있는 것이다. 미국의 주장대로 했다간 지나사변(중일전쟁)의 성과를 궤멸하는 것이다. 만주국도 위험하다. 더욱이 조선 통치도 위험하다"고 주장하였다.

일종의 도미노이론이지만, 이에 따라 교섭 타결의 전망을 잃어버린 고노에 내각은 어쩔 수 없이 총사직을 하여, 10월 18일에는 도조 히데키 육군대장을 수반으로 하는 도조 내각이 성립한다. 이 경위를 주시하는 이에나가 사부로(家永三郎, 1913~2002년)는 "일본은 중국 침략 전쟁을 계속하기 위해 이것을 중지시키려고 하는 미국, 영국, 네덜란드와 개전하게 되었기 때문에, 중국 침략 전쟁의 연장선상에서 대미영란전쟁이 발생한 것이다. 중국과의 전쟁과 대미영란전쟁을 분리하여 별개의 전쟁이라고 생각할 수 없다"고 논하고 있다(家永三郎, 『戰爭責任』). 즉 대중국 침략 전쟁에서 일본이 획득한 기득권익을 방기(放棄)할 것인가 아닌가, 혹은 방기한다고 하면 어느 정도인가, 이 점이 미일교섭의 최대 쟁점이었다.

일본의 개전 결의는 언제인가

미일전의 전쟁 책임 문제의 두 번째로 어느 시점에서 일본이 개전을 결의한 것인가 하는 논점이 있다. 아시아·태평양전쟁의 개전 결정은 1941년 7월 2일, 9월 6일, 11월 5일, 12월 1일의 네 차례의 어전회의 결정을 거쳐, 최종적인 국가 의사로 확정되었다. 아시아·태평양전쟁을 일본의 자위 전쟁으로 보는 사람은, 이 가운데 12월 1일을 개전 결정일로 정하는 입장을 취한다. 그 이론 구성을 간단하게 보면 다음과 같다. 미일교섭의 최종 단계에서 미국의 국무장관 헐(Cordell Hull)로부터 제시된 이른바 헐 노트는 중국에서의 일본군 철병, 왕자오밍 정권의 부인, 삼국동맹의 공문화(空文化) 등, 일본 정부가 결코 받아들일 수 없는 엄격한 대일 요구를 담은 대일 최후통첩이었다. 이 때문에 일본 정부는 자위권 행사에 들어가지 않을 수 없어서, 12월 1일의 어전회의에서 대미영 개전을 결정했다고 하는 것이다. 이 경우는 '미일동죄론'이라고 하기보다는, 오히려 한 걸음 더 나아가 미국 측에게 전쟁 책임이 있다고 하는 주장이다.

그러나 12월 1일은 어디까지나 형식적인 최종 결정일이고, 실질적인 개전 결정이 언제 이루어졌는가 하는 문제가 중요하다. 그리고 이 실질적인 개전 결정일은 역시 11월 5일일 것이다. 이날의 어전회의에서 결정된 「제국국책 수행요령」은 "제국은 현하(現下)의 위국(危局)을 타개하여 자존 자위를 지키고 대동아의 신질서를 건설하기 위해, 이번 영미란전쟁을 결의하여 다음 조치를 채택한다"고 한 다음에, "무력 발동의 시기를 12월 초두로 정하여 육해군은 작전 준비를 완성한다"고 결정하고 있다. 이어서 외교 교섭을 계속한다고 되어 있었지만, 실제로 그 성격은 개전 결의를 위장하기 위한 '기만 외교'로서의 측면을 강화해 간 것이다.

주의할 것은 이날을 경계로 육해군이 전투 태세로 완전하게 이행한 사실이다. 육군의 경우 11월 6일자의 대육명(大陸命) 제555호에 따라 남방작전에 참가하는 각 군의 전투 서열이 발령되었다. 같은 6일자의 일련의 대육명·대육지(大陸指)에 따라 남방군총사령관, 지나파견군총사령관, 남해지대장에 대한 공략 준비 명령이 발령되었다. 대육

명은 대원수로서의 천황이 육군에 발하는 최고 통수 명령, 대육지는
대육명에 근거하여 참모총장이 발하는 지시 사항이다.

해군의 경우도 11월 5일자의 대해령(大海令) 제1호에 의해 작전
준비의 '완정(完整)'이 발령되었다. 대해령도 역시 천황이 해군에 대해
발하는 최고 통수 명령이다. 같은 날 해군의 함선부대 등을 평시 상태
에서 전시 상태로 이행시키는 출사 준비의 두 번째 단계 작업이 발동
되었다. 더욱이 11월 26일에는 쿠릴(Kuril, 지시마(千島)) 열도 이투루프
(Iturup) 섬의 히도카푸만(單冠灣)에 집결하고 있던 해군의 기동 부대가
진주만 공격을 위해 몰래 출항했다. 헐 노트가 주미 일본 대사에게 전
해진 것이 26일, 외무성이 헐 노트의 전문을 번역하여 관계 방면에 배
포한 것이 28일이므로, 일본 정부가 헐 노트의 검토를 마치기 전에 기
동 부대는 진주만 공격을 향해 발진하고 있었던 것이다.

헐 노트의 위치

한편 헐 노트에 대해서는 스도 신지(須藤眞志)가 쓴 『헐 노트를
쓴 남자(ハル·ノートを書いた男)』의 분석이 시사적이다. 스도에 의하
면 헐 노트는 미국 정부의 정식 제안이 아니고, 헐 국무장관의 각서라
고 할 수 있는 '노트'이다. 이것을 대일 최후통첩으로 보는 것 자체에
무리가 있었다. 또한 중국에서의 일본군 철병 요구에 관해서도, 그 경
우 '중국'에는 일본이 사실상 지배하고 있는 '만주국'을 포함하지 않는
가능성이 있었다. 나치 독일 타도를 최우선 과제로 하고 또 일본이나
독일과 비교하여 전쟁 준비가 결정적으로 늦어지고 있던 미국에게는

일본의 기득권익의 일부를 묵인한다는 유화적 정책을 취함에 따라, '시간을 번다'고 하는 선택지가 있었던 것이다. 그럼에도 불구하고 외교 교섭 가운데 중국의 범위를 확정해 간다는 노력을 최초부터 방기하여 헐 노트를 최후통첩으로 보고 전쟁에 돌입하고 있었던 것에 일본 외교의 과오가 있었다는 것이 스도가 분석한 핵심 부분이다.

▶사진 1-2. 육군이 숨기고 있던 대본영정부연락회의·어전회의 등의 기록. 미군에게 발견될 것을 염려하여, 본래의 표지를 소각하고, 가리기 위해 「昭和日記」라는 표지로 바꾸고 있다(참모본부 편, 『杉山メモ (上)』).

또한 11월 5일 어전회의의 중요성에 대해서는 도쿄재판에서의 일본 측 대응에서 간접적으로 증명할 수가 있다. 공판정 준비를 위해서 이루어진 국제검찰국(IPS)에 의한 심문 상황을 IPS문서에서 보면, 도조 히데키 피고나 전 내대신 기도 코이치(木戸幸一, 1889~1977년) 피고가 11월 5일의 어전회의의 존재를 극력 부인하려고 한 것에서 알 수 있다. 헐 노트에 앞선 11월 5일의 어전회의에서 개전을 결의하고 있었다는 것이 사실이 되면 자위전쟁론의 전제 자체가 붕괴해 버리고 말 것이다.

덧붙여서 일본 정부나 군부가 패전 전후의 시기에 중요한 기밀문서를 철저하게 소각한 사실은 오늘날에도 잘 알려져 있다. 그 한편에서 육군의 막료장교 그룹은 어전회의의 정식 기록을 드럼통에 넣어 지하에 은닉하는 등의 비상 수단에 호소했기 때문에, 점령의 전 기간을 통해서 그 정식 기록의 존재는 미국 측에게 감추어졌다. 그 결과 당초의 단계에서 미국 측은 11월 5일 어전회의의 존재를 모르고, 1946년 4월 29일에 발표된 도쿄재판의 기소장에는 7월 2일, 9월 6일, 12월 1일의 3회의 어전회의에 대한 언급밖에 없었다. 도조나 기도에 의한 비밀

전술은 처음에는 성공하였다.

그러나 검찰 측의 증거 서류로 법정에 제출된 기도 일기에는 11월 5일경에 "어전회의가 개최되어 대미영란에 대한 방책이 결정되었다"고 기록된 바가 있어서, 도조 자신도 어쩔 수 없이 법정 전략을 변경하게 되었다. 도조는 1947년 12월 19일자의 구공서(口供書) 중에서 심문 때의 공술에는 '기억의 착각'이 있었다고 하여, 11월 5일 어전회의의 존재를 인정하고 있다(朝日新聞法廷記者団編,『東京裁判(中)』).

제1차 대전 후의 국제적 변화

'미일동죄론' 혹은 자위전쟁론의 세 번째 문제점은 그것이 일본이 싸운 전쟁의 국제법상의 위법성을 무시 내지는 경시하고 있다는 점이다. 제1차 세계대전 후, 전쟁의 참화에 대한 심각한 반성에 따라 국제법의 영역에서는 전쟁의 위법화가 진행되었다. 자위를 위한 전쟁은 그 범주에 들어가지 않지만 국제 분쟁을 해결하는 수단으로서 전쟁이라는 행위에 호소하고 있다는 생각 자체가 기본적으로는 부정된 것이다. 1928년 8월에 일본을 포함한 15개국 사이에서 국가의 정책 수단으로서의 전쟁을 방기하고 분쟁을 평화적으로 해결할 것을 선언한 부전(不戰)조약이 조인되었다. 이것은 그러한 세계사의 새로운 흐름을 상징적으로 나타낸 사건이었다. 자위권에 대한 유보를 인정하는 등의 문제점을 남기면서도, 이 조약에는 최종적으로 소련을 포함한 63개국이 가입하여 국제 사회의 중요한 규범적 원리가 되었다.

제1차 세계대전 후의 다른 하나의 변화는 식민지나 반식민지에서 민족 운동의 고양이라고 하는 사태에 직면한 열강이 힘에 의한 지배의 한계를 인식하여, 민족자결이라는 원리를 점진적으로 인정해 간다는 방향으로 바뀌었다는 점이다. 아시아에서는 1922년 2월 워싱턴 회의에서 미국·영국·프랑스·일본·이탈리아·벨기에·네덜란드·포르투갈·중국 사이에 조인된 9개국조약이 그것에 해당한다. 중국의 관세자주권 회복과 치외법권 철폐가 바로 실현된 것은 아니지만, 이 조약에 의해 관계 각국은 중국의 주권이나 영토의 존중을 의무짓는 것과 동시에 문호 개방, 기회 균등의 원칙을 상호 확인하게 되었다.

만주사변 이후 일본의 대중국 침략 전쟁은 9개국조약에 대한 분명한 위반 행위였다. 그 결과 팽창 정책을 계속하는 일본 정부 가운데서는 9개국조약을 일본 외교의 질곡이라고 인식하여 그 폐기를 주장하는 세력이 대두한다. 그러나 그 폐기는 결국 실현되지 않았다. 일본 정부로서도 민족자결의 원리를 공적으로 부정하는 것은 할 수 없었기 때문이다. 그 결과 일본은 9개국조약을 사실상 보류하면서 아시아 제국(諸国)으로의 침략을 계속하고 확대하는 길로 돌진하게 되었다.

다시 한 번 헐 노트로 돌아가 보자. 그중에서 미국 측은 중국에서의 철병, 왕 정권의 부인, 삼국동맹의 공문화와 함께 모든 국가의 영토 및 주권의 존중, 내정 불간섭, 통상상의 기회 균등, 분쟁의 평화적 해결이라는 4원칙을 명확히 할 것을 일본 측에게 요구하고 있었다. 일본 측은 이 4원칙의 확인에도 격렬하게 반발하고 있다. 참모본부 전쟁지도반의 11월 27일자의 업무 일지는 헐 노트의 대일 요구 가운데 '4원칙의 무조건 승인'이 포함되어 있는 것을 언급하면서 "미국의 회답은 매우 고압적이다. 그리고 의도가 대단히 명확하고, 바로 9개국조약의 재확인이다"라고 기록하고 있다(軍事史学会編, 『機密戦争日誌』〔上〕). 12

월 1일의 어전회의에서는 도고 시게노리(東鄕茂德, 1882~1950년) 외상이 미일교섭의 결렬 원인을 미국 측이 4원칙을 "견지하여 이것의 적용을 강요했다"는 것에서 찾고 있다.

물론 미국에게는 미국의 국익이 있고, 그것에 근거한 전략적·정치적 의도가 있다. 그러나 이 단계에서 미국의 정책은 전쟁의 위법화와 민족운동의 고양이라고 하는 시대의 커다란 흐름과 결정적으로 대립하는 것이 아니고, 오히려 그 흐름을 따르는 것이었다. 역으로 4원칙에 대한 격한 반발에서 보이는 것처럼 일본의 경우는 달랐다. 중일전쟁의 지속과 무력남진정책은 이러한 국제적 조류에 역행하여 정면에서 적대하는 성격을 가지고 있었다.

개전에 따른 위법 행위

동시에 개전에 따른 다양한 국제법상의 위법 행위가 발생한 것도 잊어서는 안 된다. 잘 알려진 것은 진주만 기습 공격이다. 진주만 공격이 시작된 것이 일본 시간으로 12월 8일 오전 3시 19분, 노무라 키치사부로(野村吉三郎, 1877~1964년) 대사가 대미 최종 각서를 헐 국무장관에게 건넨 것이 4시 20분이므로 수속상으로는 완전히 '속여서 공격한' 것이다. 그러나 이 대미 최종 각서는 결론 부분에서 "따라서 제국 정부는 여기에 합중국 정부의 태도에 비추어 금후 교섭을 계속하더라도 타결에 도달할 수 없다고 인정하는 외에 없다고 하는 뜻을, 합중국 정부에 통고하는 것을 유감으로 생각하는 바이다"라고 되어 있는 것처럼 미일교섭의 단절 통고일 뿐 개전 통고가 아니다. 따라서 가령 이것이 진주만 공격 개시 전에 미국 측에게 전해졌다고 해도 '속여서 공격'한 비난을 면하기 어렵다. 일본도 조인한 1907년의 '개전에 관한 조약'은 "이유를 붙인 개전 선언의 형식 또는 조건부 개전 선언을 포함한 최후 통첩의 형식을 갖춘 명료한 사전 통고가 없는" 전쟁을 개시하는 것을 금지하고 있었기 때문이다.

한편 이 대미 최종 각서 문제에서는 새로운 사실이 밝혀졌다. 이구치 타케오(井口武夫)의 「대미 개전 통고를 둘러싼 제 문제」 등의 연구에 의하면, 첫째 이 각서에는 복수의 원안이 있고, 그중에 개전 통고적인 성격을 갖는 것도 포함되어 있었다는 사실이 밝혀졌다. 그럼에도 불구하고 이것이 채용되지 않았던 것은 무경고 공격을 중시하는 육해군이 일본의 개전 결의를 시사하는 문구가 들어간 것에 반대했기 때문이라고 생각된다.

둘째, 주미 일본 대사관의 책임 문제다. 종래의 이해는 대미 최종 각서의 수교가 공격 개시 후가 되었던 것은 일본 대사관원의 과실에 의해 본성에서 보낸 대미 최종 각서의 암호 해독이 늦어졌기 때문이고, 책임은 태만한 '데사키(出先, 주미일본대사관을 말함—옮긴이)'에 있다고 지적되어 왔다. 그런데 실제의 경과를 보면 외무성 본성은 13부로 나누어진 각서의 최종 결론 부분의 발전(發電, 전보로 보냄—옮긴이)을 겨우 늦춘 정도일 뿐이다. 그것을 '대지급' 또는 '지급'의 지정을 하지 않고, '보통전'으로 발전하고 있었다는 것이 알려졌다. 이것은 당시 외무성의 전신(電信) 처리 규정에서 보더라도 이례적인 조치였다. 거기서 떠오르는 것은 무경고 공격을 중시하는 군의 압력에 굴복한 혹은 군의 정책에 동조한 외무성 간부의 책임 문제다.

기타의 위법 행위

기타 개전 시의 위법 행위로는 영국, 네덜란드에 대한 것과 타이에 대한 것을 들 수 있다. 미·일 간의 경우에는 사전의 외교 교섭이 존재하여 전투 개시 후라고는 해도 어찌되었든 교섭 단절의 통고가 이루어졌다. 그러나 영일전쟁의 경우에는 외교 교섭도 마지막 통첩도 없는 채로 진주만 공격 1시간 정도 전에, 갑자기 말레이 반도로의 강습(強襲) 상륙을 개시하고 있었기 때문에 국제법상의 위법성은 이쪽이 두드러진다. 더 나아가 문제가 있는 것은 네덜란드의 경우다. 영국에 대해서는 진주만 공격 후 발표된 천황에 의한 선전조서 가운데, "짐이 이에 미국 및 영국에 대해 전쟁을 선포함"이라는 형태로, 선전포고를 언급하고 있다. 조서는 어디까지나 일본 국민을 대상으로 한 것이지만, 그 조서가 영·미에 대한 선전포고문의 역할을 아울러 하고 있었던 것이다. 이 자체로 봐서 상당히 무리가 있는 조치지만, 네덜란드에 대해서는 그것조차 없었다. 네덜란드에 대해서는 선전포고를 하지 않고, 풍부한 석유 자원을 가진 네덜란드령 인도네시아를 '전쟁에 의한 손실이 없이 손에 넣고 싶다는 의견'이 강했기 때문이다(鹿島平和研究所編, 『日本外交史 24』). 1945년 11월에 외무성 조약국 제1과가 작성한 조서, 「전쟁범죄인과 국제 조약 위반—독일의 경우와 일본의 경우」도 이러한 문제점에 대해서 다음과 같이 지적하고 있다.

> 한편 영국에 대해서는 개전의 조칙[조서] 중에 대영개전의 뜻을 밝혔지만 동국 정부에 대해서는 우리 재외 사신으로부터 (중략) 통고는 이루어지지 않았다. 또 네덜란드에 대해서는 통고가 없었을 뿐 아니라 조칙 중에서도 개전의 의사 표시가 이루어지지 않았다.

사토 모토에이(佐藤元英)가 지적한 것처럼 일본 정부는 선전포고에서 사전 통고 문제의 중요성은 거의 인식하지 못했다(「なぜ‘宣戦布告’の事前通告が行われなかったのか」).

다음 타이의 경우는 중립국에 대한 국제법 위반 행위다. 육군은 영국령 말레이 반도로 진공작전을 펼치기 위해 타이령 말레이 반도의 송클라(Songkhla)에 유력한 부대를 상륙시켜 그 뒤 남하시킬 계획이었다. 그러나 일본군의 진주에 대해 타이 정부의 동의를 사전에 얻는 데 실패했기 때문에 일본군의 진주는 타이의 국경을 침범하는 무력 진주가 되어, 각지에서 일본군과 타이국군과의 전투가 벌어졌다. 일본 정부는 군사적 압력 아래에서 일본군의 국내 통과를 인정하는 협정을 타이 정부에게 강요해 겨우 사태를 종식시켰지만, 이 무력 진주는 분명히 타이의 중립에 대한 침해 행위였다.

이렇게 개전에 따라 국제법에 위반하는 행위가 다발했다고 하는 사실은 군사의 논리만이 우월한 이 전쟁의 성격을 단적으로 말해주고 있다.

인종전쟁론의 억지

이상에서 영일전쟁과 미일전쟁의 관계, 미일전쟁에서의 전쟁 책임 문제라고 하는 두 가지 논점을 검토해 왔다. 세 번째의 논점은 아시아·태평양전쟁이 일본 측에서 보았을 때, 반식민지주의 전쟁으로서 개시되었는가라는 문제다. 이 문제에 관해서는 조선, 타이완이라는 식민지를 보유하고, 아시아의 대국인 중국과 전쟁을 계속하고 있는 나

▶사진 1-3. 이토 세이(伊藤整). 작가·평론가, 쇼와를 대표하는 지식인 문학자로, 『태평양전쟁일기』 전 3권(1983년)은 전시하의 세상과 논단, 출판계의 상황에 관한 귀중한 기록이다. 사진은 1954년(49세)의 것(濱谷浩, 『濱谷浩写真集 学藝諸家』).

라가 구미 열강의 아시아 지배를 해방시킬 것이라는 주장은 설득력을 얻지 못한다는 원리적인 비판이 당연히 있을 수 있다. 그렇지만 여기서는 좀 더 구체적으로 일본의 전시 선전 활동에 내포된 모순이라는 시각에서 이 문제에 접근해 보고자 한다.

개전 직후인 1941년 12월 16일 작가 이토 세이(伊藤整, 1905~1969년)는, 나중에 언론보국회의 간부가 되는 영문학자 모리모토 추(森本忠)로부터 "당국으로부터의 시달이 있어 (중략) 황색인 대 백인이라고 하는 작성법은 하지 않도록, 이라고 말하고 있네. 그 다음에 쓴다면 영·미나, 앵글로색슨이라고 말했으면 좋겠다고 말했네"라고 하는 이야기를 얻어듣는다(伊藤整, 『太平洋戦爭日記(1)』, 사진 1-3).

사실 아시아·태평양전쟁을 백색인종과 유색인종과의 혹은 아시아와 구미와의 인종 전쟁으로 규정짓는 논설은 검열에 의해 엄격한 단속의 대상이 되었다. 예를 들면, 12월 12일자의 『일본학예통신』 제4264호에 게재된 기노시타 한지(木下半治)의 논문 「유색인종 해방의 성전」이 "이번 대동아전쟁을 단지 동아 여러 민족 해방의 목적에 그치지 않고, 유색인종의 백색인종에 대한 응징전이라고 하여 이번 전쟁을 인종전이라고 왜곡하고 있다"고 하는 이유로, 2쪽에서 3쪽까지 삭제 처분을 받았다.

또 다음 1942년 1월 12일의 차관회의에서는 "미·영 등에서 이번 전쟁을 인종전쟁으로 유도하려는 모략이 있는 것에 비추어 이번의 공

격 대상으로 '백인'이란 자구는 사용하지 않을 것"을 정식으로 결정하고 있다. 인종전쟁론을 금압하려는 정부의 목적에 대해서는 조금 뒤의 사료지만, 1942년 9월에 정보국이 라디오에 대한 검열의 지침으로 작성한 『대동아전쟁안내』 제16집을 참고할 만하다. 이 책은 검열의 방침을 다음과 같이 설명하고 있다(竹山昭子, 『史料が語る太平洋戦争下の放送』).

> 적의 모략 선전의 중점은 무엇보다 우리나라와 맹방(盟邦)과의 이간 및 일소개전 도발에 놓여 있다. 그러므로 우리로서는 적어도 적의 모략 선전에 편승하는 것은 본래 경계하지 않으면 안 된다. (중략) 일·독 이간을 획책하기 위해 미·영이 유포하는 민족전쟁설에 대해서는 이쪽이 이것을 긍정하는 것 같은 자구(백인, 토인)조차도 사용하는 것이 불가하며, 또한 일본을 찬미하는 나머지 독일에 대한 험담을 말하는 것은 바람직하지 않다.

요컨대 일본 정부는 동맹국인 독일과 이탈리아에 대한 배려, 1941년 4월에 일소중립조약을 체결한 소련에 대한 배려에서, '구미제국주의' 혹은 '백인제국주의'의 아시아 지배로부터의 해방이라는 전쟁 목적을 공공연히 내거는 것이 불가능했다. 거기에 있는 것은 어디까지나 파워 폴리틱스(권력정치, Power politics)의 논리이며, '독립'이나 '해방'이라는 대의명분은 그 종속 변수에 지나지 않았다.

프랑스와의 공동 통치

빠뜨릴 수 없는 것이 프랑스와의 관계다. 독일에 패배한 뒤 프랑스에는 대독협력파의 비시(Vichy) 정부가 탄생한다. 일본 정부는 1940년 8월에 그 비시 정부와의 사이에 '마쓰오카(松岡洋右)―앙리(Henry Martin)협정'을 체결하였다. 협정의 내용은 프랑스가 극동에서의 일본의 우월적 지위를 인정하고, 프랑스령 인도차이나에 일본군의 진주를 용인한다, 그것과 교환하여 일본은 프랑스령 인도차이나 전토에 대한 프랑스의 주권을 존중한다고 하는 것이었다. 일본군에 의한 군사적 위압의 결과지만, 1940년 9월의 북부 프랑스령 인도차이나 진주도, 이듬해 1941년 7월의 남부 프랑스령 인도차이나 진주도 형식상으로는 상호 협정에 근거한 진주였다. 진주 후 일본군은 프랑스의 식민지 통치 기관과 공존 협력하는 관계에 있었다.

이것은 인도차이나 지역의 민족운동 측에서 보면 일본과 프랑스는 공범 관계에 있는 것을 의미한다. 실제 일본군과 프랑스령 인도차이나 당국은 모두 민족운동의 억압에 힘을 쏟았다. 그 공동 통치는 1945년 3월에 일본군이 무력 행사에 들어간 프랑스령 인도차이나 전토를 점령하기까지 계속되었다. 이것도 인종전쟁론의 억제라는 점에서 일본의 전쟁 선전 활동에 큰 영향을 준 것으로 보인다. 프랑스와 공동으로 인도차이나를 지배하고 있는 일본이 아시아의 해방을 주장하기에는 분명한 모순이 있기 때문이다.

교전 상대인 미국은 국내에 심각한 인종 문제를 떠안고 있었고, 영국은 유수의 식민지 보유 대국이었다. 동시에 중국은 아시아의 대국이다. 그것을 생각한다면 인종 전쟁 캠페인은 연합국 내부의 모순을 공격하여, 구미 열강의 지원을 받은 중국의 입장을 미묘하게 만드는 의미에서 선전 활동에 효과적이었을 것이다. 그러나 실제로는 그렇게 되지 않았다. 삼국동맹은 일본에게 있어 정치적인 속박에 지나지 않았다.

전쟁 목적의 분열

일본의 전쟁 선전 활동을 혼란시킨 또 다른 요인은 정부가 내거는 전쟁 목적 자체가 분열하고 있었던 것이다. 본래 정부의 전쟁 목적은 분명히 '나중에 뒷받침' 하는 구실에 지나지 않았다. 1941년 11월 2일 쇼와 천황은 도조 수상에게 전쟁의 "대의명분을 어떻게 생각하느냐"라고 하문하지만, 도조의 봉답(奉答)은 "목하(目下) 연구 중이어서 언젠가 주상드리겠습니다"라고 하는 것이었다. 11월 4일의 군사참의원회의에서는 히가시쿠니노미야 나루히코(東久邇宮稔彦, 1887~1990년) 육군대장이 "대의명분을 밝혀 성전의 취지를 중외에 나타내고 또 국민으로 하여금 감격하여 분발하게 하고, 국난에 따르는 것에 관해 소신을 묻는다"고 발언했다. 그러나 여기서도 도조 육상(수상 겸임)은 "전쟁 목적의 현현(顯現)에 관해서는 구체적으로 어떻게 나타낼 것인가에 관해 연구 중이지만, 다만 지금 어전에서 확신을 가지고 말하기까지는 이르지 않았다"고 답변하는 데 그쳤다. 실질적인 개전 결의를 굳히고 있는 시점에서의 답변인 것에 주목할 필요가 있다.

이러한 상황 가운데 실제로 전쟁이 개시되자 전쟁 목적을 둘러싼 미주(迷走, 정해진 길이나 예상된 길을 벗어남—옮긴이)가 시작된다. 12월 8일

오전 11시 40분에 공표된 선전조서에서는 미·영에 의한 대일포위망의 강화가 강조된 다음에, "제국의 존립 또한 정말로 위태한 지경에 이르렀다. 일이 이미 여기에 이르렀다. 제국은 지금 자존자위를 위해, 궐연히 일어나 일체의 장애를 파쇄하는 외에 없다"고 선언하고 있다. 분명히 자위를 위한 전쟁론이다.

그러나 같은 날 오후 7시 30분부터 행해진 오쿠무라 키와오(奧村喜和男, 1900~1969년) 정보국차장의 라디오방송 '선전의 포고에 즈음하여 국민에게 호소함'에서는 아시아의 해방을 위한 전쟁이라고 하는 말이 전면에 나오고 있다. 다음에 그 일부를 인용하는데, 녹음된 것을 들어보더라도 상당히 격한 선동임을 잘 알 수 있다.

> 국민 여러분, 동포 여러분! 지금 바로 때가 왔습니다. 우리의 조국 일본은 지금, 궐연히 서서 씩씩하게 싸움을 개시한 것입니다. (중략) 비단 깃발(錦の御旗)[11]은 남쪽으로, 동쪽으로, 북쪽으로, 서쪽으로 약진하고 돌진하여 아시아의 역사를 만드는 것입니다. 아시아를 백인의 손으로부터 아시아인 스스로의 손으로 빼앗아 되돌려 놓는 것입니다. 아시아인의 아시아를 만들어 내는 것입니다.

그러나 이 방송의 개요를 게재한 9일자의 〈아사히신문〉에는 '백인'의 문자는 없고, '앵글로색슨의 이기적 지배'의 '근절'을 강조하고 있을 뿐이다. 정부 부내에서 노선 대립의 존재를 엿볼 수 있는 사건이다.

---

11 붉은 비단에 해와 달을 금은으로 수놓거나 그린 깃발. 가마쿠라 시대 이후 조정의 적을 칠 때 관군의 표시로 사용했다.

'대동아전쟁'의 정의

이어서 12월 10일의 대본영정부연락회의에서는 "이번 대미영전쟁 및 금후 정세의 추이에 따라 일어날 것이 예측되는 전쟁은 지나사변을 포함해 대동아전쟁이라고 호칭함"이라고 결정했다. '일어날 것이 예측되는 전쟁'이란 필연적으로 일어날 네덜란드와의 전쟁이나 대소전을 가리킨다. 이 결정에서 말하는 '대동아전쟁'이란 전역(戰域)을 나타내는 '단지 지역적 호칭이고, 전쟁 목적과는 관계가 없었다'. 전쟁 목적은 어디까지나 '자존자위'이고, 그 결과로서 '대동아 신질서'의 건설이었던 것이다(原四郎,『大戰略なき開戰』).

그런데 12월 12일의 '정보국 발표'는 "대동아전쟁이라 칭하는 것은 대동아 신질서 건설을 목적으로 하는 전쟁을 의미하는 것으로, 전쟁 지역을 대동아에만 한정하는 의미가 아니다"라고 선언했다. 여기서는 전쟁 목적이 '대동아 신질서 건설' 즉 아시아 여러 민족의 해방과 일본군을 맹주로 한 신질서의 건설에 있다. 이후 정부가 내건 전쟁 목적은 전국의 추이와도 관련되면서 '자존자위'와 '대동아 신질서' 건설, 혹은 '대동아공영권' 건설과의 사이를 오가며 움직였다.

한편, 개전 직전 11월 20일에 개최된 대본영정부연락회의는 「남방점령지 행정실시요령」을 결정하여, 점령지 행정의 기본 방침을 "점령지에 대해서는 우선 군정을 실시하고, 치안의 회복, 중요 국방 자원의 급속 획득 및 작전군의 자활 확보에 이바지하는" 것에 두었다. 군정 아래에서 확실하게 중요 국방 자원을 획득하고, 현지군에 대해서는 필요한 물자 공급은 하지 않고 현지 자활주의를 취한다는 의미이다. 그 위에 이 '요령'은 "국방 자원 취득과 점령군의 현지 자활을 위해 민생에 미치지 않을 수 없는 중압은 이것을 참게 하고", "원주토민에 대해서는 황군에 대한 신의 관념을 조장하도록 지도하여, 그 독립운동이 너무 빠르게 유발하는 것을 피할" 것 등을 분명히 정하고 있었다. 전쟁 선전 활동 면에서 전쟁 목적이 불분명해 흔들리는 것과는 정반대로 여기서는 일본 측의 국가 의사가 명료하게 나타나고 있다. 동남아시아에서의 군사력에 의한 중요 전략 자원의 획득이다.

3. 왜 개전을 회피할 수 없었을까

임시군사비에 의한 군비 확충

다음 개전에 이르는 정치 과정을 일본 정치 시스템의 특질이나 그 변화와 관련시키면서 추적해 보자. 이때 염두에 둘 필요가 있는 것은, 왜 국력 면에서 압도적인 격차가 있는 미국과의 전쟁을 결의한 것일까라는 의문이다. 국민총생산에서 보면, 1941년의 시점에서 미국의 국민총생산은 일본의 11.83배, 공업 생산력의 큰 표준이 되는 조강(粗鋼, 제강로에서 제조된 그대로의 가공되지 않은 강철—옮긴이) 생산력에서는 12.11배, 자동차 보유 대수에서는 160.80배, 국내 석유 산출량에서는 776.84배, 인구에서도 1.86배였다.

경제적인 지표로 보면 무모한 전쟁이라는 것은 분명하지만 그럼에도 불구하고 군부가 전쟁을 결의한 이유 중의 하나는 임시군사비에 의한 군비 충실이다.

임시군사비(임군비)란 전쟁 수행을 위한 전비이고, 전쟁 개시에서

종결까지를 1 회계연도로 하는 특별회계다. 따라서 결산은 전쟁이 종
결된 후에 이루어진다. 또 예산 편성에서는 군사기밀을 이유로 대장
성의 심사도 불충분한 형태로밖에 이루어지지 않고, 의회에서도 예산
의 세목이 나타나지 않기 때문에 명목 정도의 심의에서 원안이 그대로
가결된다. 임군비는 의회는 물론 정부의 컨트롤도 완전하게 미치지
않는 특수한 군사 예산이었다.

그 때문에 군부 측에서 보면 전비로 계상된 예산의 상당한 부분
을 군비확충비로 전용하는 것이 가능하게 된다. 1937년 7월에 중일전
쟁이 시작되자, 9월에 소집된 제72 임시의회에서 임시군사비가 성립
하고, 이후 아시아·태평양전쟁의 개전까지 6차에 걸쳐 추가예산이 성
립되어, 임군비의 총액은 256억 1,800만 엔에 달했다. 1940년을 예로
들면 육해군성비·징병비에 임군비를 더한 직접군사비의 총액은 79억
4,720만 엔, 이에 대해서 만주사변이 시작된 1931년의 직접군사비는 4
억 6,130만 엔이다.

이 거액의 임군비 중 상당한 부분을 전용하여 육군은 대소군비,
해군은 대미군비를 충실하게 하는 데 힘을 쏟았다. 그 결과 미국의 전
시 체제로의 이행이 늦어졌던 것도 있어서, 개전 시의 태평양 지역에
서는 일본의 전력이 미국을 능가하고 있었다. 여기부터 단기 결전에
들어가면 영·미를 굴복시킬 전망이 있다고 하는 환상이 생겨나게 된
다(吉田裕·森茂樹, 『アジア·太平洋戦争』).

임군비의 법적 문제점

다만 이 시기의 임군비에는 법적인 문제가 있었다. 근대 일본의 전쟁사 중에서 임군비가 성립한 것은 청일전쟁, 러일전쟁, 제1차 세계대전, 중일전쟁—아시아·태평양전쟁의 4회뿐이다. 이 가운데 앞의 3가지는 정식으로 선전포고를 한 전쟁이다. 그런데 중일전쟁은 정식의 선전포고 없이 국제법상 양국은 전쟁 상태에 놓이게 되었다. 선전포고를 한 경우에는 미국의 중립법이 적용되어, 미국으로부터의 군수품 수입이 중단되어 버릴 가능성이 있다. 이 사태를 두려워한 일본 정부는 선전포고를 하지 않고 중·일 간의 무력 충돌은 전쟁이 아닌 어디까지나 '사변'이라는 입장으로 끝까지 버틴 것이다. 그럼에도 불구하고 전비 조달을 위한 임시군사비 특별회계를 설정해 버린 것에는 본래부터 무리가 있었다.

아시아·태평양전쟁기의 임군비에는 더욱 커다란 문제가 있었다. 사실 이 시기의 임군비는 모두 중일전쟁의 임시군사비의 추가예산으로 성립하고 있다. 중일전쟁기 임군비의 법적 근거는 1937년 9월에 공포된 임시군사비 특별회계법이지만, 이 법은 '지나사변에 관한 임시군사비'에 대상을 한정짓고 있다. 이것을 아시아·태평양전쟁에까지 확대·적용하는 것은 법적 근거가 부족하다고 말하지 않을 수 없다.

과연 개전 직후에 개최된 제78 임시의회의 귀족원 예산위원회에서는 12월 16일에 전 장상 이시와다 소타로(石渡莊太郎, 1891~1950년) 의원이 "임시군사비는 분명히 지나사변 완수를 위한 특별회계였다고 생각합니다. (중략) 대동아전쟁이 일어나게 되면 임시군사비는 지나사변의 계속이라고 생각하는 것은 무리라고 생각합니다"라고 정부를 추

궁하고 있다. 하지만 이것에 대한 가야 오키노리(賀屋興宣, 1889~1977
년) 장상의 답변은 다음과 같은 것이었다.

대동아전쟁은 지나사변이 발전을 하여 이같은 사태에 이르렀기 때문에,
법률상의 견해로는 지나사변과 대동아전쟁은 동일한 몸과 같은 것이라
고 생각하고 있습니다.

법적으로는 상당히 억지지만 중일전쟁과 아시아·태평양전쟁
의 연속성을 군사 예산면에서 뒷받침하는 증언으로 읽을 수 있을 것
이다.

중견 막료층의 동향

이렇게 해서 중일전쟁의 실전 경험을 쌓은 강력한 군비를 보유한
군부는 갈지 자형의 길을 가면서도 점차 대미영 개전의 방향으로 향하
기 시작하였다. 대미영 개전의 최대 추진력이 된 것은 참모본부나 육
군성의 중견 막료층이었다. 구체적으로 말하면, 참모본부 제1부대 제
2과(작전부 작전과)의 과장이나 작전주임, 육군성 군무국 군사과의 과
장이나 고급과원 등의 소좌에서 중좌, 대좌 계급의 엘리트 막료장교
다. 그들이 의도하는 바가 그대로 국책이 된 것은 아니었지만, 개전에
관계되는 중요 국책 결정 과정의 주도권을 잡고 있었던 것은 그들이
었다.

또한 육군의 경우 정도는 아니라고 해도, 해군에도 같은 경향이
나타나고 있다. 1921년 12월에 조인된 4개국조약에 따라 일본 정부가

영일동맹에서 이탈하자 전통적으로 영국으로부터의 군사 기술 공여에 크게 의존하고 있던 해군은 새로운 군사적 제휴처로 독일과의 관계를 점차 강화해 갔다. 그 결과 나치 독일의 급속한 군사대국화에도 현혹되면서 1930년대 후반부터 40년대 초반에 걸쳐 해군의 중견 막료층 사이에 친독파가 대두한 것이다. 그들은 군 상층부와 밀접한 연락을 취하면서 삼국동맹과 무력남진의 노선을 추진해 갔다(相澤淳, 『海軍の選択』).

통수권의 독립

문제는 통수권의 독립에 나쁜 결과를 초래하여 정부가 정치적 책동을 반복하는 군부를 충분히 통제할 수 없게 된 것이다. 통수권이란 군대에 대한 지휘·명령의 권한을 말하지만, 전전(戰前)의 일본 사회에서는 대일본제국헌법(메이지헌법) 제11조의 "천황은 육해군을 통수함"이라는 규정을 근거로 통수권은 천황이 직접 장악하는 독자의 대권이며, 내각이나 의회의 관여를 허락하지 않는 것으로 이해되고 있었다.

메이지헌법상 입법권·행정권·외교권 등의 천황대권은 국무대신의 보필(보좌)에 근거하여 행사되는 것으로 되어 있고, 통수권만이 국무대신의 보필 책임 외에 있다는 명문상의 규정은 존재하지 않는다. 그럼에도 불구하고 천황 친솔의 군대라고 하는 사상의 확립에 따라 제도 면에서도 통수권의 독립이 실현되어 갔다. 1878년의 참모본부의 육군성으로부터의 독립, 1893년 군령부의 해군성으로부터의 독립, 1900년의 육해군성 관제의 개정 등이 그것이다. 그 가운데 육해군성 관제의 개정이란 육해군대신의 임용 자격을 현역의 대장·중장에 한정한 것이고, 이 개정에 따라 이른바 군부대신 현역무관제가 실현되었다. 이 제도는 1913년의 관제 개정에 의해 현역 이외의 대·중장의 임용이 가능하게 되었다. 그러나 그 후도 현역 이외의 대·중장이 육해군대신에 취임한 적은 없고, 1936년의 관제 재개정으로 제도상도 군부대신 현역무관제가 부활한다.

군사 관료 기구의 실제 존재 형태를 조금 더 구체적으로 보자. 육군성과 해군성이란 인사·예산 등의 군사 행정을 관장하고 그 우두머리인 육군대신·해군대신은 국무대신으로 각의에 열석하여, 각각 천황을 보필한다. 육해군대신은 현역의 대·중장이며, 내각 중에 있어 항상 육해군의 조직적 이해의 직접적인 대변자로서 행동한다.

한편 참모본부와 군령부(통수부로 총칭)는 국방 계획·작전 계획이나 실제의 병력 사용에 관한 사항 등을 관장하고, 그 우두머리인 참모총장과 군령부총장은 육해군의 최고사령관인 '대원수'로서의 천황을 각각 보좌하는 막료장이다. 이 경우의 보좌는 국무대신에 의한 보필과 구별하여 보익이라고 불린다. 국무대신은 헌법에 규정되어 있는 보필 책임자지만, 참모총장·군령부총장은 헌법에 명문의 규정이 없는 존재이기 때문이다.

군사 행정과 통수의 두 가지에 걸치는 '통수·군정혼성사항'에 대해서는 육해군대신이 관장했지만, 국무대신으로서의 육해군대신도 통수 사항에는 관여할 수 없는 것이 원칙이다. 참모본부·군령부는 육군성·해군성으로부터 완전히 분립하고 있었다. 이상이 통수권의 독립 실태이다.

국무와 통수의 분열

그러나 전쟁 지도라는 면에서 보면, 통수권의 독립이라는 제도에는 큰 결함이 있었다. 이 제도 아래서는 정부가 맡는 국무와 통수부가 맡는 통수란 항상 경합·대립하여 통일된 국가 의사를 형성하는 면에서 큰 곤란이 따랐기 때문이다. 또한 육해군성과 참모본부, 군령부라는 네 기관이 상호 분립하는 군사 관료 기구의 특수한 존재가 곤란함을 한층 조장했다.

그런데 제1차 세계대전이 발발함에 따라 총력전이라는 새로운 전쟁 형태가 출현하자, 정부와 군부 모두 이러한 전쟁 지도 체제의 결함을 강하게 자각하게 된다. 총력전 아래서는 단지 군사력만이 아니라, 그 나라의 모든 인적·물적 자원을 일원적, 통일적으로 총동원해서 전쟁 목적을 달성해야 했다. 여기서부터 국무와 통수의 분열을 어떠한 형태로 극복할 것인가 하는 문제가 커다란 정치 과제로 부상했다.

여기서 문제가 된 것은 통수권의 독립만이 아니라 수상 권한의 약함이다. 메이지헌법은 국무 각 대신에 의한 단독 보필제를 채용하고 있었다. 국무 각 대신이 소관 사항에 관해서 직접 천황을 보필한다는 제도이다. 이것은 역으로 말하면 내각 총리대신이 충분한 권한을 가지지 못한 것을 의미한다. 내각 총리대신은 내각의 수반으로 각의를 주재하지만 그 지위는 동배자(국무대신) 중의 제일인자에 지나지 않고, 각성의 행정장관이기도 한 각 국무대신에게 명령하는 권한을 가지지 않는다.

따라서 수상 중심의 일원적인 전쟁 지도 체제를 구축하기 위해서는 엄밀하게 말한다면 메이지헌법의 개정이 필요했다. 그러나 천황이 스스로 정해 국민에게 준 '흠정헌법(欽定憲法)'이고, 동시에 '불후의 대전'으로 절대시 되고 있던 이 헌법을 개정하여 현실의 정치 일정에 올려 놓는 것은 사실상 불가능했다. 또 통수권 독립의 제도적 재검토에 대해서도 군부의 격렬한 저항이 뒤따를 것으로 예상되었다.

그 결과 실제로 취한 정책은 다음과 같다. 첫째로는 내각 직속 기관의 설치에 의한 내각 기능의 강화다. 전시통제경제의 조사·입안에 임하는 종합 국책 기관으로서의 기획원의 설치(1937년), 언론과 보도의 지도·통제, 전시 선전 활동 등을 관장한 정보국의 설치(1940년) 등이 그것이다.

대본영정부연락회의·어전회의

둘째로는 대본영정부연락회의와 어전회의의 개최다. 대본영이란 전시 혹은 사변 시에 설치된 최고 통수 기관이지만, 실질적으로는 참모본부가 대본영육군부로, 군령부가 대본영해군부로 개편된다. 청일전쟁·러일전쟁·중일전쟁에서 설치되었고, 중일전쟁의 경우에는 패전에 의해 폐지될 때까지는 존속했다. 그리고 중요 국책의 결정 시에 국무와 통수의 통합·조정을 도모하기 위해 대본영과 정부와의 사이에서 개최된 것이 대본영정부연락회의다. 중요도가 높은 국책을 결정할 때에는 천황이 임석해서 어전회의가 되었다. 대본영정부연락회의가 최초로 개최된 때는 1937년 11월이지만 출석자는 참모총장, 군령부총장, 수상, 육상, 해상, 외상 등이다.

그러나 이러한 일련의 조치도 군부에 대한 통제를 강화하여 전쟁

지도를 일원화하는 결정타가 되지는 못했다.

내각 직속 기관의 설치는 확실히 내각의 기능을 강화했지만 일면
에서는 내각에서 현역군인의 발언력을 강화하는 결과를 낳았다. 중일
전쟁 이후, 육해군성을 제외한 각성의 고급 관료의 포스트(칙임관·주임
관 레벨)에 현역군인이 취임하는 케이스가 급증한다. 현역군인의 '관계
진출'이라 불리는 사태였지만, 그 최대의 진출이 기획원이나 정보국을
둘러싼 내각이었던 것이다(永井和, 『近代日本の軍部と政治』).

대본영정부연락회의 쪽은 어떠했을까? 개전에 이르는 과정에서
이 회의는 중요 국책 결정의 기관으로 그 정치적 비중을 증대시켰다.
또 제2차 고노에 내각(1940년 7월~1941년 7월)의 마쓰오카(松岡洋右) 외상
처럼 개성적이고 정력적인 국무대신이 참석할 때에는 오히려 군부 측
이 외상에게 휘둘리게 되었다. 그러나 연락회의 자체는 법적 근거를
갖지 않는 연락·조정 기관에 지나지 않았고, 정부와 군부, 육군과 해
군 같은 국가 여러 기관의 분립제에 메스가 들어간 것은 전혀 아니었
다. 그 결과 여기서의 결정은 항상 절충적이고 양론병기적인 성격을
띠게 된다(吉沢南, 『戦争拡大の構図』).

메이지헌법체제의 변질

동시에 대본영정부연락회의, 나아가서는 어전회의의 정치적 비
중이 늘어난다고 하는 것은 군부의 정치적 발언권의 증대나 국무대신
의 보필 책임의 형해화라는 사태와 표리의 관계에 있었다. 이에나가
의 『전쟁책임』은 전쟁 종결 과정과도 관련시키면서 연락회의에 대해

다음과 같이 지적하고 있다.

> 이 회의에서 통수권에 속하지 않는 명백한 사항을 포함하는 중요한 국책·국가 의지가 실질적으로 결정되었고, 특히 중대한 안건에 대해서는 그 결론을 천황이 출석하는 어전회의에 붙여 정식으로 결정하는 것이 관행이 되었다. 선전·강화는 제국헌법 제13조에 정해진 광의의 외교대권에 속하고 어떻게 생각해도 국무대신의 보필에 전속하는 국무인데도, 개전의 결정도 종전의 결정도 참모총장·군령부총장이 동의권·거부권을 행사하는 구성원으로 출석하는 어전회의에서 이루어졌다. (중략) 선전의 조서, 포츠담선언 수락(1945년)의 조서는 각의에 붙여 전 국무대신이 부서하고 있고, 마치 국무대신의 보필만으로 개전·종전의 대권 행사가 이루어진 것 같은 형식을 취하고 있지만 그것은 어전회의의 결정을 추인하는 정도의 의식(ceremony)에 지나지 않았다고 말해도 좋다.

개전에 이르는 과정을 조금 더 구체적으로 보면, 연락회의에서 결정된 국책은 통수 사항을 제외한 정치·외교에 관한 사항이지만 각의에 붙이고, 실질적으로는 연락회의 결정의 추인이기는 하지만 거기서 최종 결정이 이루어졌다. 통수 사항에 관해서는 참모총장·군령부총장이 상주하여 천황의 재가를 받는 것에 의해 정식으로 결정되었다. "특히 1941년의 중대 결정은 통수 사항이 많고, 연락회의에 출석하지 않은 각료는 그 전모를 알 수는 없었다"고 지적하고 있다(波多野澄雄, 『幕僚たちの真珠湾』). 국무대신의 보필 책임의 형해화는 분명하다.

흥미를 끄는 사실은 이 시기에 추밀원의 형해화가 진행된 것이다. 추밀원은 국무에 관한 천황의 최고 자문기관이고, 황실전범이나 헌법에 관한 사항, 외교에 관한 사항 등을 자순(諮詢, 윗사람이 아랫사람에

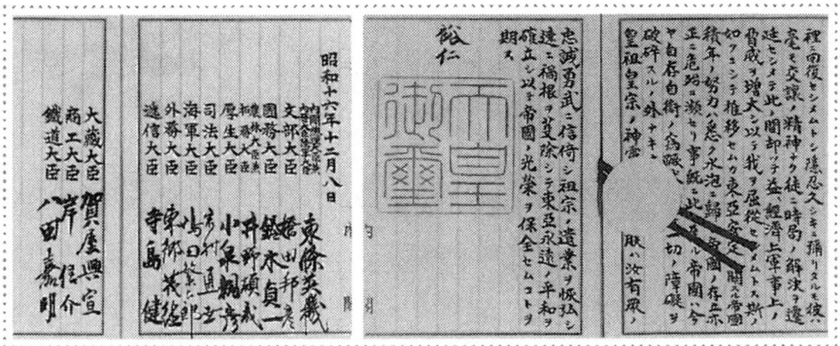

▶사진 1-4. 선전조서(부분). 천황의 서명과 도장(御名御璽) 뒤에 국무대신 전원의 부서가 있다. 부서를 한 국무대신 중, 도조 히데키는 도쿄재판에서 교수형에 처해졌지만, 가야 오키노리(賀屋興宣)는 종신형 판결 뒤에 석방되어, 자민당의 중의원의원이 되었다. 기시 노부스케(岸信介)는 A급 전범용의자인 채로 석방되어, 1957년에는 수상이 되었다(佐々木隆爾ほか編, 『ドキュメント 真珠湾の日』).

게 의견을 물어 의논함―옮긴이) 사항으로 하고 있었다. 또한 1938년에 추밀원관제가 개정됨에 따라 새로운 자순 사항이 더해졌는데, 그중의 하나에 선전포고가 있었다. 그런데 개전 시, 추밀원의 심사위원회에 「미국 및 영국에 대한 선전포고의 건」이 부의된 것은 12월 8일의 오전 7시 40분, 이미 4시간 정도 전에 진주만에 대한 공습이 시작되었다. 이어서 10시 50분에는 추밀원회의가 개최되어 11시에는 심사보고서를 정리할 시간도 없는 채로 심사위원장의 구두 보고를 전회일치로 가결했다. 이 사이가 불과 10분이다. 그리고 여기에 앞선 9시 22분에는 해군의 기동 부대가 하와이 공습에서 함대로 돌아오는 모든 공격기의 수용을 마치고 있었다. 추밀원은 완전히 사후 승인 기관이 되었던 것이다.

이렇게 보면 국무대신의 보필 책임의 형해화, 추밀원의 자순의 형식화와 같이, 아시아·태평양 개전 결정에는 법적으로도 커다란 하자가 있었던 것을 알 수 있다. 바꾸어 말하면 그것은 메이지헌법체제가 변질돼 가는 과정이기도 했다.

제도화된 파벌주의

반복해서 서술해 온 것처럼, 전전의 일본 국가는 여러 국가 기관이 분립제로 존재한다는 것이 커다란 특징이었다. 파벌주의는 어느 나라의 관료 기구에도 반드시 발생하는 문제인데, 일본의 경우는 파벌주의가 이른바 제도화되어 있었던 것이다. 이 문제가 정책 결정 과정에 미친 영향을 해군을 예로 들어 생각해 보자. 미일전쟁이라는 것이 일어나면 그 주역은 해군이다. 과연 육군 측도 이것을 충분하게 이해하고 있었고, 해군은 정말로 대미 개전을 결의하고 있었을까. 혹은 대미전에 승리한다는 확신을 가지고 있었을까. 이러한 문제는 육군의 중대한 관심사였다.

그러나 내부에 강경한 대미 개전론자를 가지고 있었다고 해도 해군 전체의 스탠스(stance)에는 미묘한 것이 있었다. 1937년에 체결된 일·독·이 방공협정을 더욱 강고한 군사 동맹으로 발전시키려고 하는 제의가 1939년 독일에서 있었을 때에는 해군의 수뇌부는 여기에 격렬하게 저항했다. 그런데 삼국동맹의 체결 시에는 해군은 완전히 바뀌어 강하게 저항하지 않고, 그 체결에 동조한다.

당시 군령부 제1부장의 요직에 있던 우가키 마도메(宇垣纏, 1890~1945년) 소장은 이 전환의 이유에 대해서, 대미 관계의 악화를 불가피하게 하는 삼국동맹의 체결은 해군 군비의 충실을 가져왔다고 하였다. "물자가 부족하고 완전히 벽에 부딪쳐 있던 해군의 전비는 다행인지 불행인지 이것을 계기로 진행시킬 수 있었기 때문에 조약 체결의 이면에 담긴 목적은 해군으로서는 자신이 바란 점을 달성했다는 것이다"라고 솔직하게 쓰고 있다(宇垣纏, 『戰藻録』). 즉 해군 군비의 충실이라고 하는 '이면의 목적'에서 삼국동맹 체결에 찬성했던 것이다.

중일전쟁이 발발함에 따라 일본은 전면적인 통제경제·계획경제로 이행하고 있었다. 그 요점을 이루고 있었던 것이, 기획원이 연도마다 책정하는 석유, 철강 등의 중요 물자의 수급 계획인 물자동원계획, 이른바 물동(物動)이다. 이 물동은 '돈의 예산'에 대해서 '물건의 예산'이라고 불려, '물건의 예산'에 근거한 중요 물자의 배분이 없으면 군비의 확충은 불가능하다. 삼국동맹의 체결은 군비의 확충을 강하게 요구하는 해군에게 있어 물자의 획득이라는 면에서는 유리하게 작용한 것이다.

'돈의 예산'에 관해서도 같다. 중일전쟁은 육군 중심의 전쟁이었기 때문에 임시군사비의 배분은 육군 우선이었다. 1939년도 임시군사비의 지출액에서 보면 육군성 소관의 임군비는 37억 3,655만 엔, 해군성 소관의 임군비는 11억 775만 엔이다. 이것이 1941년도에는 육군성 소관은 63억 8,195만 엔, 해군성 소관은 31억 507만 엔으로, 해군 예산의 급증이 두드러지고 있다.

한편 중일전쟁기 임시군사비의 예산 과목은 육군비·해군비·예비비의 세 가지로 구분되어 있는데, 1940년 12월 개회의 제76의회에서 성립한 제4차 추가예산부터는 육군비·해군비의 구분이 없어졌다. 그 이유에 대해서는 가와다 이사오(河田烈, 1883~1963년) 장상이 1941년 1월의 중원예산위원회의 비밀회의에서 이렇게 설명하고 있다. "최근의 국제 간에 있어서 미묘한 정세에 비추어 방첩상 비밀로 감출 필요를 인정했기 때문에 육해군의 구분을 하지 않기로 했습니다." 분명히 해군의 임군비의 급증=대미전 준비의 본격화를 외부에 알리지 않기 위한 조치였다.

해군의 개전에의 경사

이렇게 국책보다도 스스로의 조직적 이해를 우선한다고 하는 해군의 자세는 개전 결정에 이르는 과정에도 확실히 나타나고 있다. 모리야마 아쓰시(森山優)의 『일미개전의 정치 과정』의 능숙한 표현을 빌린다면, "해군은 대영미 개전이라는 무모한 선택을 하지 않는 범위에서 그 관료적 이해(대미 전비 확충)를 추구한다고 하는 얼핏 모순되는 방침"을 취하였다. 즉 군비 확충에 필요한 예산과 물자를 획득하기 위해 무력남진정책을 추진한다. 그러나 충분한 승산이 없는 대미영전은 가능하면 회피하고 싶다는 것이 해군의 속마음이었다.

그렇다고 해도 무력남진정책은 필연적으로 영·미와의 관계를 악화시키고, 군비의 확충은 해군 부내에서 강경론을 거세게 하였다. 또한 다수의 물자와 예산을 획득하고 있는 이상, 다른 조직에 대해서 대미전에는 승산이 없다고 명언하기 어려운 정치 상황도 생겨났다. 최후의 군부령총장이 된 도요타 소에무(豊田副武, 1885~1957년)는 해군 수뇌가 대미 개전 반대를 명언할 수 없었던 이유 중의 하나로, "해군은 오랜 세월 큰 예산을 받아 기회가 있을 때마다 '바다의 수호신은 철벽이다. 서부 태평양 방어의 책임을 맡았다'고 말하고 있는 바로 앞에서, 이제 와서 갑자기 자신이 없다는 것 등은 도저히 말할 수 없다"고 하는 의견이 부내에 존재한 것을 지적하고 있다(豊田副武, 『最後の帝國海軍』).

이렇게 조직적 이해를 큰 기동력으로 움직이기 시작한 해군은 부내의 강경파에게도 압력을 받으면서 대미영전을 결의하지 않을 수 없는 상황으로 몰려갔다. 미일전쟁이 '해군의 전쟁'으로 인식된 이상, 이

해군의 개전 결의는 매우 큰 의미를 가졌다.

'능동적 군주'로서의 천황

개전 결정의 과정에서는 쇼와 천황과 그의 측근을 구성하는 궁중 그룹의 동향도 중요한 의미를 가졌다. 천황은 국무대신의 보필에 근거하여 대권을 행사한다고 하는 점에서는 '수동적 군주'였다. 그렇지만 메이지헌법의 규정에 기초하여 천황의 친재(親裁, 천황이 친히 결재를 내리는 것—옮긴이)에 따라 최종적인 국가 의사가 확정된다고 하는

▶사진 1-5. 쇼와 천황. 당초에는 영·미와의 협조 노선을 지지하고 있었지만, 점차 개전론으로 기울고 있었다. 전쟁 책임의 유무에 관해서는 지금도 견해의 대립이 크다(『昭和天皇独白録 寺崎英成·御用掛日記』).

수속이 취해진 이상, 천황이 스스로의 의사로 대권을 행사하는 '능동적 군주'로 나타나는 것을 저지하는 것은 제도상 불가능했다(安田浩, 『天皇の政治史』).

시대의 커다란 전환기에서는 정치 노선의 결정을 둘러싸고 다양한 정치 세력 사이에서의 대립과 항쟁이 격화한다. 그러한 대립과 항쟁은 일본의 정치 시스템 아래에서는 국무와 통수의 분열에 상징되는 것처럼, 상호 국가의 여러 기관 사이에서의 대립에 연동하여 최종적인 국가 의사의 결정이 현저하게 곤란하게 된다. 그러한 상황하에서는 천황 자신이 스스로의 정치적 의사를 다양한 형태로 밝히고 최종적인 국가 의사를 확정할 수밖에 없는 국면이 생겨난다. 사실, 쇼와 천황은 국무에 대해서도 '능동적 군주'로 행동한 적이 있고, 국무와 통수 사이

의 조정에 관여한 경우도 있었던 것이다(사진 1-5).

　　나아가 통수에 관해서 '능동적 군주'로서의 성격은 한층 명확하다. 천황은 참모총장·군부령총장이 상주하는 통수 명령을 재가하고 천황 자신의 판단에서 작전 계획을 변경하는 요구도 적지 않았다. 또한 양 총장이 행하는 작전 상주, 전황 상주 등을 통해서 중요한 군사 정보를 입수하고, 전체의 전국을 항상 파악하고 있었다(山田朗, 『大元帥 昭和天皇』). 통수부는 통상 통수권의 독립을 방패로 수상이나 국무대신에게 중요한 군사 정보를 개시하지 않는다. 육해군도 역시 서로에 대해서 정보를 비밀로 감추어 두는 경향이 있었다. 그런 가운데 천황의 아래에는 최고도의 군사 정보가 집중되고 있었던 것이다.

천황의 개전 결의

　　천황은 언제 개전을 결의한 것일까. 이미 말한 대로 일본이 실질적인 개전 결정을 한 것은 11월 5일의 어전회의다. 그러나 이리에 아키라(入江昭)의 『태평양전쟁의 기원』처럼 9월 6일설도 존재한다. 이 9월 6일의 어전회의에서 결정된 「제국국책 수행요령」에서는 "제국은 자존자위를 지키기 위해, 대미(영란)전쟁을 사양하지 않을 결의 아래 대개 10월 하순을 목표로 전쟁 준비를 완성할" 것(제1항), "위와 병행하여 미·영에 대해 외교의 수단을 다하고 제국의 요구 관철에 노력"할 것(제2항), 그리고 "10월 상순경에 이르러도 아직 우리 요구를 관철할 전망이 없을 경우에는 바로 대미(영란) 개전을 결의할" 것(제3항)이 결정되고 있었다.

9월 6일의 어전회의 결정이 중요한 의미를 갖는 것은 10월 상순이라는 형태로 외교 교섭의 기한을 설정해 버렸기 때문이다. 이에 따라 외교상의 선택지는 현저하게 좁혀지게 되었다. 그럼에도 불구하고 감히 그러한 무리가 있는 결정을 한 것은 육군의 요구를 받아들였기 때문이다. 1941년 6월에 독소전이 발발함에 따라 육군은 극동소련군이 대독전을 위해 서쪽으로 이동할 것을 예상하여 대소전을 결의한다. 그 때문에 이미 말한 것처럼 연습이라는 명목으로 대규모 동원이 이루어져 만주에서 작전을 하는 관동군은 약 70만 명으로 증강되었다. 관동군특종연습, 이른바 관특연이다.

그러나 기대한 만큼 극동소련군의 서쪽으로의 이동은 이루어지지 않고, 8월 9일에 참모본부는 연내의 대소 무력 발동을 단념한다. 그래도 육군은 대소전을 단념한 것은 아니었다. 대미영 개전도 결의하고 있었던 육군의 작전 구상에서는, 북방에서의 대규모 작전 행동이 불가능한 동계 중에 영·미에 대한 남방 작전을 종료시켜 다음 1942년의 독일군의 춘계 공세에 호응하는 형태로 대소전을 개시하는 것이 상정되고 있었다. 미일교섭이 지연되고 대미영 개전의 시기가 늦어지면 이 작전 구상의 전제 그 자체가 붕괴해 버린다. 육군이 외교 교섭에 기한을 두는 것에 구애되었던 것은 그 때문이었다. 거기에는 군사의 논리에 따라 외교가 규정되어 버리는 거꾸로 된 관계가 존재하고 있었다.

11월 5일의 어전회의

이렇게 9월 6일에 열린 어전회의의 중요성은 분명하지만 이 시점에서 사실상 개전을 결의했다고 하는 것은 역시 문제가 있다. 왜냐하면 이 시점에서는 쇼와 천황이 대미영 개전에 대해서 확신을 가지지 못하고 있었기 때문이다. 잘 알려진 것처럼 쇼와 천황은 어전회의 전날 스기야마 하지메(杉山元, 1880~1945년) 참모총장과 나가노 오사미(永野修身, 1880~1947년) 군령부총장을 불러 대미영전의 승산에 대해서 엄격하게 질문하고 있다.

또한 9월 6일의 어전회의에서는 메이지천황의 어제(御製, 와카) "일본 주변 나라에 사는 사람들은 모두 동포라고 생각하고 있는데 왜 시끄럽게 싸우는가"를 낭독하여 너무 빠른 개전 결의를 경계하고 있다.

다만 천황은 단호하게 개전에 반대하고 있었던 것은 아니다. 해군의 자료에 의하면 9월 5일에 양 총장이 내주(內奏)했을 때, "만약 오로지 시일을 연기하여 거동을 못하게 되면 전쟁을 어찌해볼 수가 없다"고 하는 나가노 군령부총장의 설명 바로 뒤에 다음과 같은 교환이 있었다(伊藤隆ほか編, 『高木惣吉 日記と情報(下)』).

천황 ― 알았다.
고노에 총리 ― 내일의 의제를 변경할까요? 어떻게 조처할까요?
천황 ― 변경하지 않아도 된다.

나가노 자신의 패전 직후 회상에서도 세세한 부분은 다소 다르지만, "(나가노의 설명에 의해) 기색이 부드러워졌다. 여기서 나가노는 '원안의 1항과 2항의 순서를 변경할 것인가 아닌가'를 주문했지만 천황은

'그러면 원안의 순서대로 좋다'고 말씀하셨다"고 한다(新名丈夫編, 『海軍戰爭檢討会議記錄』). 여기서 말하는 '원안'이란 다음 날의 어전회의에서 그대로 결정된 「제국국책 수행요령」의 원안이다. 그 제1항은 전쟁 준비의 완성을, 제2항은 외교 교섭에 의한 문제 해결을 규정하고 있었다. 나가노의 회상에 따르면 그 순번을 바꾸어 외교 교섭 우선의 자세를 명확하게 한다는 제안을 천황 자신이 물리치고 있는 것이 된다.

또 9월 5일의 「사와모토 요리오(沢本賴雄, 1886~1965년) 해군차관 일기」에서도 "폐하도 겨우 납득하신 것 같고, (중략) 어찌되었든 청허(聽許)가 있었음"이라고 한 부분을 보면 승산이 없는 개전 결의에는 큰 위구를 가지면서 통수부의 주장에도 귀를 기울이기 시작한 것을 알 수 있다. 따라서 이후 주전파의 노력은 어떻게 해서 천황을 설득하고 개전을 결의시켰을지로 향하게 된다. 그 구체적인 과정은 앞에 게재한 『대원수 쇼와 천황』에 자세하지만 그 노력이 열매를 맺은 것이 11월 5일의 어전회의였다. 이 시점에서 천황은 기도(木戸幸一) 내대신 등의 궁중 그룹에 의한 조언을 받아들이면서 확실히 전쟁을 결의하고 있었다. 이날의 『기밀전쟁일지』에는 "오카미(御上, 천황―옮긴이)께서도 만족하셔서 결의가 점점 공고해지시는 것 같이 생각되었음"이라고 기록되어 있다. 여기에 개전이라는 일본의 국가 의사가 최종적으로 확정된 것이다.

전쟁에 대한 벼랑 끝 정책

미일교섭에 임하는 일본 정부의 기본 정책은 전쟁에 대한 벼랑

▶사진 1-6. 〈아사히신문〉 1941년 11월 3일자. 10월 18일의 도조 내각의 조각 전후부터 신문에는 강경한 논조가 눈에 띄었다.

끝 외교였다고 말할 수 있다. 전쟁에 대한 벼랑 끝 외교란 외교상의 위기에 직면하여 전쟁도 불사한다는 강한 의지를 감히 나타내는 것으로 상대측의 양보나 타협을 끌어내는 외교 정책이다.

이 정책이 실시될 때에 즈음하여 일본 정부는 강력한 언론·보도 통제와 세론 지도를 행하였다. 먼저 8월 6일의 각의가 「국론앙양에 관한 건」을 각의 결정하고 있는 것이 주목된다. 이 각의 결정은 "제국은 현하 영·미 특히 미국의 대일 압박이 자못 급함에 대응하여, 속히 제국의 의연한 태도를 내외에 명시함과 동시에 국론의 앙양, 특히 국민의 지기(志氣)를 최고도로 발양하여 이로써 다가올 사태에 대비하는 것은 각하 긴급한 요무다"라고 한 뒤에, "영·미의 부당한 대일 압박에 대해서 일본 국민은 단호하게 이것을 배격·항쟁할 결의와 기백을 내외에 충일하게 할 것"을 결정하고 있었다.

이어서 10월 3일에는 검열 당국이 검열의 기준인 「내외관계기사 취체요강」을 개정했다. 개정의 포인트는 일본의 양보에도 한계가 있다고 하여 미국의 대일 정책을 비판하는 기사와, 자위상 영·미와의 충돌도 어쩔 수 없다고 하는 기사를 게재 가능한 사항으로 바꾼 것이다. 이때까지의 검열은 미일교섭에 대한 배려에서 미국을 과도하게 자극하는 기사는 게재하지 말도록 하는 방침에 근거하여 이루어지고 있었다. 그러나 이 개정에 따라 "전쟁에 호소하는 것을 시사하는 기사는 검열 대상에서 빠지고 오히려 게재 가능 사항으로 선전 유도적인 취급으로 바뀐 것이다"(中園裕, 『新聞檢閱制度運用論』).

이러한 일련의 조치에 따라 신문이나 잡지의 기사는 강경론을 선동하는 성격이 강해졌다. 신문을 예로 들면 '일본에 대한 도깨비 얼굴·미국의 뱃속을 파헤치다'(〈도쿄니치니치신문〔東京日日新聞〕〉 1941년 11월 1일자), '집요한 미국의 대일 적성(敵性)을 밝히다'(동 3일자), '미국, 이미 태평양전쟁을 상정'(동 6일자), '미국의 인식이 변하지 않음, 여기에 태평양의 위기가 있음'(〈아사히신문〔朝日新聞〕〉 11월 2일자), '보라, 미국 반일의 여러 가지'(동 3일자, 사진 1-6)라는 형태로 격렬한 논조의 기사가 연일 1면 톱으로 게재되었다. 여기에 비하면 미국 측의 신문 보도는 훨씬 억제 효과가 있었다(鈴木健二, 『戰爭と新聞』).

의회의 강경론

의회 또한 강경했다. 11월 15일에는 제77 임시의회가 소집되고, 18일에는 중원본회의에서 결의=「국책완수에 관한 건」이 만장일치로 가결되었다. 결의 내용은 '적성제국(諸國)'의 적대적 행위에 대하여 "부동의 국시에 따라 불발의 민의를 신뢰하여 감연히 일어나" 단호한 행동에 나설 것을 정부에 강하게 요구한 것이다. 이 결의안의 취지 설명에 즈음하여 장로 정당 정치가인 시마다 도시오(島田俊雄, 1877~1947년)는 "지나사변의 완수 도상에 놓여 있는 최대 장애물이 무엇인가('쳐라'고 외치는 자 있음, 박수), '미국'을 주체로 하는 적성국가군의 간섭에서 오는 것이다(박수)"라고 미국을 지명하여 격렬하게 비난하면서, "여기까지 오게 되면, 이제 할 수밖에 없다고 말하는 것이 전 국민의 기분이다"라고 결론짓고 있다.

당시 육군성 군무과장이었던 사토 겐료(佐藤賢了, 1895~1975년) 소장은 "신문은 포위진(包圍陣)을 점점 보도하고 있고, 미국의 생억지가 느껴지고 있다"고 지적하고 있다(佐藤賢了,『大東亜戦爭回顧錄』).

문제는 이러한 전쟁에 대한 벼랑 끝 외교 정책의 정치적 귀결이다. 하나는 그것이 국내의 강경론을 점점 고양시킴과 동시에 미국의 대일 정책을 반대로 경화시켰다는 것을 들 수 있다. 미국 측에서 보면 일본의 언론이나 의회의 강경론은 일본 정부 스스로가 이미 전쟁을 결의하고 있다는 것의 표출로 비춰졌기 때문이다. 일본의 언론이 정부의 전면적 통제하에 있는 것을 생각한다면 이러한 인식은 어느 의미에서는 당연한 것이다.

다른 하나의 정치적 귀결은 국내에서 강경론의 선동이 정책 결정 과정을 역규정한 것이다. 해군 수뇌 중에 대미 개전 신중론이 존재했음에도 불구하고 그들이 최종적으로 개전에 동조한 것은 "진행하고 있는 전쟁 정책을 전환하는 것에 따라 일어날 혼란을 두려워했기 때문이다(藤原彰,『大東亜戦爭史論』).

구체적으로 말하면 대미전을 회피하기 위해서는 중국 문제에서의 어떠한 양보가 필요하지만, 그러한 대미 타협 정책이 국민의 분격을 살 뿐 아니라, 강경파에 의한 쿠데타나 내란을 불러올 것이 아닌가 하는 두려움이 있었다.

한마디로 말하면 내란에 대한 공포이고, 내란을 피하기 위한 전쟁을 결의하지 않을 수 없다는 전도된 논리가 거기에서 생겨난 것이다. 전쟁에 대한 벼랑 끝 외교는 국내적으로도 일본 정부를 어쩔 수 없는 지점까지 몰아낸 결과가 되었다.

제2장 초기작전의 성공과 도조 내각

1942년 2월 18일, 전첩(戰捷) 제1차 축하식 회장에 몰려드는 민중. 표정도 밝고, 아직 승리를 확신하고 있다(평화박물관을 만드는 모임 편[平和博物館を創る会編]『銀座と戦争』).

1. 일본군의 군사적 승리

남방작전의 전개

1941년 12월 8일, 일본 육해군의 여러 부대는 일제히 행동을 감행했다. 일본군의 작전 계획은 개전과 동시에 말레이 반도와 필리핀에 진공하여 양 지역을 점령하고, 그 후 동서에서 돌면서 들어가는 것처럼 해서, 보르네오·셀레베스·수마트라 섬을 공략하는 것이다. 마지막에는 난인(蘭印, 네덜란드령 인도네시아)의 중심인 자바 섬을 점령하여, 네덜란드령 인도네시아의 풍부한 석유 자원을 손에 넣는다는 계획이었다. 이 남방작전의 주역은 해군의 지원을 받은 육군의 여러 부대다.

일련의 작전 가운데서 육군이 특히 중시하고 있던 것은 말레이 반도(Malay Peninsula)와 싱가포르의 공략이었다. 이 때문에 말레이작전용의 수송선에는 신형의 우속선(優速船)이 배당된 데 비해서, 필리핀작전용으로는 선령이 오래된 수송선이 충당되었다. 미국의 주력 함대와의 함대 결전에 대비하여, 먼저 미국의 식민지인 필리핀과 미국령 괌(Guam) 섬을 공략하고 싶은 해군과 달리, 육군에게 아시아·태평양 전쟁은 무엇보다도 영일전쟁을 의미하고 있었던 것이다.

말레이작전은 비교적 순조롭게 진행되어 말레이 반도를 남하한 일본군은 1942년 2월에는 싱가포르를 함락시켰다. 한편 기습 상륙으로 개시된 말레이작전과 달리, 필리핀작전 쪽은 해군의 항공 부대에 의한 항공 격멸전이 이루어진 후에 육상 부대를 상륙시킨다고 하는 정공법이 취해졌다. 일본군은 처음에 작전이 순조롭게 진전되어 1942년 1월에 마닐라를 점령했지만, 미군·필리핀군은 마닐라의 방위를 단념하고 바타안(Bataan) 반도[12]로 철퇴한 뒤 견고한 진지를 구축하여 저항했다. 바타안 반도의 중요성을 인식하지 않았던 일본군은 그 공략에 시간이 걸려 병력을 증강하여 1942년 4월에 겨우 이 반도를 점령하고, 계속해서 5월에는 마닐라 만 입구에 있는 코레히도르(Corregidor) 섬[13]을 점령한다.

이 사이 보르네오·셀레베스·수마트라 섬을 공략한 일본군은 1942년 3월에는 자바 섬에 상륙하여 단기간에 이 섬을 점령했다. 또 미얀마작전은 당초의 계획을 앞당겨 실시에 옮겨져 같은 해 3월에 일본군은 랑군(Rangoon)을 점령한다.

---

12 필리핀의 루손 섬 중부, 마닐라 만 서안을 이루는 반도. 태평양전쟁의 격전지.
13 미군의 요새가 되어 제2차 세계대전 중 1941년과 45년에 미·일의 격전이 이루어졌다.

진주만 공격

　한편 해군의 경우 최대의 작전은 1941년 12월 8일의 진주만 공격이다. 6척의 정규 공모를 집중 사용한 이 기습 공격으로 일본 해군은 미태평양함대의 전함군(群)에 치명적인 타격을 주고, 태평양함대가 남방작전을 저지하는 행동을 불가능하게 했다. 그러나 미국의 공모군(群)은 진주만에 정박하지 않았기 때문에 공격을 면했고, 주력함이나 비행장으로의 공격에만 중시하여, 독(dock—배의 건조 수리 등을 하기 위해 구축된 설비—옮긴이)이나 석유탱크 등으로의 공격을 소홀히 했기 때문에 진주만의 기지 기능에 커다란 타격을 줄 수 없었다. 또 교섭 단절 통고가 이뤄지기 전에 실시한 기습 공격은 '속여서 치기'로 미국 국민의 격분을 사, 고립주의적인 공기가 강했던 세론을 일변시켰다. 이에 따라 미국 국민은 미국이 제2차 세계대전에 참전하는 것을 강하게 지지하게 되었다. 이 기습 공격은 정치적으로 미국 국민의 결속을 단단하게 만든 것이다.

　한편 여기서 '루스벨트의 음모론'에 대해서도 간단하게 검토해 두고 싶다. 음모론이란 미국 대통령 루스벨트(Franklin Delano Roosevelt, 1882~1945년)가 고립주의의 전통이 강한 미국 안의 여론을 전환시켜서 제2차 세계대전에 참전하기 위해 일본의 진주만 공격을 사전에 알면서도 과감히 이것을 방치하고 일본군에 의한 '속여서 치기'를 성공시켰다고 하는 것이다. 그러나 통신 첩보 등에 따라 일본이 전쟁을 결의한 것, 동남아시아에서 군사 행동을 개시한 것을 루스벨트가 사전에 알고 있었던 것은 사실이지만, 진주만 공격을 사전에 알고 있었다는 것을 나타내는 1차 사료는 존재하지 않는다. 이 음모론이 성립하지 않는 것에 관해서는 하타 이쿠히코(秦郁彦)의 『검증 진주만의 수수께끼와 진실』등 많은 연구가 있다.

진주만에 이어서 12월 10일에는 일본군의 말레이작전을 저지하기 위해 출동한 영국극동함대의 전함 '프린스 어브 웰스(Prince of wales)'와 '리펄스(Repulse)'에 대해서, 제22 항공전대의 96식 육상공격기와 1식 육상공격기가 공격을 가하여 이 2척을 격침했다. 진주만 공격이 정박 중인 무경계 전함군에 대한 항공 공격이었던 것에 비해서, 이 말레이해전은 해상을 기동하면서 대공전투를 행하는 전함을 격침한 최초의 항공전이다. 대함거포주의(大艦巨砲主義)[14] 시대의 종언과 항공 전력이 주역이 되는 시대가 도래했음을 알리는 획기적인 전투였다.

한편 해군의 함정부대는 1942년 2월의 발리(Bali) 섬 해전이나 수라바야(Surabaja) 해전 등에 승리하여 제해권을 완전히 장악했다. 또한 해군은 육군과 협동해서 개전과 동시에 중부태평양의 괌 섬 등을 공략하고, 1942년 2월에는 연합함대(일본 해군의 주력 부대)의 전진 근거지인 트럭(Truk) 섬을 방위하기 위한 전초 기지로서 남태평양의 뉴브리튼(New Britain)[15] 섬에 있는 라바울(Rabaul)을 공략했다.

이렇게 1942년 5월까지 일본군은 동남아시아와 중·남부 태평양의 광대한 지역을 점령해서 연합군을 압도한 것이다.

---

14 세계의 해군이 1906년 이후 1920년대까지 그 주력인 전함의 설계·건조 방침에 사용한 사고방식.
15 태평양 남서쪽에 있는 비스마르크 제도 가운데 가장 큰 섬. 파푸아뉴기니에 속하며 뉴기니 남동부 끝에서 댐피어 해협을 건너 88킬로미터 떨어진 지점에 있다.

승리의 뒤에서

초기작전은 일본군의 압승으로 끝났다고 해도, 위기의 예조는 이미 나타나기 시작했다.

해군의 기동부대에서 발진한 항공부대가 진주만을 공격하고 있었을 때, 진주만이 있는 오아후(Oahu) 섬[16] 부근에는 25척이나 되는 일본 해군의 대형 잠수함이 배치되어 있었다. 개전 시의 보유 잠수 함수는 64척이므로 그 4할이 이 해역에 집결하고 있었던 것이다. 이 중에 5척은 2인승의 소형 잠항정('甲標的'—일본 해군이 최초로 개발한 특수 잠항정—옮긴이) 각 1척을 탑재한 특별공격대였고, 합게 5척의 소형 잠항정을 발진시켜 진주만 안의 미군 함정을 공격했다. 5척 전부가 귀환하지 못했는데, 적어도 1척이 만내에 진입해서 미함대에 어뢰 1발을 명중시켰던 것이 항공 사진의 해석으로 확인되었다(〈마이니치신문〉 1999년 12월 7일자).

다른 20척의 임무는 정찰과 진주만에서 출격해 오는 미군 함정의 공격이었는데, 미군의 대잠(對潛)부대에 제압되어 전혀 전과를 올리지 못하고, 도리어 1척을 잃어버렸다. 진주만 공격은 잠수함부대에 의한 공격으로서는 완전히 실패로 끝났던 것이다(野村実, 『海戦史に学ぶ』).

아시아·태평양전쟁에서 미해군의 잠수함부대는 상선·유조선 등에 공격을 집중하여 일본의 해상 교통로에 치명적인 타격을 주었다. 이에 비해 일본 해군의 잠수함부대는 주목표를 미해군 함정에 두

---

16 미국의 하와이 주 호놀룰루 군의 화산섬. 하와이 제도의 섬 가운데 3번째로 크며 인구가 가장 많다.

었기 때문에 충분한 전과를 올리지 못하고, 반대로 강력한 대잠 능력을 가진 미해군에게 '도리어 당해' 궤멸했다. 진주만 공격에서의 잠수함작전의 실패는 일본 해군 잠수함부대의 운명을 암시하는 것이었다.

말레이해전에서도 격추당한 육공기는 3기에 지나지 않았지만, 불시착 대파=1기, 중파=2기, 피탄기=25기에 달하여, 귀환기의 피탄율은 40%를 넘었다. 이만큼 연합군의 대공병장(對空兵裝)은 강력하고, 방어포화는 농밀하였다. 그럼에도 불구하고 "서전(緖戰)의 제1전에서 평균 피탄율 4할보다 약간 많은 것을 기록한 이 귀중한 전훈은, 큰 전과에 현혹되어 상세하게 검토되지 않았다"(巖谷二三男,『中攻』). 그리고 그 후 1년도 되지 않아서 연합군 함선의 방공 능력이 한층 향상됨에 따라 육공기에 의한 백주 공격은 사실상 불가능하게 된다. 연합군의 전투기군에 의한 영격도 있어서, 백주 공격을 하는 육공기는 거의 격추되고 말았던 것이다. 사실 1942년 8월부터 시작하는 과달카날 섬을 둘러싼 공방전에서 솔로몬 해역은 문자 그대로 육공기의 '무덤'이 되었다.

미군의 과소평가

소규모 전투라고는 해도 1941년 12월에 있던 중부태평양의 웨이크(Wake) 섬[17]을 둘러싼 공방전도 중요하다. 이때 해군은 3번에 걸친 공폭 뒤에 상륙작전을 개시했지만, 불과 4기의 F4 전투기와 3개의 포

---

17 북태평양 마커스 섬(Marcus island, 남조도)의 동쪽에 위치하는 미국령 환초. 12월 21일부터 23일까지 3일간에 걸쳐 공격하였다.

대로부터 반격을 받아 구축함 2척이 격침되고, 상륙작전은 완전한 실패로 끝났다. 체면이 완전히 망가진 해군은 그 후 병력을 증강한 뒤에 다시 상륙작전을 강행하여 12월 말에 겨우 이 섬을 점령한다.

이 웨이크 섬 공략 작전은 이도(離島, 육지에서 멀리 떨어진 섬—옮긴이)를 둘러싼 공방전의 경우에는 제공권의 장악이 결정적인 의미를 가지는 것을 다시 한 번 분명하게 했다. 동시에 고립한 소병력의 수비대가 효과적인 반격을 가하면서 상륙작전을 저지한 사실은 미국 해병대의 전의와 능력이 일본군의 예상 이상으로 높은 것을 나타내고 있었다. 그러나 일본군은 그 전훈에서 아무것도 배우지 못했다. 일본 육군이 미군에 대한 인식을 바꾼 것은 훨씬 나중이 되어서였기 때문이다.

육군이 바타안 반도 공략전에서 성가셨던 일에 대해서는 이미 언급했지만, 미얀마작전이나 필리핀작전에서도 전차전 가운데 묵인할 수 없는 차질이 생기고 있었다. 전차(戰車)끼리의 전투에서는 일본군의 주력 전차인 97식 중전차와 95식 경전차는 미군의 M3 경전차에 어쩔 수 없이 고전하게 되었다. 장갑 면에서도 탑재포의 관통력 면에서도, 미군 전차의 대전차전 능력이 일본군의 것을 상회하고 있었기 때문이다. 미군은 아시아·태평양전쟁의 중기가 되면 한층 강력한 M4 중전차를 전선에 투입해 오지만, 이미 이 단계에서는 일본의 전차병에게 97식 중전차나 95식 경전차는 '철로 만든 관(棺)'에 지나지 않았다.

유럽 전선에서의 변화

위기의 예조는 더욱더 큰 국면에서 생기고 있었다. 유럽 정세의 변화다. 개전 직전의 1941년 11월 15일에 대본영정부연락회의에서 결정된 「대미영란장(対美英蘭蔣) 전쟁 종말 촉진에 관한 복안」은 정부 레벨에서 전쟁 종결 구상을 성문화한 거의 유일한 정책 문서로 알려져 있다. 그 '방침'에는 다음과 같이 기술되어 있다.

> 빠르게 극동에서 미·영·란(蘭)의 근거를 복멸하여 자존자위를 확립함과 동시에 나아가 적극적 조치에 의한 장(蔣) 정권의 굴복을 촉진하고, 독·이와 제휴하여 먼저 영국의 굴복을 도모하고 미국의 계전(繼戰)의 의지를 상실시키는 데 힘쓴다.

즉 남방작전에 의해 일본의 전략적 자급권을 확보해서 불패의 태세를 확립함과 동시에, 장제스(蔣介石, 1887~1975년) 정권으로의 압력을 강화한다, 다른 한편으로는 독·이와 군사적 제휴를 하면서, 먼저 영국을 굴복시키고, 그것에 의해 미국 국민의 전의를 상실시켜 강화로 가져간다는 시나리오다.

당시 1940년의 영국 본토 항공전(Battle of Britain)[18]에 패배한 나치 독일은 영국본토 상륙작전을 단념하고 총구를 동쪽으로 바꾸어 1941년 6월에는 독소전을 개시하고 있었다. 이 '복안'의 전제에 있는 전략적 전망이란 독소전은 단기간 중에 독일의 승리로 끝나, 소련이 붕괴된다, 독소전의 승리에 의해 전략적 태세를 강화한 독일은 계속해서 영국을 굴복시킨다고 하는 것이었다.

분명히 스탈린 체제하에서 대량 숙청이 벌어진 결과, 소련군이 약체화하고 있던 것도 있어서, 독일군의 진격은 급하게 이루어졌고,

---

18 제2차 세계대전에서 독일 공군과 영국 공군의 싸움 가운데, 독일에 의한 영국본토 상륙작전의 전초전으로 영국의 제공권 획득을 위해 벌인 일련의 항공전.

11월 말에는 수도 모스크바까지 33킬로미터의 지점에 도달하고 있었다. 그러나 거기까지였다. 필사적인 반격에 의해 독일군의 총공격을 좌절시킨 소련군은 12월 상순에는 반격으로 바뀌어 독일군을 되밀기 시작했다. 아시아·태평양전쟁이 시작된 것은 바로 그때였다. 일본의 군사 전략의 전제 그것이 조용히 무너지기 시작하고 있었다.

장기 지구전으로의 이행

일본군의 군사적 침공 능력이 한계에 달하고 있던 중국전선에서 일본군은 이미 장기 지구 태세로 이행하고 있었다. 1940년의 시점에서 일본군의 병력 수를 면적으로 나눈 병력밀도는 화북을 하나로 했을 때, 우한(武漢) 지구는 9, 양자강 유역은 3.5, 화남은 3.9였다. 중국공산당 지도하의 팔로군이 게릴라전을 전개하는 화북에서는 '고도 분산 배치'가 취해졌던 것에 비해서, 국민정부의 중앙 정규군과 대치하는 우한지구에서는 집중 배치가 이루어지고 있었던 것이다(加藤陽子, 『徵兵制と近代日本』).

'고도 분산 배치'에 대해서는 조금 설명이 필요하다. 1940년 여름의 시점에서 화북에 주둔하는 북지나방면군에서는 경비지구 1제곱킬로미터당 병력밀도는 불과 0.37명뿐이고, 1개 대대의 병력에서 평균 2,500제곱킬로미터 지역을 경비하고 있었다는 계산이 나온다. 일본군의 경비부대는 그 지역 안의 요소요소에 하급장교나 하사관을 장으로 하는 1개 분대 이하의 병력으로 수비하는 소거점 진지를 구축하였다. 수개의 소거점 진지에 하나의 비율로 1개 소대(60명 정도)에서 1개 중대

(200명 정도) 규모의 기동병력을 경비본부 직할의 병력으로 배치한다는 방식을 취했다. 이 방식이 '고도 분산 배치'다(山田朗,「兵士たちの日中戰爭」).

1941년 8월에는 아시아·태평양전쟁의 개전을 향해 해군이 중국방면에서의 대규모 항공 작전을 중단한다는 심각한 영향이 나타나기 시작하고 있었다. 그러나 개전 시의 육군 병력(항공부대를 제외함)은 만주·조선=73만 명, 중국=62만 명, 남방=39만 명, 일본 본토·타이완·사할린=38만 명으로, 여전히 중국전선에는 다수의 일본군을 이른바 고정 배치하고 있었던 것이다(防衛庁防衛研修所戦史室,『戦史叢書 大本営陸軍部〈3〉』).

개전 후의 중국전선

개전과 동시에 중국전선의 일본군은 항일운동의 거점이 되고 있던 상하이 등의 조계를 접수함과 동시에, 홍콩공략전을 개시하여 1941년 12월 말에는 이곳을 점령했다. 동시에 홍콩공략전에 책응(策應)하기 위해, 12월 하순부터는 제2차 창사(長沙)작전이 개시되어, 중국군의 격렬한 저항을 물리치고 일본군은 창사에 진입했다. 하지만 역으로 중국군에 의해 포위당해 어쩔 수 없이 철퇴할 수밖에 없었다. 악전고투 끝에 일본군은 원주지에 귀환했지만, 이 제2차 창사작전은 중국군의 전력과 전의에는 얕볼 수 없는 것이 있다는 점을 나타낸 것이었다.

한편 민중의 지지를 받으면서 게릴라전을 전개하는 팔로군에 대항하기 위해 화북의 일본군은 팔로군의 지배하에 있는 '적성부락(敵性部落)'[19]에 대한 '진멸작전'을 반복하여 실시했다. 중국 측이 말하는 '삼광(三光)작전'이다. 이 작전은 촌민의 살해, 부락의 소각, 생산재와 식료의 약탈·파괴 등에 의해 항일 부락을 소멸시키는 것을 목적으로 한 군사 행동이고, 매우 조직적인 전쟁 범죄다. 또 작전 과정에서 발생한 일본군 장병에 의한 성폭력도 심각한 문제였다(笠原十九司, 『南京事件と三光作戰』).

　더욱이 '진멸작전'과 병행하는 형태로 이루어진 것이 '무인구(無人區)'정책이다. 이것은 민중과 팔로군과의 연결을 끊기 위해 민중을 그들이 거주하는 마을에서 강제로 이주시키고 외부에서 차단하는 무주(無住) 지대를 만들어 낸다는 치안 정책이다. 이러한 가혹한 치안전의 전개는 중국 민중의 항일 의식을 분발시킨 면도 있었지만, 팔로군에게 커다란 타격을 주었던 것도 확실하다. 사실 1941년부터 1942년에 걸쳐 팔로군의 지배하에 있는 화북의 해방구=항일 근거지의 인구는 4,000만 명에서 2,500만 명으로 감소했다고 전해진다(石島紀之, 『中國抗日戰爭史』).

19 호를 파서 위장하거나 무기나 식량 등을 모아 농성 준비를 하는 적의 요새와 같은 지역.

2. '도조 독재'의 성립

전승에 열광하는 국민

12월 8일 오전 7시 시보 후, 라디오는 갑자기 '대본영 육해군부 12월 8일 오전 6시 발표, 제국 육해군은 본 8일 아침, 서태평양에서 미영군과 전투 상태에 들어감'이라는 뉴스를 내보내고, "라디오의 스위치를 *끄지 않도록*"이라는 주의를 환기시키는 방송을 반복했다. 그 후 이날의 라디오방송은 5회의 정시 뉴스와 10회의 임시 뉴스를 통해서 전황과 정부 성명, 도조 수상의 연설 등을 잇달아 보도하여 국민을 열광시켰다. 철도원 고나가야(小長谷三郎)는 이날의 일기에서, "와야 할 것이 드디어 왔다. 언젠가 올 것이라고 예상하고 있던 것이 드디어 왔다" "젊은 우리들은 피가 끓어오를 뿐이다" "개인주의적인 일체의 기분은 어느 곳으론가 날아가 버렸다. 그리고 애국적이고 민족적인 커다란 기분에 지배당해 버렸다"고 쓰고 있다(『横浜の空襲と戦災 2』). 중일전쟁의 장기화에 지치고, 미국의 대일 정책 강경화에 초조함을 느끼고

있던 국민은 아시아·태평양전쟁의 개전을 열광적으로 지지했다.

그 후 전국(戰局)의 전개는 '대본영 발표'라는 형태로 국민에게 전해졌다. '대본영 발표'란 대본영 육군부 보도부와 대본영 해군부 보도부가 행하는 전황 보도의 일이다. 당초에는 두 개의 보도부가 별개로 혹은 합동의 형태로 발표하고 있었지만, 1942년 1월부터는 육군부, 해군부의 구별이 없어져 '대본영 발표'로 통일되었다. "임시 뉴스를 말씀드립니다, 임시 뉴스를 말씀드립니다"라고 하는 아나운서의 목소리가 흘러나오면, 라디오 앞에 모여 '대본영 발표'에 귀를 기울이는 것이 전시하의 국민 생활이었다.

이런 가운데 정부는 1942년 2월 15일의 싱가포르 함락을 승인하여, 18일에 '전첩 제1차 축하식'을 개최했다(제2장 표지 사진 참조). 당일 정오에 도조 수상은 라디오에 등장하여 "여기 전승 제1차 축하에 즈음하여 삼가 성수의 만세를 축하드립니다. 천지도 요동치라고 창화를 부탁합니다. 천황폐하 만세, 만세, 만세"라고 국민에게 호소하여, 이것에 호응해서 전국의 국민이 라디오 앞에서 만세를 삼창했다.

이날 도쿄에서는 황거(皇居, 천황의 거처—옮긴이) 앞 광장에 모인 10수만의 국민 앞에 오후 1시 55분, 천황이 모습을 나타냈다. 군복을 입은 천황은 백마인 '시라유키(白雪)'를 타고 니주바시(二重橋) 위에 서서, 국민의 만세 소리에 거수의 예로 응했다. 국민의 열광은 정점에 달했다. 계속해서 2시 10분에는 황후가 황태자와 3명의 내친왕(內親王, 천황·황후의 딸)을 데리고 모습을 나타냈다. 천황·황후가 직접 국민의 환호에 응한 것은 1938년 10월의 우한함락 축하식 이래 또 한 번의 일이지만, 우한함락 때에는 낮에 천황이 밤에 천황과 황후가 모습을 보인 데 대해서, 이번에는 천황과 황후·황태자·내친왕이 따로따로 등장하고 있다. "천황은 대원수의, 황후는 '국모'의 역할"을 분담해서 해 냈다고 하는 훌륭한 연출이었다(原武史,『皇居前広場』).

당시 술은 배급제로 판매되었고 어지간해서 손에 들어오지 않았 지만, 정부는 이 축하식을 위해 술의 특별 배급 조치를 취했기 때문에 거리에는 술이 나돌았다. 작가 나가이 가후(永井荷風, 1879~1959년)는 이날의 일기에, "이날 술집에서는 아침부터 술을 팔았기 때문에 취한 사람이 도처에서 노래하고 구토를 하였다"고 적고 있다(永井荷風,『断 腸亭日乗5』). 국민은 문자 그대로 전승에 취했던 것이다. 동시에 이 단 계에서는 천황 자신도 전쟁 국면에 대해 매우 낙관적인 전망을 가지고 있었던 것을 확인해 두고자 한다. 1941년 12월 25일, 쇼와 천황은 시종 오구라 쿠라지(小倉庫次)에게 "평화 극복 후에는 남양[20]을 보러 가고 싶다. 일본 영토가 될 곳이라면 지장 없을 것이다"라고 말하고 있다(「小 倉庫次侍従日記」). 천황은 「대미영란장전쟁 종말 촉진에 관한 복안」에 제시된 군부의 전쟁 종결 구상을 거의 그대로 받아들이고 있던 것으로 보인다.

전쟁의 영웅

정부는 또한 전쟁의 영웅을 만들어 내는 일에도 힘을 쏟았다. '9 군신(軍神)'이 그 전형이다. 1942년 3월 6일의 대본영 발표에서는, 진 주만 공격에 즈음하여 5척의 소형 잠항정에 2명씩 타고 미군 함정을

---

20 태평양의 적도를 경계로 하여 그 남북에 걸쳐 있는 지역을 통틀어 이르는 말. 마리아나, 마셜, 캐롤라인 따위의 군도와 필리핀 제도, 보르네오 섬, 수마트라 섬 따위.

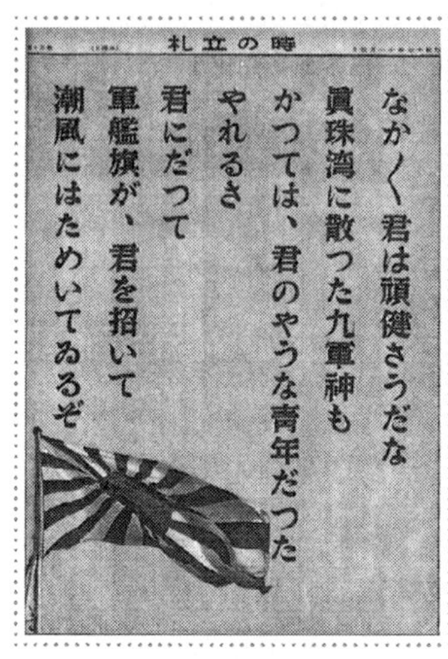

▶사진 2-1. 청년에게 9군신을 이어받도록 호소하는 정부의 광고지(『사진주보』 1942년 11월 4일호). 이와타 도요오(岩田豊雄, 작가, 시시 분로쿠[獅子文六]의 본명)는, 9군신의 한 사람인 요코야마 마사하루(横山正治) 중위를 모델로 한 소설, 『해군』을 〈아사히신문〉에 연재하여 공전의 붐을 일으켰다.

공격해서 전 함정이 귀환하지 못한 해군의 특별공격대의 작전을 상세하게 보도했다. 10명의 대원 중 실제로는 1명의 장교가 미군의 포로가 되었지만 그 사실은 덮은 채, 전사한 9명 대원의 '역사상 획기적인 장거(壯擧)'를 칭송했던 것이다. 이후 신문이나 라디오는 이와사 나오지(岩佐直治, 1915~1941년) 대위 이하 9명의 장병(장교 4명, 하사관 5명)을 '9군신'이라고 칭송하는 대대적인 캠페인을 전개해 갔다.

주목할 필요가 있는 것은 러일전쟁 시대와의 차이이다. 러일전쟁 시의 대표적 군신인 다치바나 슈타(橘周太, 1865~1904년) 소좌(전사 후, 중좌로 진급)와 히로세 다케오(広瀬武夫, 1868~1904년) 소좌(상동)는 30대 후반부터 40대 초반의 중견 장교다. 이에 대해서 '9군신'은 최연장이라도 만 29세, 최연소는 21세다. 전사한 시점에서의 계급도 가장 높은 자가 대위이고, 반수는 하사관이었다. 즉 장년의 지휘관에서 청년 장병으로의 '군신'상의 전환이다(山室建德,「軍神論」). 시대는 젊은이의 대량 죽음 시대에 알맞은 새로운 영웅을 필요로 하고 있었다.

한편, '9군신'의 한 사람인 우에다(上田定) 병조장(兵曹長)의 고향인 히로시마 현 지요다 초(千代田町)에서의 일이다. 우에다의 어머니 사쿠는 자신의 마을에서 군신이 나왔다는 것을 자랑으로 생각하여 매우 축하할 일이라고 축하 인사를 하러 방문한 촌장에게, "당신들에게

는 축하할 만한 일이지만 우리에게는 귀한 자식을 나라에 바친 것은 전혀 축하할 일이 아닙니다. 당신은 자식을 잃은 모친의 기분을 모를 것입니다. 더 이상 아무것도 말하지 말고 돌아가 주십시오"라고 분노를 드러냈다고 하는 이야기가 지금도 전해지고 있다(新谷尚紀,「慰霊と軍神」).

도조 내각의 강함의 원천

개전 전 1941년 10월에 성립한 도조 내각은 당초부터 '강력 내각'을 표명했다. 현역의 육군대장인 도조 수상이 내무대신(내상) 외, 육군대신을 겸임하고 있었기 때문이다. 또 '도조의 부관'이라고 험담을 받을 만큼 해상 시마다 시게타로(嶋田繁太郎, 1883~1976년) 해군대장과의 협력 관계도 긴밀했다. 육해군에 대한 통제라는 면에서 도조 수상은 종래에 없는 커다란 권한을 가지고 있었던 것이다.

정치 자금면에서도 도조 수상은 유리한 입장에 있었다. 육상으로서 육군성의 기밀비를 자유롭게 사용하는 것이 가능했기 때문이다. 이 점에 대해서는 몇 개의 증언이 있다. 예를 들면 전 육군성 군무국 군사과 예산반장 가토가와 고타로(加登川幸太郎, 1909~1997년)는 "무엇에 사용했는지 알 수 없지만 도조 씨가 총리대신이 되었을 때, (중략) 3백만 엔이라는 기밀비 3구를 내각 서기관장에게 건네라고 말했다네. (중략) 그때 2백만 엔 있으면 비행기 공장을 하나 세웠으니까"라고 회상한다(若松会編,『陸軍経理部よもやま話』). 또한 상당히 나중 시기의 일이지만 전 육군중좌로 육군성 군무국에 근무한 경력을 가진 이나바 마

사오(稻葉正夫, 1908~1973년)도 1944년의 도조 내각 총사직 직전, 수상이 "내각 개조에 의한 정권 안정 공작에 분주하고 있을 즈음, 300만 엔의 영달을 명받고 바로 아카마쓰(赤松) 비서관에게 건네주었다. 그러나 의도한 것과 달리, 어쩔 수 없이 사직하게 되어 모든 것이 끝난 뒤 아카마쓰 비서관이 '이제 필요 없게 되었다'고 200만 엔 정도로 기억하지만 반납한 적이 있다"고 회상하고 있다(稻葉正夫, 「臨時軍事費1千億の行方」『文藝春秋臨時增刊 読本·現代史』, 1954년).

한편 임시군사비 중 기밀비의 지출액을 보면, 1942년 단계에서 육군성=4,655만 엔, 해군성=2,560만 엔, 1944년도 단계에서 육군성=1억 2,549만 엔, 해군성=1,865만 엔이었다. 육군성이 기밀비를 윤택하게 사용하고 있었던 것을 알 수 있다.

도조의 궁중에 대한 공작

도조 수상이 정치 자금을 이처럼 자유롭게 사용한 점에 대해서는 1944년 10월 15일에 반도조운동의 중심 인물이었던 정당 정치가 하토야마 이치로(鳩山一郎, 1883~1959년)가 고노에 후미마로와 요시다 시게루(吉田茂, 1878~1967년 전후의 수상)와의 회담 중에 말하고 있는 내용이 참고가 된다. 동석하고 있던 호소가와 모리사다(細川護貞, 1912~2005년)는 그 내용을 다음처럼 기록하고 있다(『細川日記』).

대체로 궁내성 안에 도조 예찬자가 있는 것은 선사품이 매우 교묘하기 때문이라는 이야기가 [하토야마로부터] 나와, 예를 들면 지치부(秩父), 다카마쓰(高松) 양 전하에게 자동차를 몰래 헌상하고, 추밀원 고문관에

게는 만날 때마다 식물, 의복 등의 선물을 했다. 그중에 각 고문관 각각
의 이니셜이 들어간 만년필 등도 들어 있었다. 또 지금도 마키노[牧野伸
顯, 전 내대신]가 있는 곳에는 항상 선물이 있다고 한다.

그 후 하토야마는 '도조가 가진 돈은 16억 엔이다'라고 말하고, 고
노에는 도조의 자금원이 중국에서의 아편 밀매에서 들어오는 수익이
라고 지적하고 있다. 아편 밀매와의 관계에 대해서는 정확한 증거가
없지만, 1946년 7월의 국제검찰국에 의한 심문 중에 고노에의 측근 도
미타 겐지(富田健治, 1897~1977년)가, 도조는 아편 매매의 수익금 10억
엔을 스즈키 데이이치(鈴木貞一, 1888~1989년) 육군중장(홍아원 정무부장)
에게 받았다고 하는 소문이 있다고 지적했다. 홍아원은 아편 생산과
유통에 깊이 관계되어 있는 관청이다. 황족에의 '선사품'에 대해서는
사료적으로 확인하는 것이 가능하다. 1942년 12월 30일자의 「히가시
쿠니노미야 나루히코 일기(東久邇宮稔彦日記)」에, "이번 육군대신으로
부터 각 황족에게 자동차를 드리게 되었다"고 되어 있다. 이날 히가시
쿠니노미야(東久邇宮)의 집에는 육군성 관계자로부터 도착한 미국제
자동차가 있었기 때문이다. 일기에 의하면 이 자동차는 육군이 자바
섬에서 압수한 것이라고 한다. 어찌되었든 도조가 상당히 풍부한 정
치 자금을 갖고 있었던 것은 확실한 것 같다.

그리고 도조 내각의 최대의 정치적 자산으로는 천황의 강한 지지
와 신뢰라는 점을 들 수 있다. 도조 수상이 천황의 신뢰를 얻을 수 있
었던 것은 도조가 천황의 의향을 직접 국정에 반영시키려고 항상 노력
했기 때문이다. 도조는 중요한 정책 결정에 즈음하여 근실하게 내주
를 반복하고 사전에 천황의 의향을 확인한 뒤에 정치적 결단을 내린다
고 하는 정치 스타일을 무너뜨리지 않았다.

패전 후가 되어도 천황의 도조에 대한 신뢰는 변함이 없었다. 패전 직후에 천황이 직접 한 이야기를 근거로 측근이 작성한 『쇼와 천황 독백록』은 금일에는 도쿄재판용 천황의 변명서로 알려져 있다. 이 '독백록' 중에 천황은 도조 내각을 계속 지지한 이유에 대해 다양한 변명을 시도하고 있지만, "원래 도조라는 인물은 이야기를 나누면 잘 이해할 수 있다" "도조는 열심히 일을 하고 있으며, 평소 말하고 있는 것도 사려가 주밀하여 매우 좋은 면이 있었다" "나는 도조에게 동정하고 있다"고 하는 천황의 발언에서 천황의 도조에 대한 두터운 신뢰를 읽어 낼 수 있다(『昭和天皇独白録 寺崎英成·御用掛日記』).

국내 지배 체제의 강화

초기작전의 성공은 도조 내각의 정치적 위신을 더욱 강화하는 것이 되었다. 특히 1942년 2월 15일의 싱가포르 함락은 빛나는 전승을 상징하는 사건으로서, 의회에도 커다란 영향을 미쳤다. 때마침 개회 중인 제79의회는 긴급 본회의 개최를 결정하였다. 다음 16일의 중원 본회의에서는 도조 수상이 등단하여, "황공하옵게도 선전의 대조 환발되자, 개전 벽두에 바로 미영 함대의 주력을 전멸시키고, 불과 2주에 홍콩을, 3주에 '마닐라'를, 그리고 7주가 지나지 않아 '싱가포르'를 공략하고(박수), 이에 미·영 양국의 다년에 걸친 동아 침략의 3대 거점은 모조리 우리가 점령하는 바가 되었던 것입니다.(박수) 지금 황군은 (중략) 인류사상 아직 일찍이 보지 못한 대규모의 작전에 종사하고 있는 것입니다(박수)"라고 연설했다. 당시 중원 서기관장이었던 오기 미사오(大木操, 1891~1981년)는 도조 연설에 대한 의회의 반응에 대해서, "만당의 우뢰와 같은 박수와 함께 각각 외치는 환성은 의사당을 흔드는 기세였다. 불과 20분 정도의 발언 중 한숨 돌릴 때마다 무려 40회에 가까운 박수와 환성이 터져 나오는 이상 풍경으로, 그 흥분 가운데 황군에 대한 감사 결의를 하고 산회했다"고 쓰고 있다(大木操, 『激動の衆議院秘話』). 전승은 도조 내각의 정치적 위신을 현저하게 높인 것이다.

이러한 상황 가운데 도조 내각은 국내 치안 체제를 강화하는 데 커다란 힘을 쏟았다. 이미 개전 직후 1941년 12월에는 언론·출판·집회·결사 등 임시단속법이 공포되고 있었다. 모든 결사·집회를 신고제에서 허가제로 바꾸고, 출판물 등에 당국의 단속 권한을 강화한 법률이다. 이어서 1942년 2월에는 전시형사특별법이 공포되었다. 이 법률은 '등화관제(燈火管制) 중 적습의 위험'이 있을 경우 등의 범죄 행위를 엄격하게 단속함과 동시에, '국정의 변란'죄, 생활필수품의 매점·매석죄 등을 신설한 치안 입법이다. 동법은 동시에 공포된 '재판소구성법전시특례'와 일체가 되어 피의자나 피고인의 권리를 크게 제한했다고 하는 점에서도 중요한 의미를 가졌다.

익찬선거

정치 체제 면에서는 1942년 4월에 실시된 익찬(翼贊) 선거가 중요하다. 1937년 4월에 실시된 제20회 총선거 이래, 총선거는 한 번도 실시되지 않았다. 중의원 의원의 임기도 1941년 4월에 만료하고 있지만, 제2차 고노에 내각은 특별법에 의해 의원의 임기를 1년 연장할 것을 결정하고 있었다. 중일전쟁의 장기화에 따른 국민의 다양한 불만이 선거를 통해서 분출하는 것을 두려워했을 것이다.

도조 내각은 전승에 의한 정치적 위신의 중대를 배경으로 총선거 실시를 단행하였다. 익찬선거라고 불리는 이 선거에는 종래의 선거와 달리 추천제가 도입되었다. 사실상의 관제 단체인 익찬정치체제협의회가 의원정수 최대 466명의 후보자를 추천한다는 방식이다. 선거운동의 과정에서는 비추천 후보에 대해 노골적인 선거 간섭이 행해진 반면, 추천 후보에 대해서는 정부의 전면적인 지원이 주어졌다. 전 도쿄 헌병대장 오타니 케이지로(大谷敬二郎, 1897~1976년)에 의하면, 추천 후보에게는 "한 사람당, 5천 엔의 선거 비용이 정부로부터 건네지지만, 이 선거 비용은 전부 임군비에서 나오고 있었다고 한다"(大谷敬二郎, 『昭和憲兵史』). 여기서도 역시 임군비다.

선거 결과는 다음과 같다. 먼저 추천 후보의 당선자는 381명으로 당선율은 81.8%나 달했다. 그 반면에 전시의회 안의 자유주의적 반주류파인 동교회(同交會, 의회 안의 정치회파의 하나) 등은, 크게 의석을 줄였다. 동교회는 전쟁에 반대했던 것은 아니지만 의회의 입장이나 국민 생활의 문제에는 독자적인 입장을 취하고 있었다. 또 신인 의원수도 199명에 달했지만, 이것은 1925년에 보통선거법이 성립하고 남자의 보통선거가 실현된 이래 최고의 당선자 수다. 이것은 이 익찬선거에 의해 기성 정당의 기반이 상당히 무너진 것을 의미하고 있었다. 나아가 심한 선거 간섭에도 불구하고 85명의 비추천 후보가 당선한 것에도 주목할 필요가 있다. 거기에는 익찬선거에 대한 국민의 비판이 일정 정도 반영되고 있었기 때문이다. 그러나 비추천 후보의 당선자 중에는 동교회에 소속한 후보자도 포함되어 있었지만, 주력은 우익의 여러 그룹 후보자였다. 이들의 우익 그룹은 도조 내각에 대한 보수파 쪽으로부터의 비판 세력을 형성하게 된다.

익찬선거에 의해 의회 장악에 성공한 도조 내각은 다음 5월, 익찬정치회를 발족시켰다. 동회는 중의원 의원의 거의 모두, 귀족원 의원의 대부분이 가맹한 정치 결사이고, 동회 이외의 정치회파는 금지되었기 때문에 동교회 등도 해산에 몰렸다. 이에 따라 사실상 거의 일국일당에 가까운 정치 상황이 생겨난 것이다.

부락회·정내회·인조

국민 생활에 대한 통제도 한 단계 강화되었다. 개전 전 1940년 9월, 내무성은 「부락회정내회인보반촌상회정비요강」을 각 부·현에 통지하고 부락회·정내회·인보반[隣組]의 전국적인 정비를 지시했다. 부락회나 정내회의 기초 단위인 인조는 10호 전후를 하나의 조로 조직한 행정 보조 조직이다. 국채 소화·저축 강제·금속 회수·방공 연습·출정하는 병사의 환송·전사자의 공장(公葬) 등의 국민동원정책을 말단에서 담당하고 있었다. 상회(常會)는 정기적으로 개최된 회합이고, 인조상회에는 각호로부터 1명, 부락상회·정내상회에는 인조장

▶사진 2-2. 정부의 정책을 각 가정에까지 철저하게 지시하기 위해 인조 안에서는 각호에 회람판을 돌렸다. 사진은 1942년 4월의 익찬선거에 투표를 호소하는 도쿄 시의 회람판(江波戸昭, 『戰時生活と隣組回覧板』).

등이 출석해서, 이곳을 통해 정부가 결정한 정책이 각 가정에까지 침투하고 있었던 것이다. 또 부락회·정내회·인조는 생활필수품의 배급 루트로서도 기능하고 있었기 때문에 이들 조직에 참가나 협력을 거부하는 일은 사실상 불가능했다.

나아가 1942년 8월에 정부는 부락회·정내회에 대정익찬회의 운영자를, 인조에는 도우미를 둘 것을 결정하였다. 실제의 인선에 즈음해서는 부락회장·정내회장과 운영자를, 인조장과 도우미를 일치시키는 방침이 취해졌다. 이에 따라 조직상으로는 대정익찬회를 중심으로 한 일원적인 국민동원망이 완성된 것이다.

이 시기의 정치 체제를 파시즘체제의 성립으로 할 것인가 아닌가에 대해서는 의론이 나뉘었다. 대정익찬회나 익찬정치회가 성립되었더라도 나치 독일처럼 일원적인 정치 지배 체제는 실현되지 않았다는 견해도 존재하고 있기 때문이다. 그러나 여기서는 마스다 도모코(增田知子)의 견해를 따라, 근대 일본의 입헌주의적 정치 체제를 해체해서 성립하고, 천황제이데올로기에 따라 국민을 획일적으로 조직화하는 것에 성공한 전체주의적 국가 체제를 나치 독일형과는 다른 일본형 파시즘체제로 인식하고 싶다(增田知子, 「'立憲制'の帰結とファシズム」).

나아가 도조 내각기의 정치를 생각하는 데 잊어서는 안 되는 것은 헌병의 존재다. 헌병은 군대 안의 단속에 임하는 군사경찰이지만, 일반의 국민에 대해서 경찰권을 행사하는 경우도 있었다. 문제는 이 헌병이 육군대신에게 직속하고 있었던 것이고, 해군에는 헌병이 존재하지 않았기 때문에 해군의 군인 단속도 육군의 헌병이 담당했다. 도조는 1935년 9월부터 1937년 2월까지, 만주국 치안 체제의 중심에 위치하고 있었던 관동헌병대사령관의 자리에 있으면서 놀라운 솜씨를 발휘한 경력을 가졌다. 그리고 그때 고급부관을 지낸 시카타 료지(四方諒二, 1896~1977년) 대좌가 1942년 8월에 도쿄 헌병대장에 취임하자, 육군대신을 겸임하고 있던 도조 수상의 뜻을 받아들인 '헌병정치'가 횡행하게 되었다. 헌병은 국내에서 일어나는 반전운동과 반군적·염전적(厭戰的) 기운을 탄압할 뿐만 아니라, 도조 내각의 정적 감시나 탄압에도 광분하게 된다. 헌병의 '사병화'이다. 이 '헌병정치'는 도조의 이미지를 확실하게 음참(陰慘)한 것으로 만들었다.

총력전 시대의 정치 지도자

도조 수상에 관해서는 '독재자'라는 이미지와 함께 줄곧 사소한 형식주의나 정신주의로 일관해서 국민에게 직접 호소할 힘을 가지지 못했던 관료 정치가라는 이미지가 뿌리 깊게 존재하고 있다. 예를 들면 하야시 시게루(林茂)·쓰지 기요아키(辻淸明)가 편집한 『일본내각 사록 4』는 "도조의 독재는 한갓 법제적 권한만을 강화하고, 위로부터 명령하면 충분하다고 하였다. 총력전 수행을 위해서는 비록 의사적(擬似的)이라도 아래로부터의 자발적 노력을 환기하는 것이 중요하다고 하는 이유를 전혀 이해하지 못했다고 할 수 있을 것이다"라고 쓰고 있다. 그러나 이러한 평가는 조금 일면적이다.

첫째로 도조는 영상·음성미디어가 급속하게 발달한 시대의 정치가이고, 그러한 미디어를 의식적으로 이용한 최초의 정치가이기도 했다. 1939년에 제정된 영화법은 영화관에서 뉴스 영화를 상영하는 것을 의무로 하고 있었지만, 다음 1940년 4월에는 국책 회사로서의 일본

뉴스영화사가 설립되고, 동사가 제작하는 '일본뉴스'가 전국의 영화관에서 상영되었다. 도조는 '일본뉴스'에 가끔 등장했는데, 특히 그 제81호(검열 합격일=1941년 12월 23일)에서 일본 국민은 중의원의 본회의(제78 임시의회)에서 연설하는 수상의 모습을 처음 보게 된다. 이때부터 뉴스 카메라에 의한 원내 촬영이 허락되었기 때문이다(『別冊 一億人の昭和史 日本ニュース映画史』).

라디오방송도 같다. 수상의 시정 방침 연설의 라디오방송이 처음 실현된 것은 제77 임시의회 개회 중인 1941년 11월 17일의 일이었다. 다음 18일자의 〈아사히신문〉은 이 방송에 대해서, "어조는 장중, 음성은 발랄, 도조 수상의 육성이 17일 오후 7시, 전파를 타고 방방곡곡에 돌입했다. 녹음이지만 10여 년래 대망의 '의회의 소리' 방송이 실현된 것"이라고 보도하고 있다.

개전날인 12월 8일, 도조 수상은 '대조(大詔, 조칙)를 받들고'라는 제목의 라디오방송을 행하고, 개전 후에도 반복해서 라디오에 등장했다. 이 활동은 "혹은 관저의 마이크를 통해서, 혹은 강연회 등의 중계에 의해 가끔 방송하여, 항상 1억 진군의 진두에 선 기백과 열의를 나타낸 것은 국민이 일제히 감격하는 바이다"라고 평가받고 있다(日本放送協会編, 『ラジオ年鑑 昭和18年版』). 1934년도의 전 세대당 라디오 보급률은 15.5%, 그것이 1941년도에는 45.8%까지 급증하고 있으므로, 라디오의 영향력은 큰 것이었다. 도조는 이것을 자각하고 있었을 것이다.

행동하는 지도자

둘째로 도조는 끊임없이 국민 앞에 모습을 나타내고, 솔선해서 행동하고 결단하는 전시 지도자라는 강렬한 이미지를 스스로 만들어 내고 있었다. 도조의 행동력에 대해서는 당시 매스컴이 주목하는 바이기도 했고, "빠릿빠릿하게 잘 해내는 것은 [도조의] 독무대이"고, "바쁘게 움직이는 점은 역대 정치가에게 보이지 않았던 장점이라고 칭찬하는 데 주저하지 않는다"고 하는 논조가 보인다(矢部周, 「東条内閣の第一課題」 『文藝春秋』 1941년 12월호).

또한 국민의 시선에 항상 스스로를 드러내는 것도 도조의 일관된 자세였다. 도조는 이동이나 시찰에 즈음하여 오픈카를 상용했지만 이 것에는 정권의 내부에서도 비판이 있었다. 내각관방 총무과장이었던 이나다 슈이치(稲田周一, 1902~1973년)는 "당시 독일의 히틀러는 아직 위세가 좋아 오픈 자동차에 타고, 가는 곳마다 위압하고 있었다. 도조는 히틀러를 자처하고 있다고 하여 평판은 나빴다"고 하면서 도조 수상에게 오픈카를 사용하지 않도록 진언했다고 회상하고 있다(『稲田周一手記 写8 東条内閣』). 그러나 도조는 최후까지 오픈카에 집착하고 있었다. 『도조내각총리대신기밀기록』을 보면 규슈 시찰 중인 1942년 3월 31일의 기록에, "가고시마(鹿児島) 시에서 총리의 자동차는 '오픈'을 사용하다"라고 되어 있고, 이후 '자동차(오픈)'이라는 기사가 반복해서 나타나고 있다. 또 6월 22일의 기사에 "자동차 오픈. 도중에 비가 내려도 오픈인 채로 관저 귀착"이라고 되어 있는 것도 흥미를 끈다. 도조의 집착이 전해오기 때문이다.

도조 수상의 이러한 퍼포먼스를 단적으로 나타내고 있는 것이 가

끔 사전 예고 없이 이루어진 관청·배급 기관 등에 대한 현상 시찰이
나, 국민의 실제 생활을 알기 위한 민정 시찰이었다. 이들 시찰의 목적
은 말단 행정 기구나 하급 관리의 태만, 비효율적인 '관청 일'을 바로
개선시켜, 국민 생활의 현실을 정확하게 파악하여 정책에 반영시키는
데 있다고 하였다. 또 매스컴도 수상의 느닷없는 시찰을 크게 다루었
다. 예를 들면 1942년 8월 18일자 〈요미우리호치(読売報知)〉는 '망중
망(忙中忙, 바쁜 가운데 더욱 바빠짐―옮긴이)을 찾는 도조 씨', "할인 시영전
차[割引市電]로 거리 시찰, 예리한 관찰력과 추리력의 재료는 정확한
메모, 수집한 민정 반드시 '결제'"라는 헤드라인 기사를 게재하고, "민
첩한 정무 처리, 그리고 전격적인 민정 시찰―국민은 일찍이 이 정도
로 '수상'을 가깝게 느낀 적이 없었다.―어찌되었든 거기에 새로운 하
나의 '지도자형'이 나오게 되는 것은 확실하다"고 논하고 있다.

　　그러나 현상 시찰, 민정 시찰의 실제 목적은 행정상의 효과보다
는 과감하게 행동하는 전시 지도자라는 이미지를 만들어 내는 것에 있
었다. 사실, '느닷없음' '기습' 등이라고 말하면서도 시찰의 상세한 상
황과 현장의 사진까지 신문에서는 게재하고 있으므로, 사전 혹은 사후
에 수상관저 측에서 각 신문사에 어떠한 연락이 있던 것은 틀림없다.

도조의 자질

　　동시에 도조 수상 자신에게도 시대가 필요로 하는 일종의 정치적
자질을 갖추고 있었던 것으로 생각한다. 수상 후보자로 몇 번이나 이
름이 오른 육군의 장로 우가키 가즈시게(宇垣一成, 1868~1956년) 대장은

도조 내각이 성립한 1941년 10월 18일자의 일기에 도조에 대해서 "육군대신이나 총리가 되었을 때의 모습을 보면 어쩐지 과장된 행동을 하는 점이 많다. 이전에 듣고 있었지만 도조의 집안은 본래 노교겐(能狂言, 노가쿠〔能樂=일본의 전통 예능〕의 막간에 상연하는 희극—옮긴이) 가계라고 하므로 이것도 맞을 것이다"라고 쓰고 있다(『宇垣一成日記 3』). 사실, 도조의 증조부는 노가쿠의 호쇼류(宝生流) 출신이었다고 전해진다. 우가키는 도조의 정치가로서의 능숙한 연출 능력을 냉정한 눈으로 관찰하고 있었던 것이다.

시대가 필요로 하는 재능이라는 점에서는 전 대본영 육군부 보도부장 마쓰무라 슈이쓰(松村秀逸, 1900~1962년)가 전형적인 군사 관료인 우메즈 요시지로(梅津美治郎, 1882~1949년) 대장과 대비시키면서 다음과 같이 쓰고 있는 것도 참고할 수 있다(松村秀逸, 『大本營発表』).

> 도조는 무엇이나 진두지휘하고 일에 임해서는 확실히 자신의 의사를 나타내 나가야 할 방향을 분명히 했다. (중략) 우메즈 씨는 오히려 진후지휘였다. 애매한 부분이 있었다. 이런 부분이 우메즈 씨와 비교해서 도조 씨 쪽이 당시의 풍조에 맞았던 것인지도 모르고, 인기가 있었던 것일지도 모른다.

총력전 시대에는 다수 국민의 전쟁 협력이 필요불가결하다. 그러한 시대에 있어서는 강한 말과 행동으로 직접 국민에게 호소하는 타입의 정치 지도자가 요구된다. 도조는 그것을 잘 이해하고 있었다. 1943년 9월 23일, 도조는 측근에게 다음과 같이 말하고 있다(앞의 책, 『東条内閣総理大臣機密記録』).

국민의 대다수는 회색이다. 일부 소수자가 이러쿵저러쿵 비판적 언동을 지껄이는 자가 있다. 그래서 국민을 이끌고 가는 자로서는 이 대다수의 회색 국민을 단단히 잡고 쭉쭉 이끌고 가는 것이 중요하다. 대다수의 회색은 지도자가 하얗다고 말하면 또 오른쪽이라고 말하면 그대로 따라간다. 자연히 하얗게 되게끔 두면 백년하청을 기다리는 것이다.

도조의 연극 같은 퍼포먼스, 특히 거듭되는 민정 시찰은 지식인의 반발과 빈축을 샀다. 특히 도조가 주택가의 쓰레기통을 조사해서 아직 먹을 수 있는 것이나 재생 가능한 것이 버려져 있다고 비난한 것은 대부분 국민의 실소를 샀다. 수상으로서 달리 할 것이 없었는가라는 비판이다.

당시 도쿄헌병대 특고과장 쓰카모토 마코토(塚本誠, 1903~1975년) 중좌는 앞의 〈요미우리호치〉의 '망중망을 찾는 도조 씨'를 읽고 "그가 해야 할 것은 무엇인가라는 비판은 당시 식자 가운데 상당히 퍼져 있다" "신문이 이렇게 무비판적으로 높이 평가하는 기사를 적지 않은 지면 중에서 크게 다루는 것은 역효과가 된다"고 생각하여, 쇼리키 마쓰타로(正力松太郎, 1885~1969년) 사장을 방문하고 주의를 촉구했을 때, 이미 비판의 투서가 왔다고 털어 놓고 있었다고 한다(塚本誠, 『ある情報将校の記録』).

민중의 도조 지지열

중요한 것은 지식인의 반발에도 불구하고 일반 국민이 도조를 강하게 지지하고 있다는 점이었다. 자유주의적인 외교 평론가로서 알려진 기요사와 기요시(淸沢洌, 1890~1945년)는 1942년 12월 9일 일기에 "도조 수상은 아침부터 밤까지 연설, 방문, 가두 위문을 하여 5, 6인분의 일을 하고 있다. 그 결과 매우 평판이 좋다. 총리대신의 최고 임무로 그러한 것을 국민이 요구하고 있는 증거다"라고 기록해 두고 있다(淸沢洌, 『暗黒日記』). 또한 기요사와는 도조 내각 총사직 후인 1944년 7월 22

▶사진 2–3. 「일본뉴스」 제130호(1942년 12월)에 등장하여 국민의 단결을 호소하는 도조 수상(『別冊 一億人の昭和史 日本ニュース映画史』). 도조 수상은 영상미디어를 철저히 이용하여 국민 한 사람 한 사람에게 얼굴을 알린 최초의 수상이 되었다고 말할 수 있을지도 모른다.

일 일기에도, "일반 민중은 도조의 평판이 좋다는 것. 여느 때와 같이 거리에 나가서 미토 고몬(水戸黄門)[21]식의 일을 하는 것이 좋을 것이다"라고 쓰고 있다.

실제 도조 수상은 각지에서 국민에게 열렬히 환영받았다. 1942년 7월 27일, 오사카의 중앙공회당에서 개최된 '대동아전쟁 완수 국민 총력결집 대강연회' 때에는 강연을 마치고 퇴장하는 도조 수상을 군중들이 열광하며 둘러쌌다. 다음 날 28일자 〈아사히신문〉은 그곳의 상황을 "열광한 수천의 청중은 모자, 부채를 세게 흔들며, '만세 만세'라고 환성을 올려, (중략) 눈 깜짝할 사이에 도조 씨를 둘러쌌다. '잘 하겠습니다. 하겠습니다' '미·영 격멸이다, 도조 각하 부탁드립니다' '도조 수상 만세'라고 떼지어 모인 시민은 열광하여 완전히 감격의 도가니다"라고 보도하였다. 이것이 과장이 아닌 것은 같은 날 수상 비서관의 기록에 '공회당 발' "총리 자동차 회중의 압도적인 환영에 둘러싸여 약

---

21 미토 번(현재의 이바라키 현)의 번주였던 도쿠가와 미쓰쿠니(徳川光圀)의 별칭으로, 그가 세상을 바로잡기 위해 일본 각지를 만유(漫遊) 했다고 하는 이야기의 제목이기도 하다.

10분, 회중 가운데를 서행함"이라고 쓰여 있는 것에서도 알 수 있다(앞의 책, 『東条内閣総理大臣機密記録』).

나아가 도조에 관한 뛰어난 평전을 정리한 작가 호사카 마사야스(保阪正康)도 이때의 도조에 대해서 "도쿄·요쓰야(四谷)의 어느 지구에서는 도조가 매일 아침 말을 타고 산보하는 것이 알려져, 그 모습을 한눈에 보려고 길에서 기다린 사람이 있었다. 도조가 승마하는 모습을 보면, 그날은 요행을 만났다고 하는 '신화'가 생겨났다"고 적고 있다. 도조는 일반 국민에게 있어 '구국의 영웅'이었다(保阪正康, 『東条英機と天皇の時代(下)』).

'도조 독재'의 한계

이렇게 도조 수상은 초기작전의 성공을 배경으로 커다란 권력을 장악하게 되었지만, 이 '도조 독재'에도 큰 한계가 있었다. 하나는 그것이 천황·궁중 그룹의 강력한 지지를 배경으로 하고 있던 정권이었다는 점이다. 도조 수상은 내주(内奏)를 통해서 천황의 의사를 항상 확인하고 그것을 국정에 반영시키려고 노력했다. 그리고 그것을 통해서 천황과 그 측근의 절대적인 신뢰를 획득하고 있었다. 이러한 지지와 신뢰란 도조 내각의 정치적 위신을 현저하게 강화했다. 그러나 이것은 천황·궁중 그룹의 신임이 없어지면 이 내각이 구심력을 잃는 것을 의미하기도 했다.

한편 전쟁이라는 비상 사태에 즈음하여 논리적인 선택지의 하나로서는 천황의 주체적·적극적인 결단에 의해 일원적인 전쟁 지도를 실현한다는 노선이 있을 수 있다. '능동적 군주'로서의 천황이 '친정'을 행한다는 노선이다. 그러나 이 경우는 천황이 현실의 생생한 정치세계를 초월한 존재라고 하는 천황제의 방침이 명목과 실제가 함께 무너져, 결단에 동반하는 정치적 책임을 천황 자신이 인수하지 않을 수 없게 된다. 그러한 사태를 피하면서 전쟁 지도의 일원화를 실현하기 위해서는 천황이나 궁중 그룹에게도 도조 내각을 강력하게 뒷받침하면서 권력의 실제 집행은 도조에게 위임한다고 하는 것이 가장 현실적인 선택지가 되었다. 에구치 케이이치(江口圭一, 1932~2003년)의 『15년전쟁소사』가 지적하고 있는 것처럼 이 시기의 "최고 권력은 쇼와 천황 이하의 궁중 그룹과 도조 이하의 군부가 상호의존적으로 나누어 가지고 있었던" 것이다.

둘째로 도조 내각은 여러 국가 기관의 분립제나 국무와 통수의 분열 문제를 제도적으로 해결하고 있지 않았다. 도조 수상이 실제로 수행하는 것이 가능했던 것은 육상의 겸임에 의해 수상의 권한을 실질적으로 강화한다고 하는 조치밖에 없었다. 도조 자신도 1943년 5월 21일자의 메모 가운데서, "정부와 통수부와의 협조, 또 육·해 양군의 협조에 대해서는 그 원활을 기하기 위해, 종래의 무수한 사례에도 비추어, 조각 당초부터 고심을 한 최대의 것으로, 조각에서 총리대신과 육상을 겸하는 조치를 취한 것도 이 고려에서 나온 것"이라고 하면서, "과거의 1년 반 사이에 정무 시행 중 가장 머리를 쓰게 한 것은 이 점으로 때로는 '견딜 수 없다'고 은근히 느낀 경우도 없지 않았다"는 결론을 내리고 있었다(앞의 책, 『東条内閣総理大臣機密記録』). 이 내각에서도 통수권의 독립과 여러 기관의 분립제는 국무상 최대의 암이었던 것이다.

제3장 전국의 전환

1942년 10월, 과달카날 섬에 대한 증원 작전 중에 미군기의 공격을 받아, 이 섬의 해안에 좌초된 규슈마루(九州丸). 육군에 징용된 신예의 고속 화물선이었다(마이니치신문사).

1. 연합군에 의한 반공(反攻)의 개시

통일 전략의 결여

초기작전의 성공이 거의 확정적으로 되어 가는 가운데 대본영정부연락회의는 1942년 3월 7일에 「금후 취해야 할 전쟁 지도의 대강」을 결정(최종 결정은 9일), 계속해서 3월 9일에는 「세계 정세 판단」을 결정했다. 그러나 이 두 가지의 결정에는 큰 문제가 내포되어 있었다. 「금후 취해야 할 전쟁 지도의 대강」의 최대 문제점은 육해군 간에 있어서 통일된 전략의 결여다. 육군은 초기작전의 종료 후에는 석유 등의 전략적 자원을 개발하고 일본 본토로의 수송에 힘을 쏟으면서 남방전선에서는 지구전의 태세로 이행하는 것을 중시하고 있었다. 남방작전 종료 후, 북방에서 대소전을 개시할 것을 계획하고 있었기 때문이다.

한편 미국과의 커다란 국력의 격차 때문에 장기전에서 자신을 갖지 못한 해군은, 적극적인 공세작전을 연속적으로 실시하여 미국에 단기 결전을 강요해, 미국 국민의 전의를 상실시키는 것을 기본 전략으로 하고 있었다. 그 결과 이 '대강'에서는 "영국을 굴복하여 미국의 전의를 상실시키기 위해 계속해서 기득의 전과를 확충해서 장기 불패의 정전(政戰) 태세를 정비하면서 기회를 보아 적극적 방책을 강구"한다고 결정되었다. 요컨대 전략적 중점의 애매한 절충안이다.

「세계 정세 판단」에 대해서는 연합군의 본격적인 반공작전이 개시될 시기를 "대략 쇼와 18년(1943년) 이후가 될 것"이라고 예상한 것에 문제가 있었다. 실제로 미군의 반공작전은 1942년 여름에 개시되었기 때문이다.

미드웨이 해전의 패배

이 사이 1942년 1월에 대본영은 뉴기니(New Guinea)[22]의 공략을 지시하고, 3월에는 일본군이 뉴기니 동부의 라에(Lae), 살라마우아(Salamaua)를 점령했다. 계속해서 제4함대가 호위하는 일본군의 수송 선단이 연합군의 중요 거점인 포트모르즈비(Port Moresby)의 공략에 나섰지만, 이때 미·일의 기동부대 사이에서 일어난 것이 산호해 해전이다. 5월 7일부터 8일에 걸쳐 싸운 이 해전은 사상 최초의 공모끼리의 전투였다. 미국 측에서는 공모 '렉싱톤(Lexington)'이 침몰했고, '요크타운(Yorktown)'도 손상을 입었으며, 일본 측에서는 소형 공모 '쇼호(祥鳳)'가 침몰하고, '쇼가쿠(翔鶴)'가 대파되었다. 전술적으로는 일본군이 조금 우세한 전투였지만 일본군은 해상으로부터의 포트모르즈비

---

22 말레이 군도의 동부, 오스트레일리아의 북쪽 서태평양에 있는 섬.

공략작전을 어쩔 수 없이 연기할 수밖에 없게 되어 전략적으로는 패배했다. 또 대파된 '쇼가쿠'와 다수의 함재기를 잃은 '즈이가쿠(瑞鶴)'의 2공모는 모두 1개월 후인 미드웨이 해전에 참가할 수 없었지만, 미해군은 '요크타운'의 수리를 단기간에 마치고 전열에 복귀시켰다. 이것은 미드웨이 해전의 운명을 가르는 것이 되었다.

초기작전 종료 후에도 계속해서 공세를 취할 것을 주장한 해군이 계획한 것은 미드웨이 공략작전이었다. 그것의 주목적은 반격에 나올 예정인 미국 주력 함대의 격멸에 있었지만, 둘리틀(James Harold Doolittle, 1896~1993년) 중좌가 일본 본토에 폭격대에 의한 첫 공습을 시작한 것도 이 작전의 실시에 커다란 영향을 미쳤다. 4월 18일, 공모 '호넷(Hornet)'에서 발함한 16기의 B25가 도쿄·요코하마·나고야·고베 등을 폭격한다. 해군은 미국의 기동부대를 사전에 발견하고 있었지만, 미군이 항속거리(항공기나 선박이 한 번 실은 연료만으로 계속 항행할 수 있는 최대 거리―옮긴이)가 긴 쌍발의 폭격기 B25를 공모에서 발진시킨다고 하는 과감한 수단으로 나왔기 때문에, 공격은 완전한 기습이 되었다. 당시 중학 3년생이었던 작가 요시무라 아키라(吉村昭, 1927~2006년)의 형은 미군기를 목격하고 가까운 경찰서에 뛰어 들어갔을 때 경관은 "유언비어를 내뱉지 마라. 유치장에 던져버리겠다"고 격노해서 그의 멱살을 잡았는데, 공습경보가 울리고 나서 겨우 놓아 주었다고 한다(吉村昭, 『東京の戦争』).

이 공습에서 체면을 완전히 구긴 해군은 미기동부대의 재공격을 저지하기 위해 일본 본토의 초계 라인을 더욱 동측으로 연장할 필요가 있었다. 그 때문에 전초기지의 확보라는 점에서도 미드웨이 섬의 공략이 필요했던 것이다.

일본 해군은 미드웨이 공략 작전에 애지중지하는 정규 공모 4척을 투입했지만 일본군의 암호를 해독하여 공격을 사전에 알고 있었던 미해군은 3척의 정규 공모를 배치해서 일본군을 기다리고 있었다. 6월 5일 일본군이 미드웨이 섬을 공습함에 따라 시작된 전투는 당초 일본군이 우세한 쪽으로 나가고 있었지만, 미해군의 급강하 폭격대에 공격을 받아 눈 깜짝할 사이에 '아카기(赤城)' '가가(加賀)' '소류(蒼龍)'의 3공모를 잃어버렸다. 남은 '히류(飛龍)'의 반격에 의해 미공모 '요크타운'을 대파시켰지만(나중에 일본군의 잠수함 공격에 의해 침몰), '히류'도 미군기의 공격으로 침몰하여, 결국 이 미드웨이 해전은 일본 해군의 대패로 끝났다.

초기작전의 대승에서 오는 교만함에 더하여 일본 해군의 정찰 능력 저하, 암호 해독 등 정보전에서의 낙후, 대미지 컨트롤(damage control, 피탄당했을 때 손해 수복 능력)의 미비 등을 패인으로 지적할 수 있다.

과달카날 섬을 둘러싼 공방

공모를 포함한 일본 육해군의 종합 전력은 미드웨이 해전에 패전했어도 미군을 조금 상회하고 있었다. 이런 가운데 과달카날(Guadalcanal) 섬을 둘러싼 격렬한 공방전이 시작된다. 대본영은 공세작전을 요구하는 해군의 강한 요망을 받아들여 미드웨이작전과 함께 FS

작전[23]을 계획하고 있었다. 이 작전은 미국과 오스트레일리아 사이의 연락선을 차단하기 위해 뉴칼레도니아(New Caledonia)[24], 피지(Fiji), 사모아(Samoa) 제도를 공략하려고 한 것이다. 작전 그 자체는 미드웨이 해전의 패배에 의해 중지되었지만, FS작전을 위한 전진 기지로서 해군은 솔로몬 제도의 과달카날 섬에 비행장을 건설하고 있었다. 그런데 비행장이 만들어진 직후 8월 7일에 미군의 해병 1개 사단이 과달카날 섬에 상륙하고 있다. 연합군도 일본군의 미국·호주 차단 작전을 두려워하고 있었던 것이다. 이후 이 지역의 제공·제해권을 둘러싼 격렬한 항공전과 해전이 몇 번이나 이루어져, 육군도 이치키(一木) 지대[25], 가와구치(川口) 지대[26], 제2사단, 제38사단을 하나하나 투입했다. 그러나 해군의 근거지인 라바울(Rabaul)에서 약 1,100킬로미터 떨어진 원격지에서의 전투라고 하는 불리한 상황도 있어, 점차 일본군은 제공·제해권을 미군에게 빼앗겨, 육상 병력에 의한 총공격도 모두 실패했다. 1942년 12월 31일, 대본영은 결국 이 섬에서 철퇴를 결정한다.

이 전투에서의 일본 육군 전사자는 2만 1,000명, 미 육군과 해병대의 전사자는 1,796명, 지상전에서 일본군의 완패는 분명하다. 이에 비해서 해군의 함정 손실은 일본 측=13만 5,000톤(전함2, 경공모1, 중순양함3, 경순양함1, 구축함11, 잠수함6) 미국 측=12만 6,000톤(공모2, 중순6, 경순2, 구축함14), 항공기의 손실은 일본 측=약 620기, 미국 측=614기이고, 대략 비슷하다(河野仁, 「アメリカとの遭遇」).

23 제2차 세계대전 중 일본군의 작전 구상의 하나. 피지 및 사모아공략 작전을 말한다.
24 남서태평양 멜라네시아 군도에 있는 프랑스의 해외 영토.
25 제7사단의 이치키 기요나오(一木清直, 1892~1942년)가 지휘한 부대.
26 제35여단의 가와구치 기요다케(川口清健, 1892~1962년) 소장이 지휘한 부대.

전력비의 역전

그러나 이 손실은, 전쟁 경제가 본격적으로 가동하기 시작해 전력을 급속하게 증강시키고 있던 미국보다, 일본에게 있어 결정적인 타격이 되었다. 특히 초기작전의 성공을 지탱해온 숙련된 항

▶사진 3-1. 겹겹이 쌓인 일본병의 사체. 일본 육군은 과달카날 섬에서 미군과의 본격적인 전투를 처음 경험한 후 완패했으며, 그 전훈에서 아무것도 배우지 못했다(『一億人の昭和史3 太平洋戰爭』).

공기 탑승원을 다수 잃은 것은 치명적이었다. 또 과달카날 섬에의 수송작전 때문에 다수의 신예 수송선을 잃은 것도 일본의 전쟁 경제에 큰 타격을 주었다. 일본군의 수송선 대부분은 민간의 상선을 징용해서 군용으로 개조한 것인데 그 상선의 상실이 뒤를 잇게 된 것이다(제3장 표지 사진 참조). 개전 이래 1942년 9월까지의 일본 상선(500총톤 이상)의 상실 톤수는 월 평균 6만 1,000톤이었다. 그것이 과달카날 섬에 대규모 수송이 개시된 10월에는 16만 5,000톤, 11월에는 15만 9,000톤으로 급증하고 있다(大井篤, 『海上護衛戰』).

나아가 육군의 전사자 2만 1,000명의 내실이 문제다. 이 가운데 직접 전투에 의한 전사자는 5,000~6,000명에 지나지 않고, 남은 것은 "영양실조증, 열대성말라리아, 설사 및 각기 등에 의한 것이고, 그 원인은 실로 보급 불충분에 기초한 체력의 자연 소모에 의한 것"으로 추정되고 있다(防衛庁防衛研修所戰史室, 『戰史叢書 南太平洋陸軍作戰〈2〉』). 즉 전사자 중의 약 70%는 선박에 의한 식량 및 의약품의 보급이 끊어진 상황 아래서 생긴 광의의 아사자였다. 그리고 과달카날 섬의 이 비극은 그 후 각 지역의 전장에서 반복된다.

▶표 3-1. 미·일의 제일선 공모·함재기수의 변천(호위공모·연습공모를 포함하지 않음)

	일본			미국			항공모함 대일비율(%)	운용 가능한 함재기수		
	상실(척)	취역(척)	현수(척)	상실(척)	취역(척)	현수(척)		일본(기)	미국(기)	대일비율(%)
1941년 12월	–	–	8	–	–	6	75.0	459	490	106.8
1942년 1월	–	1	9	–	–	6	66.7	489	490	100.2
5월	1	1	9	1	–	5	55.6	507	427	84.2
6월	4	–	5	1	–	4	80.0	255	331	129.8
7월	–	1	6	–	–	4	66.7	303	331	109.2
8월	1	–	5	–	–	4	80.0	267	331	124.0
9월	–	–	5	1	–	3	60.0	267	255	95.5
10월	–	–	5	1	–	2	40.0	267	159	59.6
11월	–	1	6	–	–	2	33.3	291	159	54.6
12월	–	–	6	–	1	3	50.0	291	250	85.9
1943년 1월	–	–	6	–	1	4	66.7	291	280	96.2
2월	–	–	6	–	2	6	100.0	291	401	137.8
3월	–	–	6	–	1	7	116.7	291	431	148.1
4월	–	–	6	–	1	8	133.3	291	522	179.4
5월	–	–	6	–	2	10	166.7	291	643	221.0
6월	–	–	6	–	1	11	183.3	291	673	231.3
7월	–	–	6	–	1	12	200.0	291	703	241.6
8월	–	–	6	–	2	14	233.3	291	824	283.2
10월	–	1	7	–	–	14	200.0	321	824	256.7
11월	–	–	7	–	3	17	242.9	321	1,036	322.7
12월	–	–	7	–	1	18	257.1	321	1,066	332.1
1944년 1월	–	1	8	–	1	19	237.5	351	1,157	329.6
2월	–	–	8	–	–	19	237.5	351	1,157	329.6
3월	–	1	9	–	–	19	211.1	403	1,157	287.1
4월	–	–	9	–	1	20	222.2	403	1,248	309.7
5월	–	–	9	–	1	21	233.3	403	1,339	332.3
6월	3	–	6	–	–	21	350.0	231	1,339	579.7
8월	–	2	8	–	1	22	275.0	345	1,430	414.5
9월	–	–	8	–	1	23	287.5	345	1,521	440.9
10월	4	1	5	1	1	23	460.0	243	1,582	651.0
11월	1	1	5	–	1	24	480.0	243	1,673	688.5
12월	1	–	4	–	–	24	600.0	186	1,673	899.5
1945년 1월	–	–	4	–	1	25	625.0	186	1,764	948.4
4월	–	–	4	–	1	26	650.0	186	1,855	997.3
6월	–	–	4	–	1	27	675.0	186	1,946	1,046.2
7월	1	–	3	–	–	27	900.0	129	1,946	1,508.5
총합계	16	11	3	5	26	27				

註 :① 일본의 공모에는 수송, 호위 임무를 담당했던 大鷹, 雲鷹, 沖鷹, 海鷹, 神鷹(상선을 개조한 특설 공모)과 연습공모 鳳翔을 포함하지 않음.

② 미국의 공모에는 Escort Carrier(호위공모)와 대서양에 배치되어 있던 중형공모 Ranger를 포함하지 않음.

③ 각 공모에 배치되어 있는 항공기 정수의 합계(일본의 경우, 상용기수)

山田朗, 「本土決戰体制への道」, 歷史敎育者協議会編 『幻ではなかった本土決戰』에서

이상 같이 과달카날 섬을 둘러싼 공방전은 아시아·태평양전쟁의 최대 전환점이 되었다. 이후 연합군은 질량모두 급속하게 전력을 확충해 간다. 표 3-1은 전력의 중핵이 된 공모부대의 미·일 비교다. 과달카날 섬에서 일본군이 철퇴한 1943년 2월을 경계로 해서, 미·일의 전력비가 역전하고 그 뒤 전력 격차가 급속하게 벌어지는 것을 알 수 있다.

정세 판단의 잘못

마침 유럽 전선의 전국도 큰 전환기를 맞이하고 있었다. 1942년 9월부터 시작된 스탈린그라드(Stalingrad, 지금의 볼고그라드—옮긴이)의 시가전에서 소련군은 독일군의 맹공에 견디고, 반격으로 바뀌어 역으로 독일군을 포위했다. 그리고 다음 1943년 2월에는 약 9만 명의 독일군이 항복하여 스탈린그라드 공방전은 소련군의 승리로 끝났다. 이후 소련군은 각지에서 본격적인 공세작전을 전개하여 독일군을 물리쳐 갔다. 독일군 공세가 성공할 것을 전제하고 있었던 일본 육군의 대소 진공작전계획은 이제는 완전히 책상 위의 계획이 되었다.

그러나 일본의 정부나 군부는 국제 정세의 큰 변화를 충분히 인식하지 못했다. 과달카날 섬에서 격전이 전개되고 있는 가운데 1942년 11월 7일, 대본영정부연락회의는 「세계 정세 판단」을 결정하고 있었는데, 그 '종합 판단' 부분에는 다음과 같이 서술되어 있다.

당분간 피아(彼我)의 전세는 추축 측에 유리하게 진전될 것이지만, 쇼와 18년(1943년) 후기 이후에는 시일의 경과와 함께 피아의 물적 국력은 현격하게 크게 될 것이다.

전국이 추축 측에게 유리하게 진전하고 있다는 현상 인식의 안일함이 놀랍지만, '물적 국력의 현격'에 대해서도 「세계 정세 판단」은 결정적인 잘못을 범하고 있었다. 이 '판단'은 미국의 전시 생산에 대비해 장기적인 견적을 내어 실행하고 있는데, 선박이나 항공기에서도 그 뒤 미국의 생산 실적은 이 견적의 2배에 달하고 있었다(防衛庁防衛研修所戰史室, 『戰史叢書 大本営陸軍部〈5〉』).

중국전선의 일본군

1942년 4월, 둘리틀(Doolittle) 폭격대[27]가 본토에 행한 첫 공습은 대본영에 큰 충격을 주었다. 대본영은 이 부대가 공격을 마친 후 중국 대륙의 항공 기지에 착륙하려고 했던 사실을 중시하였다. 또한 미군이 중국 대륙의 항공 기지를 이용하지 못하도록 하기 위해 절공작전(浙贛作戰)[28]을 일으켰다. 5월부터 8월에 걸쳐서는 저장(浙江), 장시(江西) 양성의 비행장과 군사 시설을 철저하게 파괴했다. 또 초기작전의 순조로운 진전에 따라, 중국전선의 몇몇 지나파견군은 장제스 정권을 굴복시키기 위해 적극적인 진공작전을 실시하려고 하는 기운이 생

---

27 미군이 1942년 4월 18일 항공모함에 탑재한 육군의 폭격기로 일본 본토에 대한 공습을 했다.
28 항저우(抗州, 浙江省)에서 난창(南唱, 江西省=贛)을 연결하는 절공(浙贛) 철도에서 이름을 딴 대작전을 말한다.

거났다. 수도 충칭 공략을 노리는 '5
호작전' 구상이다. 대본영도 당초에
는 이것에 적극적이었고, 1942년 9
월에는 파견군에게 '5호작전'의 준
비를 지시하였다. 그러나 과달카날
섬을 둘러싼 공방전이 격화하는 가
운데, 대본영은 같은 해 12월 작전
중지를 정식으로 지시한다. 군 중앙
도 남방전선이 가진 중요성을 겨우
인식하기 시작한 것이다.

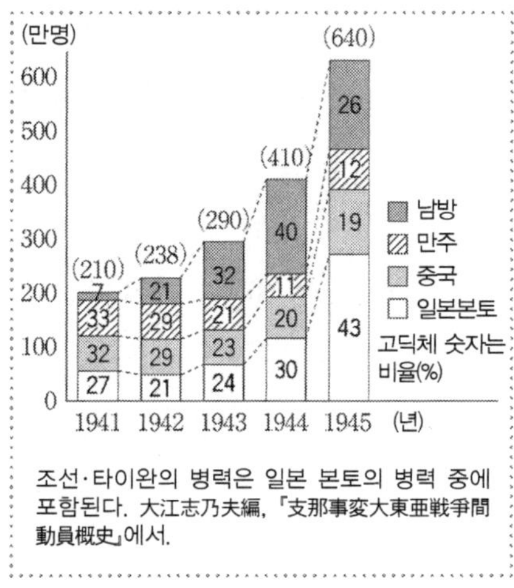

조선·타이완의 병력은 일본 본토의 병력 중에
포함된다. 大江志乃夫編, 「支那事変大東亜戦争間
動員概史」에서.

▶그림 3-2. 지역별 육군 병력.

　　그래도 미군의 반공이 본격화
한 1942년의 단계에서, 육군 전 병력의 29%가 중국(만주를 제외함)에 배
치되고 있었다. 남방전선은 21%에 그치고 있다. 1943년에 들어서 남
방전선의 비율이 32%로 증대하지만 이 시점에서도 중국전선에는 육
군 전 병력의 23%가 배치되고 있다(그림 3-2). 중국의 민족적 항전이 계
속되고 있기 때문에 일본은 대부분의 병력을 중국전선에 붙이지 않을
수 없었던 것이다.

군기의 퇴폐

　　주목할 필요가 있는 것은 중국전선에서 일본군의 군기 퇴폐가 이
무렵부터 심각해졌다는 것이다. 1942년 12월, 북지나방면군의 병단장
회동에서 참고자료로 배포된 「군기 진작의 대책에 대하여」라는 제목

이 붙은 문서는 "건군의 본의에 근거하여 군기를 파괴하는 악질범, 특히 대상관(對上官)범(상관에 대해 항명, 폭행, 상해, 모욕을 한 자—옮긴이), 도망이대(離隊)범(군사명령을 수행하지 않고 도망하여 부대를 떠난 자—옮긴이), 욕직(辱職)범(직무를 완수하지 않는 자—옮긴이), 강간범, 약탈범 등 가장 꺼리는 범죄가 여전히 다발하고 있을 뿐 아니라, 행방불명, 병기의 망실 등이 아직도 끊이지 않는다. 참으로 한심하다"고 하여 군기의 심각한 상황에 주의를 촉구하고 있다.

이 문서에서 중요한 것은 「범죄 비행 발생의 상황」에 대해서 "분둔대, 분견대, 독립근무자 등 특히 상급 간부의 지도, 감독이 불충분한 부대에 다발함" "주둔지 도착 직후에 보충원 및 초년병 등의 도망, 이대 및 자상(군대나 전투에서 도망하기 위해 총 등으로 고의로 자신의 신체를 상처내는 것) 등의 범죄가 많음"이라는 결론을 내리고 있는 점이다. 이 가운데 전자는 '고도 분산 배치'의 문제다. 이 태세하에서는 소부대 단위로 분산하고 있기 때문에 상관의 감독이나 감시가 말단에까지 미치지 않는다. 그 결과 주둔지 중에 '군대를 이탈'한 고참병이 있을 경우에는 주둔지 안의 군기는 현저하게 이완된다.

1942년 7월 화북에 주둔하고 있던 보병 제110연대 제5중대에는 고참병이 중대장을 사살하는 사건이 발생하고 있지만, 이 중대의 어느 상등병은 '6동원'이라고 불리는 최고참병에 대해서 다음처럼 말하고 있다(上羽修, 「'三光作戰'実行部隊の内部矛盾と将兵の心情」).

6동원은 마작을 하면서 정말 점호에 나오지 않는다. 새로운 장교가 왔다. 아침 점호가 있을 것이다. (증략) '불러오라'고 말하자, 잠옷 입은 채로 나와서 '뭐야 당신'이라고 장교를 개 꾸짖듯 말한다. '불만 있으면 말해보라' '불만 있나'라고 말하고, 휙 가버렸다. 그것으로 끝났다. 그 뒤로

두 번 다시 부르지 않게 되었다. 중대장도 모른 척하고 있다. 상대하지 않는 편이 낫다. 무엇을 저지를까 모르겠다.

중대장이 고참병을 전혀 장악하지 못하고 있는 상황을 잘 알 수 있다.

사적 제재의 영향

「군기 진작의 대책에 대하여」가 다루고 있는 후자의 문제는 군대 경험을 가지지 않는 초년병 등에 대한 '사적 제재'의 문제와 관련하고 있다. '사적 제재'란 상관이나 고참병이 상급자에 대해서 행하는 린치를 말한다. 일본군에는 '사적 제재'라는 이름의 폭력에 견디는 것에 의해 병사는 단련되어 강한 병사가 된다고 하는 '신념'이 있었다. 이 때문에 '사적 제재'는 방침상으로는 금지되어 있었지만, 사실상 묵인되고 있었다(사진 3-3). 「군기 진작의 대책에 대하여」는 내지에서 파견되어 온 초년병 등이 주둔지에서 '사적 제재'의 세례를 받고 공포에 사로잡혀 탈주해 버리는 등의 상황을 지적하고 있는 것으로 보인다.

후술처럼 중일전쟁 이후의 대동원에 의해 군대 내부에는 노병이나 체위·체력이 열악한 병사, 혹은 병약한 병사 등이 급속하게 증가하고 있었다. 이들 병사에게 '사

▶사진 3-3. 영화 「真空地帶」(山本薩夫 감독, 1952년)에 묘사된 사적 제재의 하나, '自轉車페달밟기'. 양팔만으로 신체를 지탱하고 장시간에 걸쳐 자전거를 밟는 흉내를 시킨다(국립역사민속박물관 편, 『佐倉連隊にみる戰爭の時代』). 사적 제재에는 육체적 고통과 정신적 고통을 조합한 것이 많다.

적 제재'는 이제까지 이상으로 심각한 영향을 미치게 된다. 이 점은 군 중앙도 확실히 자각하고 있었다. 개전 전날인 1941년 12월 7일, 육군 차관은 「사적 제재 근절에 관한 건」을 육군 전체에 통첩하여, "사적 제재가 군대의 단결을 파괴하고 대상관범 혹은 도망이대 등의 중요 동기를 양성하며, 또 군민 이간의 원인이 되는 것에 관해서는 감히 췌언을 필요로 하지 않는다"고 한 다음에, "병력 증가에 따른 병원 소질의 저하 기타 일체의 악조건을 극복하여, 그 단결 친화를 강화하기" 위해서도, '사적 제재'를 '근절'하도록 지시하고 있다.

이런 가운데 1942년 12월에 발생한 것이 간도(館陶) 사건이다. 이 사건은 북지나방면군, 제59사단의 독립보병 제42대대 제5중대의 병사 수명이 전속 명령에 격앙하여, 술을 마신 뒤 소총과 수류탄을 사용하여 중대 간부를 습격한 폭동 사건이다. 다음 1943년 2월, 북지나방면 군사령관 오카무라 야스지(岡村寧次, 1884~1966년) 대장이 예하부대에 준 「간도사건에 관한 방면군사령관훈시」는 "고도 분산 배치에 있는 각 병단은 군대의 장악 통솔을 위해서는 다대한 곤란에 따라 군기의 진작이 용이하지 않은 것이 있는 점을 인정함"이라고 하면서, "전쟁이 장기화됨에 따라 군대가 내부적 원인에 의해 스스로 붕괴하고 있는 것은 사례가 이미 그것을 가르쳐 주고 있는 바"라고 지적하고 있다. 길어지는 중국전선에서의 근무와, 중국통으로 알려진 오카무라가 받은 충격이 전해져 온다.

2. 병력 동원을 둘러싼 여러 모순

군대의 약체화

중일전쟁부터 아시아·태평양전쟁에 걸쳐서 육해군의 병력은 급격하게 팽창했다(표 3-2). 그것은 정예함과 강함을 자랑해 온 일본의 육해군이 약체화한 것을 의미한다. 첫째로 지적할 수 있는 것은 간부의 자질 저하다. 육군 장교 집단의 중핵이 되어야 할 현역 장교의 비율은 이미 1939년의 시점에서 전 장교의 36%, 아시아·태평양전쟁 말기 1945년의 시점에서는 15%까지 저하했다(大江志乃夫編, 『支那事変大東亜戦争間 動員概史』). 남은 장교는 노령의 예비역 장교를 소집하거나 육군사관학교를 졸업한 정규 장교가 아닌 간부 후보생 출신의 예비역 장교 등에 의해 보충되었다.

▶표 3-2. 육해군 병력

(명)

연차	총수	육군	해군
1930년	250,000	200,000	50,000
1931	308,430	230,000	78,430
1932	383,822	300,000	83,822
1933	438,968	350,000	88,968
1934	447,069	350,000	97,069
1935	448,896	350,000	98,896
1936	507,461	400,000	107,461
1937	634,013	500,000	134,013
1938	1,159,133	1,000,000	159,133
1939	1,620,098	1,440,000	180,098
1940	1,723,173	1,500,000	223,173
1941	2,411,359	2,100,000	311,359
1942	2,829,368	2,400,000	429,368
1943	3,808,159	3,100,000	708,159
1944	5,365,000	4,100,000	1,265,000
1945	7,193,223	5,500,000	1,693,223

東洋経済新報社編, 『昭和国勢総攬(下)』에서

그 결과 군대 가운데에는 지휘·통솔 능력이 낮고 체력·기력이 떨어지는 병사에 대해서 '통솔이 안 되는' 장교가 증대했다. 동시에 그들은 일반 사회의 공기를 마시며, 일반 사회에서 경험을 쌓아온 장교이기도 했다. 이 점에 대해서 어느 좌담회 가운데, 가와이 기요시(河合潔, 1889~1954년) 육군대좌는 다음과 같이 발언하고 있다(「将校団団結強化に関する座談会記事」『偕行社記事 特號』 제826호, 1943년). 군대 생활로부터 오랫동안 멀어졌던 응소(應召)[29] 장교에 대한 가와이의 엘리트

29 재향군인 등이 소집에 응해 군무에 나가는 것.

의식을 에누리해서 생각할 필요가 있지만, 이는 매우 시사적인 발언
이다.

거기에 한쪽에서 들어오는 응소장교, 이것은 지방적 풍습에서 벗어나지
못하는 자가 상당히 많은 것입니다. 명령이 타협적이고, 또 '이것을 해
달라' '이것을 해야 하지 않나'라는 명령을 내리고, 지도의 상황이 퇴영
적이고 적극성이 없습니다. 그래서 철저하게 하지 않으면 안 되는데 그
것을 할 수 없습니다.

가와이 대좌는 "이 무렵에 젊은 장교가 외투를 입는 것이 매우 많
아졌지만 우리들 중 소위 때에는 외투 등은 입은 적이 없었습니다. 이
것도 군대가 지방화되어 가고 있는 예가 아닌가 생각합니다"라고 발
언하고 있는데, 이 발언이 의미하는 바는 중요하다. 일본의 군대에서
는 군대 이외의 일반 사회의 것에 대해 모멸하는 의미를 담아 '지방'이
라고 불렀는데, 이 군대가 '지방화' 되어 가고 있다는 내용이기 때문이
다. 바꾸어 말하면, 일반 사회의 가치관이나 규범 의식, 혹은 행동 원
리 등이 군대의 내부에 침투하여, 군대의 '시민사회화'가 진행되고 있
었다.

병사의 체위·체력의 저하

병력 대확장의 두 번째 귀결은 군대에 징집된 병사의 체위나 체
력의 대폭적인 저하다. 매년 이루어지는 징병검사는 신체검사의 결과
에 의해 20세의 젊은이를 갑종·제1 을종·제2 을종·병종=합격, 정종=

▶사진 3-4. 정규 장교를 양성하는 육군사관학교의 교육도 대폭 단축되었다. 사관학교를 졸업하고(제55기), 1941년 10월에 소위로 임관한 후지와라 아키라(藤原彰, 사진)의 임관 시의 연령은 19세였다. 병사보다 젊은 장교의 탄생이다(藤原彰, 『中国戦線従軍記』).

불합격, 술종=다음 해 재검사로 가려낸다. 갑종·을종이 현역병에 적합한 자, 병종이 현역병에는 적합하지 않지만 국민병역에 적합한 자, 정종이 병역에 적합하지 않은 자다. 중일전쟁 개시 즈음까지는 대략 갑종 합격자만이 현역병으로 입영하고, 제1 을종이 제1 보충병역, 제2 을종이 제2 보충병역, 병종이 제2 국민병역에 편입되어, 제2 보충병역과 제2 국민병역은 사실상은 병역 면제와 같았다.

그것이 중일전쟁의 확대와 장기화에 따라 동원 병력이 증대하자, 제1 을종까지 현역병으로 징집되고, 제1 보충병역에는 제2 을종이 충당되었다. 그 결과 1939년에는 제2 보충병역요원으로 제3 을종이 신설된 것이다. 같은 해 4월, 육군차관은 기획원차장 앞으로 통첩하여, "제국의 현상은 [징병]적령 장정의 8할을 현역병 및 보충병으로 징집해도 이미 징집 가능한 한도에 달하여, 그 징집된 자도 체력이 열약하여 병업에 대해 충분하지 않은 자가 있는 실정입니다"라는 상황의 심각함을 지적하고 있다. 인적자원 면에서도 일본은 이미 이 단계에서 한계에 달하고 있었다.

그러나 발본적인 대책이 없는 채, 군 중앙은 1940년에 육군신체검사규칙의 개정을 단행하였다. 징병검사의 합격 기준을 대폭 인하함에 따라 확대하는 병력 수요에 대응하려고 한 것이다. 1942년 5월에 육군성 의무국이 정리한 「장정 체력의 개요에 대하여」는 이 개정에 대해서 "장정 중 질병자 및 신체 또는 정신이상이 있는 자라고 하더라도 병업에 지장이 없다고 인정되는 자는 가능한 한 이것을 합격"으로 하여, 필요한 병원 수를 확보하기로 한 것이라고 설명하고 있다.

결과는 분명하였다. 군대 가운데에 체위나 체력이 열약한 자, 병약자 등이 다수 들어가게 된 것이다. 또 예비역·후비역 등 연령이 높은 병사의 소집이 이어진 것도, 이 경향에 박차를 가했다. 한편 종래의 예비역·후비역의 구분은 1941년에 폐지되고, 현역 종료 후, 육군의 경우로 말하면 15년 4개월간의 복역을 의무지운 예비역으로 일원화되고 있다.

이러한 '약병'이 증대됨에 따라 군 중앙으로서도 '건병대책'을 중시하지 않을 수 없게 되었다. '건병대책'이란 국민 체력의 향상과 '약병' 대책의 총칭이다. 이를 위해 1941년 2월의 군·사단참모장, 육군대신 직할부대장의 회동 석상에서, 도조 육상은 '건병대책'의 철저함에 임하여 "군내 대책을 소홀히 하는 것은 지금 결코 용서하지 않는다"고 말하며 사태의 심각성에 주의를 촉구하였다. 나아가 다음 1942년 5월에는 병의 '보육'에 관한 최초의 통일적 지침으로「군대보육요령」이 제정된 것이다(陸上自衛隊衛生学校編,『大東亜戦争陸軍衛生史 8』). 이 '요령'은 교육 훈련의 합리화와 함께 병사의 '휴업 및 급양'에도 배려할 것, 막 입영해 온 '체력이 약한 병사' '체력이 강건하지 못한 병사'에 대해서는 필요에 따라 일반 병사와 다른 특별훈련반을 편성할 것 등을 규정하고 있었다.

지적장애를 가진 병사의 입영도 심각한 문제였다. 이들 병사의 전체 수를 나타내는 통계는 지금 발견되지 않지만, 군무나 전투에 적응하지 못하는 정신장애 병사를 위한 전문병원인 고우노다이(國府台) 육군병원에 수용된 지적장애 병사의 수는 다음과 같다. 1937년도

=4명, 1938년도=4명, 1939년도=39명, 1940년도=41명, 1941년도=48
명, 1942년도=34명, 1943년도=76명, 1944년도=157명, 1945년도(8월
까지)=81명으로, 전쟁 말기에 증가하는 추세가 눈에 띈다. 이 가운데
1943년도의 입원 환자에는 정신연령 3세 3개월이라고 판정받은 자도
있었다(清水寬編著,『日本帝国陸軍と精神障害兵士』).

또 군의 이가라시 히도시(五十嵐衡, 1907~1985년)와 아사이 도시오
(淺井利勇)가 1944년 1월에 5개 부대에서 실시한 지능검사에는 2,000
명 중 90명(4.5%)이 '정신박약'으로 판정받고 있다(諏訪敬三郎編,『第2次
大戦における精神神経学的経験』). 일본의 군대는 내부에서 확실하게 약
체화하기 시작했던 것이다.

병력 동원의 한계

이렇게 보면 일본 육해군의 경우에는 빠듯한 한계까지 '남김없는
동원'이 행해졌다는 인상을 갖는 편이 자연스러울 것이다. 그러나 이
것은 반드시 정확한 인식은 아니다. 이미 오오에 시노부(大江志乃夫,
1928~2009년)의『쇼와의 역사 3 천황의 군대』에서 일찍부터 지적하고
있는 것처럼, 자본의 기술적 구성이 낮은 일본의 공업 기술 수준에서
는 다수의 숙련 노동력을 노동 현장에 확보해 두지 않으면 안 되었다.
노동집약적인 영세 농업이 지배적이었던 농촌에서도 농업 생산력을
유지하기 위해서 농업 노동력의 확보는 지상 명령이었다. 즉 일본 자
본주의의 후진성에 규정되어, 병력 동원과 전시 생산에 필요한 노동력
동원과의 사이에 구미 열강 이상으로 심각한 경합 관계가 생겨난 것

이다.

　이것은 일본 측에서도 일본 전시 체제의 큰 약점 중 하나로 인식되었다. 조금 뒤 1944년 1월 25일의 제84의회 중의원 예산위원회(비밀회)에서 정부위원인 사토 겐료(佐藤賢了) 육군성 군무국장은 열강의 동원 병력 수와 동원 병력이 총인구에서 차지하는 비율을 다음과 같이 숫자를 들어 설명하고 있다.

　　독일=1,380만 명(17%)
　　소련=2,900만 명(20%)
　　영국=550만 명(12%)
　　미국=1,000만 명(7.5%)

　사토 군무국장에 의하면 일본의 퍼센트는 미국보다 낮음에도 불구하고, 징병 적령의 인하나 소집 인원의 증대는 "생산 면에서 보면 곤란한 점이 있고, 큰 과제"였다. 소집 인원의 이 이상 증대는 생산에 지장을 초래한다는 의미다. 한편 1944년 말의 단계에서 일본의 내지총인구에서 동원 병력이 차지하는 비율은 6.3%다.

농촌에의 여파

　다만 노동력 동원의 내부에도 심각한 경합 관계가 있었다. 공업 노동력 동원과 농업 노동력 동원과의 경합이다. 군수 생산의 확충을 최우선 과제로 하는 정부는 공업 노동자에 대해서는 어느 정도의 우대 조치를 취했다. 소집유예제나 소집연기제가 그것이었고, 기술자나 숙련공 등 전시 생산에 불가결한 노동자를 병사로 소집하는 것을 연기하여, 계속해서 생산에 종사시키는 제도다.

이에 따라 농촌에서는 농업 생산의 중핵이 되는 경영주나 농업회의 기술자, 각종 농업 단체의 중견 간부, 농사 시험장의 관계자 등이 차례차례 소집되어 농업 생산에 큰 타격을 주었다. 농업 생산의 유지에 필요한 최소한도의 전시소집연기제가 농촌에도 도입된 것은 1944년 들어서부터의 일이다(山下肅郞, 『戰時下における農業勞働力對策』〔제2분책〕).

이것은 농촌 자체가 명령에 충실하고 육체도 온전한 병사의 공급원이라는 군부의 가치관이 반영되어 있기도 했지만, 국민개병제라는 이념 아래에서 병역 부담의 평등성이라는 방침에서 보면, 공업 노동자와 비교해서 농민은 분명히 과중한 부담을 맡고 있었다.

이런 농촌에 미친 여파에도 불구하고 농업 생산이 겨우 유지되고 있었던 것은, 소집된 남자를 대신하여 여성이나 노인이 농업 생산의 주요한 담당자가 되었기 때문이다. 동시에 노동 강화가 전시의 농업 생산을 지탱하고 있었다. 하루당 노동 시간은 1937, 8년경에는 논갈기와 벼 탈곡조제로 10.0시간, 모내기에 11.6시간, 벼 베기에 10.3시간이었던 것이, 1943, 4년도경에는 각각 11.5시간, 13.1시간, 11.8시간으로 증대하고 있다. 또 가족 농업 종사자의 연간 평균 노동 일수도 여자의 경우 최대 51~60세로 81일간 증가하고, 남자의 최대는 15세 이하로 76일간 증가했다. 고령의 여성만이 아니라, 아이도 중요한 노동력이 되고 있었던 것을 알 수 있다(戰後日本の食料·農業·農村編集委員会編, 『戰後日本の食料·農業·農村1』).

여성의 동원·식민지로부터의 동원

이상과 같은 병력 동원상의 약점을 덮기 위해서는 두 가지의 방책밖에 없었다. 하나는 여성의 동원이었고, 다른 하나는 식민지로부터의 동원이다. 그러나 그 모두를 조선으로부터의 노동력 동원으로 충당하면, 불충분한 형태로밖에 실현되지 않았다. 확실히 일본에서도 대규모 병력 동원에 따른 노동력 부족 때문에, 노동력으로서의 여성 동원이 개시되고 있다. 1941년 11월에 공포된 국민근로보국협력령, 1944년 8월에 공포된 여자정신근로령 등에 의한 동원이 그것이다. 전자는 14세 이상 25세 미만의 미혼 여성에게 연간 30일 이내의 근로 봉사를 의무 지우는 것이다. 후자는 12세부터 40세 미만의 미혼 여성을 여자정신대에 조직하여, 1년간의 노동을 의무 지운 법령이다(위반한 경우는 1년 이하의 징역 또는 1천 엔 이하의 벌금). 한편 패전 시의 여자정신대 대원 수는 47만 2,573명이다.

그러나 일본의 경우는 노동력으로서의 동원 대상은 기본적으로는 미혼 여성에 한정하고 있었다. 정부가 '가(家)'제도의 유지를 무엇보다도 중시했기 때문에, 기혼 여성에게는 가정에 남아서 집안을 지키는 역할밖에 기대하지 않았다. 하물며 병사로서의 여성 동원에는 군 상층부에서 강한 반대론이 있었고, 일부에서 여자통신대가 편성되는 데 그쳤다.

식민지로부터의 병력 동원도 정부나 군부 가운데 소극론이 뿌리 깊게 존재하고 있었기 때문에 크게 늦어지게 되었다. 조선에 육군특별지원병제도가 도입되어 조선인의 '지원'이 가능하게 된 것은 1938년, 해군특별지원병제도의 도입은 1943년이며, 타이완에서는 1942년

에 육군의 특별지원병제가, 1943년에는 해군의 특별지원병제가 겨우 도입되었다. 나아가 식민지에의 징병제 도입에는 더욱 큰 저항이 있었다. 병역 의무를 부과하는 것에 대한 '반대 급부'로서, 참정권 등을 인정하지 않을 수 없는 가능성이 있었기 때문이다(吉田裕·森茂樹, 『アジア·太平洋戦争』). 결국 징병제가 실제로 시행된 것은 조선이 1944년, 타이완이 1945년의 일이었다.

소집 도피

이상과 같이 병력 동원에는 다양한 억제 요인이 작용하고 있었지만, 국민의 병역 부담의 평등성이라는 방침을 근저로부터 뒤집는, 정실(情實)에 의한 소집 연기라는 사태가 실제로 있었던 것도 지적해 둘 필요가 있을 것이다. 1943년부터 패전까지 나고야연대구 사령부에서 동원 업무에 종사하고 있던 고베 다쓰오(神戸達雄)는 "예를 들면 상층부에서 또 어느 권위자로부터의 압박에서" 특정 인물을 소집 대상에서 빼는 부정 행위가 있었는가, 라는 질문에 대해서, "글쎄 가능하다면 다른 사람이 있다면 이 사람은 조금 다음으로 돌리라는 것이 있었던 것 같습니다"라고 답하고 있다(テレビ東京編, 『証言·私の昭和史3』).

또 소집의 사무를 담당하는 연대구 사령부 직원에게 '금품 증여'를 함에 따라, "소집원부와 재향군인명부철 중에서 본인의 명부를 추출하여 파기, 혹은 재향군인명부에서 전시 소집 연기자 혹은 병역을 감당할 수 없는 질병자로 지정 기입하는 등의 방법을 가지고 소집 누락자를 만들어" 내는 것도 이루어졌다(앞의 책, 『支那事変大東亜戦争間

動員槪史』). 전술한 전시 소집 연기제가 '소집 도피'에 이용되었던 것
이다.

　주목하고 싶은 것은 연대구 사령부에서는 남편이나 자식의 소집
취소를 요구하는 여자들의 모습이 항상 있었던 것이다(小澤眞人·NHK
취재반, 『赤紙』). 이 사실은 모든 여성이 남자들의 출정을 거역하기 어려
운 운명으로 받아들였던 것은 아니라는 점을 가르쳐 준다.

3. '대동아공영권'의 현실

맹주로서의 일본

1942년 1월 21일, 국내가 전승에 몹시 열광하는 가운데, 제79의
회의 중원 본회의에서 도조 수상은 다음과 같이 연설하여 '대동아공
영권'의 건설을 내외에 어필하였다.

> 대동아공영권 건설의 근본 방침은 실로 조국(肇國)의 대정신에 연원하
> 는 것입니다. 대동아의 각 국가 및 각 민족으로 하여금 각각 그 있을 바
> 를 얻게 하고, 제국을 핵심으로 하는 도의에 근거하여 공존공영의 질서
> 를 확립하려고 하는 데 있는 것입니다.

이 연설 가운데 도조 수상은 "제국의 진의를 이해하고 대동아공
영권 건설의 일익으로 협력할 경우"에는 필리핀과 미얀마의 독립을
승인한다고 언명했지만, 위의 연설 중에는 '대동아공영권'의 본질이
부각되고 있다. 즉 '각각 그 있을 바를 얻게 하고' 혹은 '제국을 핵심으

로 하는'이라는 표현에 단적으로 나타나 있는 것처럼, 거기에는 여러 국가·여러 민족 간의 평등한 관계를 원칙으로 하는 국제 질서가 아닌, 일본을 맹주로 한 피라미드형의 계층적인 질서가 상정되고 있었기 때문이다. 다음에 일본에 의한 통치 실태를 간단하게 살펴 본다.

전시하의 조선

일본의 식민지인 조선에서는 중일전쟁이 개시된 이후 황민화정책이 본격화한다. 황민화정책이란 조선에서 전시 동원 체제를 강화하기 위해 조선인을 천황에 절대 순종하는 '황국신민'으로 강제적으로 동화시키는 정책이다. 1936년 8월에는 조선의 신사제도가 재편되어, 이후 조선인에게 신사 참배가 강요되었다. 또 1940년 2월에는 조선민사령의 개정에 따라 창씨개명이 강행되고 있다. 창씨란 일본과 같은 씨 제도의 도입에 따라 가족 전원을 같은 씨로 하는 것이고, 개명이란 일본풍의 이름으로 바꾸는 것이다. 개명의 방법은 임의로 하는 것이지만 실제로는 다양한 압력이 있어, 개명을 거부하는 것은 어려웠다. 나아가 1941년 4월에는 소학교가 국민학교로 개편되어, 이 전후부터 학교 교육의 현장에서 조선어가 배제되었다.

국내에서의 지배 체제 강화도 있어서 조선 민중이 일본의 식민지 지배에 공공연히 저항하는 것은 이 시기에는 곤란했다. 그러나 국외에서의 저항운동은 끈질기게 계속되고 있었다. 만주나 연해주에서는 김일성이 이끄는 항일연군의 활동이 계속되고 있었으며, 중국의 옌안(延安)에서는 1941년에 화북조선청년연합회(다음 해, 조선독립동맹으로 개조)가 결성되어, 동회의 군사 조직인 조선의용군은 중국공산당의 팔로군과 함께 일본군과 싸웠다. 1919년에 상하이에 수립된 대한민국임시정부는 1940년에 충칭으로 이전하여, 새로운 한국광복군을 조직한다. 아시아·태평양전쟁이 시작되자, 대한민국임시정부는 일본에 선전포고하고 한국광복군은 미얀마 전선에서 영국군과 함께 일본군과 싸웠다.

이러한 역사적 경위가 있기 때문에 한국 정부는 일본의 패전 후, 교전국의 일원으로 강화회의에 참가하는 것을 강하게 요구하였다. 미국 정부도 당초에는 한국을 초청할 방침이었지만, 일본이나 영국의 반대로 초청을 단념했다. 결국 한국은 1951년 9월에 개최된 샌프란시스코강화회의에 초청받지 못한 것이다.

강제연행과 징병제

아시아·태평양전쟁이 시작되자 조선 내에서 황민화정책은 한층 강화되었다. 1942년 10월에는 조선청년특별연성령이 공포되고, 취학하지 않은 17세 이상 21세 미만의 청년 남자를 각지의 청년특별연성소에 입소시켜, 군대나 군수 산업으로의 동원을 위한 예비 훈련을 의무적으로 행하도록 하였다. 또 같은 해 5월에는 「국어보급운동요항」이 제정되어 일본어 보급 운동이 더욱 강화되었다.

조선의 민중에게 우선 심각한 영향을 미친 것은 노동력 부족을 보충하기 위해 실시한 인적 자원의 강제 동원, 이른바 '강제연행'이다. 이 노무 동원은 1939년부터 시작하는 '모집' 방식, 1942년 이후의 '관

▶사진 3-5. 야스쿠니신사에 참배하는 조선인 여성. 야스쿠니신사에는 일본인으로 싸우고, 일본인으로 전사한 조선인 약 21,000명, 타이완인 약 28,000명이 합사되어 있지만, 최근에는 유족으로부터 합사 취소 요구가 거세지고 있다(靖国神社臨時大祭委員, 「昭和十七年四月靖国神社臨時大祭記念写真帖」, 1942년).

알선' 방식을 거쳐 단계적으로 강제성을 더하고, 1944년 9월 이후에는 후술하는 국민징용령을 조선인에 적용함에 따라 완전한 강제 동원이 되었다. 일본에 이송된 조선인 노동자는 광산, 토목 공사, 군수 산업 등의 노동 현장에 배치되어, 도망자가 잇따를 정도로 가혹한 노동 조건 아래에서 혹사당하였다. 조선 안에서도 중화학공업화가 급속하게 진행되고 있던 때 북부의 댐 건설과 공장 건설 등 때문에 다수의 노동자가 동원되었다. 1939년부터 1945년에 걸쳐서 강제 동원된 조선인 수는 일본과 만주·사할린·남방 등 조선 밖으로 이송된 자=81~94만 명, 조선 안에서의 강제 노동 종사자=319만 명, 합계로 400~413만 명이라고 추정되고 있다(海野福寿, 「朝鮮の労務動員」).

나아가 일본군의 병력 부족이 심각해지는 가운데, 1942년 5월의 각의는 조선에 징병제를 도입할 것을 결정하였다. 제1회째의 징병검사는 1944년 4월부터 시작되지만 이후 패전까지 약 17만 명의 젊은 조선인이 징집되었다고 추정한다. 다만 조선인 병사의 임무는 보급이나 토목, 군 관계 노무 등의 후방 근무였고, "무기를 가진 전투 요원이 아

닌, '노동자'로 사역되는 근무요원"이었다(塚崎昌之,「朝鮮人徵兵制度の
実態」).

전시하의 타이완

식민지 타이완에서도 1941년 4월에 황민봉공회가 결성되어 '황
민화' 정책이 진전되었다. 아시아·태평양전쟁이 시작되자 동남아시아
의 각 지역에 있는 각 군으로부터의 요청에 응해서, 다수의 타이완인
군부가 타이완특설노무봉공단, 타이완특설근로단 등의 형태로 각지
에 동원되었다. 임무는 무기·탄약·식량 등의 수송과 비행장 설영(設
営) 등의 토목 작업이다. 그 후 전국이 악화되는 가운데, 1944년 3월
결정된「타이완결전 비상조치 실시요강」에 의해 남방 근로 요원을 확
보하기 위한 국민징용제의 실시가 결정되었다.

이미 서술한 것처럼 타이완에 육군특별지원병제가 도입된 것은
1942년, 해군특별지원병제가 도입된 것은 1943년경이지만, 다수의 지
원자가 쇄도하여 조선을 훨씬 상회하는 높은 배율이 된 것이 큰 특징
이다. 그 이유에 대해서는 한층 파고든 분석이 필요하지만 학교나 경
찰, 관청, 황민봉공회가 일체가 되어 '지원열'을 양성하는 일에 성공했
다는 것은 부정할 수 없다(近藤正己,『総力戦と台湾』). 그리고 특별지원
병제에 이어서 1944년 9월의 각의에서 타이완에 징병제를 시행할 것
을 결정하여, 1945년 1월에 최초의 징병검사가 실시되었다. 이 경우도
조선과 완전히 같고, 1944년 4월에 타이완청년특별연성령이 공포되
어 징병검사 수검 전의 청년에게 철저한 황민화교육이 이루어졌다.

한편 타이완에서는 한민족만이 아니고 선주민도 동원의 대상이 되었다. 유명한 것은 '고사족(高砂族)'을 조직한 '고사의용대'다. 그들은 당초 군부(軍夫)로서의 역할을 기대하고 있었지만, 점차로 정글전의 능력을 평가받게 되어 전쟁 말기에는 직접 전투에 투입되었다. 예를 들면 1944년 11월 가오루 공정대(薫空挺隊)[30]는 무장병을 탑승시킨 수송기를 레이테(Leyte) 섬[31]의 미군 비행장에 강제 착륙시켜, 항공기와 비행장을 파괴하는 '공정(空挺)특공'을 실시하여 전멸했다. 이 부대는 장교·하사관만이 일본인이고, 병사의 전부는 '고사족'으로 편성되어 있었다.

전시하의 만주국

한편 일본의 괴뢰국가 '만주국'에서는 대소 전비(戰備)를 충실히 하기 위한 경제적 기반을 만들어 내기 위해, 1937년 4월 이후 산업개발 5개년계획을 진행하고 있었다. 그러나 이 계획은 충분한 실적을 올리지 못했다. 아시아·태평양전쟁이 시작되자 만주국 경제 정책의 중점은, 농산물의 증산·집하 강화와 대일 수송력의 증강, 철강·석탄 등의 증산과 대일 공급량의 증대 등에 두게 되었다. 만주국으로부터 자원과 농산물 등을 철저히 수탈한 정책이다. 또 만주국은 일본 국내만

---

30 이 부대는 타이완군(일본군) 유격 제1중대의 일부로, 본래 정글에서의 유격전이 전문인 특수부대였다.
31 필리핀 비사얀 제도의 한 섬. 1944년 10월 23일부터 26일까지 레이테 섬 근방에서 연합군과 일본군의 해전이 일어났다.

이 아니라 조선과 화북에도 식량을 공급하는 역할이 주어졌기 때문에 농촌에서 농산물의 수탈은 한층 가혹해졌다.

이 수탈을 가능하게 한 것이 1932년에 결성된 만주국협화회[32] 등의 민중동원조직의 발전이다. 또 이미 1940년 4월에는 국병법(國兵法)이 공포되어 징병제가 시행되고 있었지만, 1942년 10월에는 국민근로봉공법이 공포되어, 병역에 복무하지 않는 청년을 국민근로봉공대로 조직하여 1년 이내의 노동에 종사하게 하였다.

주목할 필요가 있는 것은 만주국과 조선과의 관계다. 조선총독부는 농촌의 과잉 인구 대책의 일환으로 1936년에 선만척식주식회사[33]를 설립하여, 조선인의 만주 이주 정책을 강력하게 추진했다. 조선인 사이에서도 '만주붐'이 일어나 사회적 상승의 가능성과 사업 기회를 찾아서 만주로 건너간 조선인 농민이나 민족 자본가가 적지 않았다(小林英夫·張志強編, 『検閲された手紙が語る滿洲国の実態』).

또 만주국의 군대, 만주국군의 장교 양성 기관인 육군군관학교에서는 다수의 조선인 청년이 입교했다. 1963년에 한국의 대통령이 된 박정희도 그러한 조선인 장교의 한 사람이다. 한편 1939년에는 조선인만으로 편성된 치안전을 위한 특수부대, 간도특설대[34]가 설립되었다. 관동군과 만주국군은 만주 안에서 '반만항일' 운동을 진압하기 위

---

32 관민 일체의 국민 교화 조직. 이시와라 간지(石原完爾, 1889~1949년)는 장래 일당독재제를 담당할 조직으로 기대하였으며, 일본의 대정익찬회 등의 각 조직에 큰 영향을 미쳤다.
33 동양척식주식회사가 동아권업공사를 모체로 자본금 1,500만 엔을 가지고 설립하였다. 조선의 영세 농민들의 만주 이민을 위해 설립된 국책 회사다. 1941년 일본인 농업 이민을 취급하던 만척공사에 통합되었다.
34 만주국이 동북항일연군·팔로군 등 항일 조직을 공격하기 위해 1938년 조선인 중심으로 조직하여 다음 해부터 본격적인 작전을 수행하였다. 일제가 패망할 때까지 존속한 800~900명 규모의 특수부대였다.

한 대규모의 치안숙청작전을 반복하여 실시했는데, 일본 측은 그 일익을 조선인에게 맡긴 것이다. 거기에는 일본―조선―만주국 간의 지배와 피지배의 문제를 둘러싼 중층적인 관계성을 읽을 수 있다. 한편 재만조선인 수는 1936년에는 약 92만 명이었던 것이, 1943년에는 약 155만 명으로 증가했다.

동남아시아에서의 군정

그러면 초기작전의 성공에 따라 일본군이 점령한 동남아시아의 각 지역은 어떠한 상황에 있었던 것일까. 이들 지역은 일본군의 군정 아래에 놓였다. 군정이란 현지의 작전군 사령관이 직접 통치 행정을 행하는 것을 말한다. 군정은 원칙으로 통수 사항에 속하는 것이 중요하다. 육군이 군정을 담당한 지역을 중심으로 해서 구체적으로 보면 동남아시아의 공략에 있어 남방군의 군사령부 안에 군정을 담당하는 군정총감부가 놓여, 남방군 총참모장이 군정총감을 겸임했다. 군정총감부 총무부장은 총참모부장의 겸임이다. 남방군 예하의 각 군의 경우도 군사령부에 군정감부가 설치되어 참모장이 그 군정감을 겸하는 케이스가 많다. 전체로 볼 때에는 작전 본위의 태세가 취해진 것은 분명하다. 한편 해군이 군정을 담당한 네덜란드령 보르네오, 셀레베스 등의 지역의 경우에는 각 함대장관 아래에 민정부(民政府)·민정부(民政部)가 설치되어 있다. 또 군정요원(사정관)으로 일본 국내의 각 관청 등에서 다수의 일본인 관료가 현지에 파견되었다.

군정의 제일 과제는 '치안의 회복'이라는 명목으로 항일 분자에 대해 철저히 탄압하는 것이었지만, 우선 중국의 국민정부를 경제적으로도 지탱해 온 화교에 대한 탄압을 매우 가혹하게 하였다. 1942년 2월 함락 직후의 싱가포르에서는 화교에 대한 숙청공작이 이루어져 검열에 의해 내몰린 5,000명이 넘는 화교가 일본군의 손에 처형되었다.

경제 정책의 특징

다음으로 경제 정책에 대해 살펴 보자. 개전 직전 1941년 11월 20일에 대본영정부연락회의에서 결정된 「남방점령지 행정실시요령」은 "점령지에 대해서는 우선 군정을 실시하고, 치안의 회복, 중요 국방 자원의 급속한 획득 및 작전군의 자활 확보에 이바지함"이라는 기본 방침을 나타낸 다음에, "점령지에서 개발 또는 취득한 중요 국방 자원은 이것을 중앙의 물동계획에 끼워 넣는다"라고 규정하였다. 즉 석유·고무 등의 '중요 국방 자원'은 일본에 보내 물동계획 중에 집어 넣지만, 각 군이 필요로 하는 물자는 현지에서 조달한다는 방침이다. 한마디로 말하자면 동남아시아 경제를 일본의 물동계획에 전면적으로 종속시킨다는 정책이었다.

이것은 동남아시아 측에서 보면 영국 등의 구미 열강이 중심이 되어 만들어 온 이제까지의 교역·유통 시스템='동남아시아 역내 교역권'이 파괴되는 것을 의미한다. 그리고 이것은 민중의 경제 생활 악화로 직결되었다. 왜냐하면 이 시스템은 식민지의 종주국 등에서 각종의 공업 제품을 공급함으로써 성립하고 있었던 데 비해, 일본에서는 그것을 공급할 만큼의 경제력이 없었기 때문이다(小林英夫, 『日本軍政

下のアジア』).

이 점에 대해서는 일본 측도 자각하고 있었다. 개전 전에 육군성 전비과가 몇 번이나 행한 대남방 무력 행사에 따른 물적 자원 보유 현황 중에서, 오카다 기쿠사부로(岡田菊三郎) 전비과장은 "일본은 남방 무력 행사를 할 경우 적어도 1억 명을 내려가지 않는 남방 현지 주민을 먹이지 않으면 안 된다. 과연 일본에게 그들이 필요로 하는 생활 물자를 미·영·란에 대신하여 지급할 여력이 있는가"라는 점을 지적했다고 한다. 정말로 "이것이 일본에게 있어 남방 점령지 행정에 관한 울고 싶은 부분"이었다(防衛庁防衛研修所戦史室,『戦史叢書 大本営陸軍部隊 大東亜戦争開戦経緯〈5〉』).

경제 정책 면에서의 다른 하나의 특징은 자원 개발에 즈음하여 접수한 광산 등을 민간의 개별 기업에 위임·경영하는 방식이 취해진 것이다. 이제까지 화북이나 화중(華中)의 개발에서는 국책 회사 방식이 취해져 왔다. 국책 회사란 정부의 정책을 추진하기 위해서 특별입법으로 설립된 특수 회사를 말한다. 정부가 출자하고 정부의 감독 아래에 둔 반면, 출자한 기업에는 이윤 보증을 위한 다양한 특전이 주어졌다. 실제로는 미쓰이(三井)·미쓰비시(三菱)·스미토모(住友) 등의 재벌이 출자하고 있었다고 해도, 특정의 개별 기업에 편중되지 않는다는 이념을 명색이나마 내걸고 있었다. 그런데 동남아시아의 개발에서는 개별 기업에게 이른바 경영 업무를 위탁한다고 하는 노골적인 정책이 취해졌다. 이것은 위탁받은 개인 기업 측에서 보면 상업상의 이익이 있는 정책이었다.

동남아시아 경제의 파탄

전국의 악화는 동남아시아의 경제를 결정적으로 파탄시켰다. 연합군의 잠수함과 항공기에 의한 집중 공격에 따라, 일본 선박의 상실이 격증하고 일본과 동남아시아 사이의 수송로만이 아니라, 동남아시아의 각 지역 간의 수송로도 가는 곳마다 절단되었기 때문이다. 쌀을 예로 들어 좀 더 구체적으로 보자. 동남아시아는 전전부터 3대 생산지(미얀마·타이·프랑스령 인도차이나)를 갖고 있는 쌀의 보고였다. 전쟁과 일본의 점령에 따라 종래와 같은 수출이 불가능하게 된 뒤로는 이 쌀들은 '대동아공영권'의 권내에서 소비되었다. 통계상은 미작 지대가 아닌 지역의 소비량을 충분히 보전(補塡)할 수 있을 만큼의 잉여 쌀이 생산될 예정이었다. 그러나 실제로 벌어진 것은 일본을 포함한 권내 전체에서의 쌀 부족이었다. 그 이유는 일본의 유통 정책 실패, 노동력 부족 등을 들 수가 있지만, 가장 심각한 영향을 미친 것은 선박이 상실됨에 따라 수송력이 급속하게 저하되었기 때문이다. 대체 조치로 중시된 철도 수송도 군수 수송이 최우선이었기 때문에 기대만큼 역할을 해내지 못하였다. 각지에서 심각한 쌀 부족=기아 상태가 발생하고 있었다. 아시아·태평양전쟁은 연합군과의 사이의 자원 쟁탈 전쟁이라는 측면만이 아니라, '일본이라는 제국 내부에서의 자원쟁탈전'이라는 측면도 아울러 가지고 있었던 것이다

▶사진 3-6. 일본군은 동남아시아의 점령지에서 경비 지출을 위해 통화에 대신하는 군표를 현지 통화 표시의 형태로 발행했지만, 패전에 의해 종잇조각과 다를 바 없이 되었다. 사진은 말레이, 싱가포르에서 사용된 10달러의 'に號軍票'(寺田近雄, 「日本の軍票」).

(倉沢愛子,「帝国内の物流」). 그 의미에서도 '공영'은 허구의 대의였다.

대동아회의

　　연합국에 의해 반공이 본격화되자 일본 외교도 새로운 전기를 맞이하게 되었다. 일본 정부 부내에서도 반공작전을 저지하기 위해서는, '대동아공영권' 안의 정치적 결속을 강화하여 민심을 일본 측에 끌어오기 위한 적극적인 시책이 필요하다고 생각했기 때문이다.

　　새로운 외교의 추진자는 1943년 4월에 도조 내각의 외상에 취임한 시게미쓰 마모루(重光葵, 1887~1957년)였다. 시게미쓰는 종래의 권익 지상주의적인 대중국 외교의 전환을 도모하여, 1943년 10월에는 난징의 왕자오밍 정권과의 사이에 일화동맹조약을 체결하였다. 이에 따라 1940년 11월에 왕 정권과의 사이에서 체결되어 있던 일화기본조약은 효력을 잃는다. 일본군의 중국 주류(駐留)를 무리하게 승인시키는 등 대일 종속성이 농후한 일화기본조약을 폐기하여, 시게미쓰 외상은 대중국 외교의 재정립을 도모했던 것이다. 중국전선에서 싸우고 있는 일본군을 남방전선에 전용하고 싶은 참모본부도 이 정책을 지지하였다.

　　그 한편에서 시게미쓰는 전쟁 목적을 재정의하는 데 몰두하였다. 시게미쓰가 강하게 의식하고 있던 것은 연합국의 대서양헌장이다. 대서양헌장은 1941년 8월에 발표된 미·영의 공동선언이다. 제2차 세계대전 후의 새로운 국제 질서의 기본 원리로서 영토 불확대, 빼앗긴 주권의 회복, 통상의 자유, 공해 항행의 자유, 국제평화기구의 확립 등을 내걸었다. 1942년 1월의 연합국공동선언 중에서 언급됨에 따라 동 헌장은 연합국 공동의 전쟁 목적이 되었다.

이 대서양헌장에 대항할 만한 새로운 전쟁 목적을 제시하기 위해서 1943년 8월 시게미쓰는 외무성 안에 전쟁목적연구회를 설치하고, 전쟁 목적의 재검토 작업에 들어갔다. 그 결과 '대동아공영권'의 건설이라는 슬로건은 일본 국가가 맹주로서 역내의 여러 국가·여러 민족을 지도한다는 이유가 너무 강하다고 하여 방기가 결정되었다.

이런 가운데 도조 내각은 1943년 11월, 아시아의 대일협력정권의 대표자를 도쿄에 모아 대동아회의를 개최했다. 이 회의에는 일본·타이·필리핀·미얀마·중국(汪 정권)·만주국·자유인도 임시정부(Provisional Government of Free India)의 대표가 참가하여, '대동아공동선언'이 채택되었다. '대동아공동선언'은 '대동아를 미·영의 질곡에서 해방'하기 위한 것 등을 전쟁 목적으로 제시하였다. 그리고 자주 독립의 상호 존중, 각각의 전통 존중, 호혜적 경제 발전, 인종 차별 철폐, 문화 교류의 촉진, 자원 개방 등을 공동 강령으로 내걸고 있었다. 확실히 선언문에서 보는 한 '대동아공영권'의 건설이라는 전쟁 목적은 방기되어 있었던 것이다(波多野澄雄,『「大東亜戦争」の時代』).

그러나 '대동아공동선언'의 채택에 의해 종래부터 분열하고 있었던 일본의 전쟁 목적이 하나가 된 것은 아니었다. 이 선언은 그 표현이 극도의 추상성을 띠고 있었기 때문에 여러 세력이 '애매모호한' 해석을 하도록 했고, 오히려 그 선택을 계기로 전쟁 목적을 둘러싼 국내 의론은 더욱 혼돈에 빠졌다(波多野澄雄,『太平洋戦争とアジア外交』).

뿌리 깊은 권익지상주의

또 '대동아공동선언'에 따라 일본의 권익지상주의적인 대외 정책이 대폭적으로 재검토가 진행된 것은 아니다. 1943년 5월의 어전회의에서 결정된 「대동아정략 지도요강」은 대동아회의를 개최하기 위한 기본 전략을 확정한 것이지만, 그중에는 필리핀과 미얀마의 독립 준비와 함께 주목할 다음의 일절이 있다.

'말레이시아' '수마트라' '자바' '보르네오' '셀레베스'는 제국 영토로 결정하고, 중요 자원의 공급원으로 극력 이것의 개발 및 민심의 파악에 힘쓴다.

일본에게 있어 중요한 지역은 독립을 인정하지 않는 정책이다. 실제 인도네시아의 민족주의자 스카르노(Sukarno, 1901~1970년)의 예에서 보는 것처럼, 위의 지역을 대표하는 민족주의자는 대동아회의에 한 사람도 초청되지 않았다. 나아가 전국이 악화되어 가는 가운데 역으로 노골적인 권익주의나 이념을 벗어 던진 현실주의가 대두해 온다고 하는 관계성에도 주목할 필요가 있을 것이다. 해군성 조사과의 자료 중에는 1944년 2월 5일자의 「대동아전쟁 목적 천명에 관한 건」이라는 문서가 남아 있다. 해군 관계자로 생각되는 이 문서의 집필자는, 이 전쟁을 '동아 여러 민족의 해방전'으로 위치 짓는 정부의 선전 활동이 전쟁에 대한 국민의 협력을 '저조하고 방관자적'으로 만들고 있다고 비판한다. "실제의 결과에서도 한갓 우리 국민만 희생이 되어, 동아의 여러 민족의 단물을 빼는 것 같은 시책에 빠진 결과를 보고, 국민 일반은 '무엇을 위한 전쟁인가'에 의문을 가진다. 그런 전쟁이라면 적당히 해서 그 자리를 넘기라고 하는 태도를 갖도록 한다. (중략) 본래 어느 나라에서 자국의 존망을 걸고 다른 나라, 다른 민족을 위해 싸울 국민이 있을까"라고 노골적으로 논하고 있다.

4. 국민 생활의 실상

생활의 궁핍화

일본 전시 체제의 최대 특질의 하나는 전시 체제의 강화와 국민 생활의 궁핍화가 항상 병행해서 진행된 것을 들 수 있을 것이다. 이 점에서는 동맹국 독일과의 사이에도 상당한 차이가 있었다. 독일의 경우 정부가 생활 필수 물자를 확보하는 것을 중시하여, 때로는 군수를 어느 정도 희생해도 국민의 생활 수준을 유지하도록 노력했다. 이 때문에 개인 소비 지출은 1943년의 시점에서도 제2차 세계대전 개전 시(1939년)의 8할 수준을 유지하고 있었고, 전쟁 말기의 1944년 시점에서도 세계공황에 의해 개인 소비 지출이 가장 떨어진 1932, 33년의 수준을 약간 상회하고 있었다(山崎広明,「日本戦争経済の崩壊とその特質」).

이에 비해서 일본의 경우, 중일전쟁 이후의 물동계획은 한정된 국력 아래에서 군수 생산을 급속하게 확충하기 위해 민수(民需)를 희생한다는 정책을 의식적으로 채용하고 있었다. 어느 기획원 조사관은 물동계획에는 민수에 대한 배려가 없고, "민수란 젖은 걸레처럼 짜면 짤수록 여유가 있는 것이다"라는 관념에 지배당하고 있었다고 회상하고 있다(田中申一,『日本戰爭經済秘史』). 그 결과 군수의 확충에 반비례하는 형태로 국민 생활 수준은 낮아졌다. 이 때문에 국민 생활 수준은 중일전쟁 이후 일관되게 저하되었다. 개인 소비 지출은 이미 1942년 시점에서 중일전쟁 개전 시 수준의 8할을 깨고, 아시아·태평양전쟁 개전 전 1940년의 시점에서는 쇼와공황하의 1930년 수준을 밑돌고 있다. 최근에는 전시경제의 국제 비교가 진행되고 있는데, 그들의 연구에 따르면 독일과 비교한 경우, "일본의 생활 수준 절하가 심하고, 식민지·점령지에서는 더욱 엄격했다"고 결론짓고 있다(原朗編,『日本の戰時経済』).

한편 미국의 경우는 일본과 좋은 대조를 이루고 있다. 전시 체제로 이행하고 군수 생산은 본격화하는 가운데, 미국 경제는 경이적인 성장을 이루어, 1940년의 국민총생산=997억 달러가 1945년에는 2,119억 달러로 확대되었다. 이에 따라 오랫동안 대공황에 고통받아온 미국인의 생활 수준은 급속하게 상승한다. "미국은 전시 중에 생활 수준을 향상시킨 유일한 나라"가 된 것이다(上杉忍,『2次大戰下の'アメリカ民主主義'』). 이것은 미국의 일반 국민에게 있어서도 전쟁이 충분히 '수지맞는' 것이었다는 점을 의미하고 있다. 그러나 이때 형성된 '좋은 전쟁'이라는 낙관적인 전쟁관은 광범한 국민의 생활 실감에 뒷받침된 것이었던 만큼, 그 후 현재에 이르기까지 계속해서 미국인의 전쟁관을 속박한다.

배급제의 확대

일본의 전시경제의 진전이 국민 생활을 직격한 것은 배급제도와 노동력 동원을 통해서다. 배급제도란 중일전쟁 이후의 전시경제하에서 생활필수품 등의 분배를 정부가 통제하기 위해 도입한 제도이다. 정부가 결정한 분배량만 각자가 공정가격으로 구입하는 것이 가능했다. 국민은 배급된 식료나 생활용품을 배급소 혹은 인조(隣組)를 통해서 입수한다. 1940년 6월부터는 6대 도시에서 사탕과 성냥의 배급제가 시작되었지만, 국민 생활에 결정적인 영향을 준 것은 1941년 4월부터 6대 도시에서 실시한 주식 쌀의 할당배급제다. 이에 따라 보통 어른 1명의 하루당 배급량은 평균 소비량보다 상당히 낮은 2홉 3작(작은 1홉의 10분의 1―옮긴이)으로 설정되어, 이후 같은 해에 이 제도는 거의 전국으로 파급된다. 이 2홉 3작이라는 할당량은 형식적으로는 1945년 5월까지 변하지 않았지만, 쌀에 대신하여 보리·감자류·잡곡 등이 혼입되었다. 1944년 10월에는 주식 배급량 가운데 쌀이 차지하는 비율은 66%까지 낮아졌다.

나아가 아시아·태평양전쟁 개전 전후부터 배급제는 한층 확대되어 1941년 11월부터는 어류가, 다음 1942년 2월부터는 의료품과 된장·간장류가, 계속해서 11월부터는 과일이 배급제로 이행되었다. 그러나 실제로는 당초의 할당 기준량을 유지하는 것조차 곤란했고, 배급품의 조악화와 더불어 국민 생활은 급속하게 궁핍화해 갔다. 동시에 현실에는 배급품만으로 생활하는 것은 불가능했기 때문에, 대부분의 국민은 공정가격제도 위반인 암거래에 의해 쌀과 야채 등을 구입하게 되었다. 암거래가 버릇처럼 되었다.

노동력 동원

일본의 경공업 중심의 산업 구조를 군수 산업=중화학공업 중심으로 급속히 편성을 바꾸기 위해서는 노동력 면에서도 강력한 국가 통제가 필요했다. 정부는 중화학공업 부문에 노동력을 중점적으로 투입하기 위해서, 상업과 경공업 등의 평화 산업 부문으로부터의 노동력 이동정책을 강화했지만, 그 정책의 요점이 된 것은 1939년 7월에 공포된 국민징용령이다. 1938년 4월 공포된 국가총동원법에 근거하는 칙령으로서 공포된 이 국민징용령은 국민을 정부가 지정하는 업종에 강제적으로 취업시키는 법령이었다. 중화학공업 부문으로 노동력을 강제로 '끌어내는' 정책에 결정적인 역할을 했다. 군대의 소집영장이 '빨간 종이'라고 불린 것에 대해서, 징용령서(徵用令書)가 국민들 사이에서는 '하얀 종이'로 불린 것은 그것을 잘 나타내고 있다.

국민징용령은 16세 이상 45세 미만의 남자(기능자의 경우는 50세 미만)와 16세 이상 25세 미만의 여자를 징용할 수 있다고 정하고 있다. 하지만 1941년 8월의 각의에서 「노무긴급대책요강」이 결정되자, 대규모 징용이 급속하게 진행되어, 1943년 7월의 개정에서는 징용 대상이 12세 이상 60세 미만의 남자, 12세 이상 40세 미만의 여자로까지 확대되었다. 또 1943년 10월에는 군수회사법이 공포됨에 따라 군수 회사의 경우 사업주와 종업원을 통째로 징용하는 것도 가능하게 되었다(現員 징용). 이런 가운데 패전 시의 피징용자 수는 신규 징용=160만 9,558명, 현원 징용=455만 459명에 달했다. 한편 여성의 경우에는 법적 강제 조치를 동반하는 징용이라는 형태에서의 노동력 동원은 이루어지지 않았다.

국민 의식의 변화

전국이 급속히 악화되고 있었다고 해도 정부와 군부에 의해 철저한 정보 통제가 이루어짐에 따라 일반 국민은 전국의 정확한 실상을 알 수 없었다. 그 때문에 전국의 악화는 국민의 전의 저하에는 바로 연결되지 않고 양자 사이에는 상당한 시차가 존재했다. 그래도 과달카날 섬을 중심으로 한 남태평양 방면의 전사자가 공표되자, 미야기(宮城), 후쿠시마(福島), 니가타(新潟) 등, 전사자의 출신 현에서는 충격에 빠졌다. 1943년 7월에 내무성이 정리한 「남태평양 방면 전사자 발표에 대한 반향」은 "일반적으로는 오히려 점점 적개심이 앙양되는 것을 인정하는 상황"이라고 하면서도 "당초 그 전사자가 예상 밖에 다수가 되었기 때문에, 각 방면 모두 상당한 충격을 받은" 사실을 인정하여 다음과 같이 지적하고 있다.

유족 중 가장 큰 충격을 받은 것은 노인과 부녀자만 있는 가정으로, 전사 내보에 접하여 발작적으로 정신이상 기타의 발병을 □[판독불능]하는 것이 산견되며, 또 그 언동도 비관이 심하여, 염전적, 자포자기적인 자가 비교적 다수 있음.

전사자의 공표에 즈음하여 검열 당국은 국민이 전사자의 총수를 알 수 없도록, 전사자 이름의 공표를 "당해 [지방] 신문과 직접 관계가 있는 지방의 전사자명에만 그칠 것" 등의 조치를 강구하고 있었다(中園裕, 『新聞検閲制度運用論』). 그래도 지역 사회의 동요를 완전히 저지하는 것은 불가능했다. 1943년 5월, 센다이(仙台) 예비사관학교에 갑종 간부 후보생으로 입교한 작가 도이시 다이이치(戸石泰一, 1919~1978

년)도 후쿠시마·미야기 현의 경계에서 센다이 시까지 연속 행군을 행할 즈음에 거의 두 집에 한 집의 비율로 '전사(몰?)자의 집'이라는 '새로운 나무 표찰'이 걸려 있는 것을 목격하고 있다(戸石泰一, 『消燈ラッパと兵隊』).

전사자의 유골

유족에게 있어 더욱 충격적이었던 것은 전사자의 유골이 수습되어 있어야 하는 백목 상자 안에는 실제 유골이 없고, 그 대신에 과달카날 섬 해안의 모래로 불리는 것='유혼사(留魂砂)'가 담겨 있었다는 점이다(波平惠美子, 『日本人の死のかたち』). 본래 죽은 자에 대한 의례에서는, 쓰야(通夜—초상집에서의 밤샘—옮긴이)·장례식 때에는 죽은 사람의 유체 혹은 유골이 반드시 안치되어 있는 것이 전제이고, 참례자의 예배는 유체나 유골에 대해서 이루어진다. 전전에는 원격지의 전투에서 전사한 병사의 유체를 그대로 본국에 송환하는 것은 기술적으로 불가능했기 때문에, 현지에서 화장하여 유골을 환송하는 것이 통상의 형식이었다. 그러나 중일전쟁이 장기화됨에 따라 일본군도 고전을 면치 못하게 되자, 전투 도중에 전사자의 손목이나 새끼손가락 등을 잘라내서 유체는 버리고, 전투 종료 후에 손목이나 새끼손가락만 불태워서 환송하는 것이 일반화되고 있었다.

그런데 과달카날 섬을 둘러싼 공방전에서는 그러한 대체 조치조차 불가능하게 되어, 이 무렵부터 실제 유골이 없는 모래나 작은 돌을 거둔 백목 상자가 급증했다. 이것은 유족의 불만을 강하게 했다. 1943

년 6월 27일자 〈아사히신문〉에는 '처참 장열한 근대전, 때로는 유골이 돌아오지 못한다. 군 당국 총후의 각오를 요청'이란 표제 기사가 게재되어 있다. 하지만 이 기사 가운데에도 "유족은 그 한 줌의 모래, 한 조각의 과피[果皮, 제단에의 공물]도 용사의 유품으로 숭배하여, 결코 유골이 돌아오지 못하는 것을 슬퍼해서는 안 되는 것이다. 이것이 군국의 부모, 처자의 각오다"라고 강조하고 있다. 유족에게 단념을 말하는 이러한 기사가 게재되는 것 자체에 대해 유족 측의 불만이 높아지고 있는 증거였다.

덧붙여서 전쟁 말기에 부른 체가(替歌, 곡조는 같지만 가사만 바꾼 노래 —옮긴이) 중에 다음과 같은 흥미로운 것이 있다(有馬敵, 『時代を生きる 替歌·考』).

어제 소집된 다코 하치가 총에 맞아 명예의 전사를 했다. 다코의 유골은 언제 돌아오나 뼈가 없기 때문에 돌아오지 못한다. 다코의 부모는 불쌍하다.

이 노래에는 몇 개의 버전이 있지만 본래의 노래는 다카미네 미에코(高峰三枝子, 1918~1990년)의 히트곡인 '호반의 여숙'이다. '다코 하치'란 만주사변기에 〈후진 고도모 호치(婦人子供報知)〉에 연재된 인기 만화 '다코의 하치짱'의 주인공에 대한 이야기이다. 실제 유골이 없는 백목 상자를 풍자한 체가(替歌)로 보인다.

불온가요의 유행

덧붙여서 내무성 경보국 보안과의 『사상순보』제3호(1944년 4월 30 일)에 의하면, 전국이 악화되고 국민 생활이 궁핍해짐에 따라 1943년 봄부터 반군적·염전적이고 때로는 '불경'한 내용을 담은 '불온가요'가 국민 사이에 퍼지고 있었다. 당초에 이 '불온가요'는 '주로 청장년 공장 노무자 사이에서 퍼지고' 그 후 '일반 청장년에게 전파하여' 최종적으로는 국민학교(현재의 소학교) 아동 사이에까지 확대되었다고 한다. 이 『사상순보』제3호는 위의 '다코 하치'의 체가 등과 함께 다음과 같은 '불온가요'도 채록하고 있다. 가사 중의 '궁성'은 황거의 일이고, '대일본제국'의 운명을 암시하는 것 같은, 정말로 '불온'한 내용이다.

1성 불탔다 2성 불탔다 3성 불탔다 4성 불탔다
5성 불탔다 6성 불탔다 7성 불탔다 8성 불탔다 궁성 불탔다

한편 1944년 당시 국민학교 6년생이었던 작가 고세키 도모히로(小関智弘)도 친구로부터 '일본의 군대와 노점의 바나나, 이겼다(샀다) 이겼다고 말하지만, 패배해 간다 패배해 간다'라는 체가를 배우고 있었다(小関智弘, 『東京大森海岸 ぼくの戰爭』). '불온가요'는 국민의 잠재의식을 비추는 거울과도 같은 역할을 한 것으로 생각된다.

생활의 악화와 국민 의식

그렇다고 해도 보도를 통제하여 전국의 심각한 실상이 국민에게

알려지지 않는 상황에서, 국민 의식에 직접적인 영향을 미친 것은 국민에게 가장 가까운 매일의 생활 문제였다. 특히 여파가 컸던 것은 주식인 쌀 부족이다. 1944년 1월 내무성 경보국 외사과는 사신(私信)의 검열에서 알게 된 정보에 근거하여, 「통신 검열에서 보는 최근의 식량 사정과 국민 사상의 동향」을 정리하였다. 분석의 대상이 된 것은 1943년 10월 이후, 도쿄 주변에서 중국이나 만주에 보내진 외국 우편이다. 이 보고서는 그 머리 부분에서 분석의 결과를 다음과 같이 결론짓고 있다.

> 최근 통신 검열에서 눈에 띄는 것은 주요 식료품, 특히 쌀 부족 등을 호소하는 것이고, 이와 관련해서 염전적 기술을 한 것, 혹은 정치 불신을 강조하는 것 등도 보인다.

구체적 사례로 들고 있는 것 중에서 일례를 다음에 인용해 본다.

> 매일 배가 고파서 배의 벌레가 쪼르륵 쪼르륵 말해서 기분이 나빠 잘 수가 없습니다. 빨리 전쟁이 끝나지 않으면 국민은 기아 때문에 모두 병이 들어 버리고 정신적으로도 가망이 없게 됩니다. 쓸쓸히 사는 것이 싫어집니다(도쿄·남자).

동시에 이 보고서는 암거래의 횡행에도 신경을 날카롭게 하고 있었다. 암거래의 확대는 배급만으로는 살아갈 수 없는 현실을 반영하고 있지만, 동시에 그것은 '부수입'이나 '얼굴' '연고'에 의해 풍부한 물자를 손에 넣는 것이 가능한 사람들 혹은 암거래에 의해 부당한 이익을 얻고 있는 사람들의 존재를 부각시켰다. 거기에서 생겨난 것은 사회적 불평등에 대한 자각과 정치에 대한 불신감이다. 위의 보고서도

"물자 부족에 기인하는 염전적 통신이 더욱 발전하여 군·관·부자들이 통제를 빠져나가 자유롭지 못할 것이 전혀 없는 생활을 하는 등, 자극적 기술을 하는 자도 산견된다"고 하여 몇 개의 사례를 들고 있다. 예를 들면 다음 같은 통신이다.

'부족함을 걱정하지 않고 동등하지 못함을 걱정'이라고 말하지만 현금은 완전히 '동등하지 못함'입니다. 물자가 적으면 적은 대로, 전 도민에게 공평하게 배급한다고 하면 누구도 불평이나 불만은 말하지 않습니다. 그런데 대관의 창고에는 설탕 자루가 몇 가마니 쌓여 있거나, 혹은 고관의 부엌 마루 밑에는 과자나 야채가 가득 쌓여 있거나, 상층 사람의 대부분은 암거래나 얼굴로, 무엇 하나 부족함이 없는 날을 보내고 있습니다. 입으로는 세상과 비슷하게 시국하에 참으며 이 난국을 벗어나자고 강연하고 있습니다. 실로 바보 같습니다.

기요사와 기요시(清沢洌)가 1943년 4월 30일의 일기에 "별, 갈고랑이, 얼굴, 암거래, 줄'이 가득한 세상이다. 세상에는 별에 갈고랑이에 암거래에 얼굴. 바보만이 행렬에 섰다고 하는 노래가 유행하고 있다"고 기록한 것은 잘 알려져 있다. 이 노래의 유행은 위와 같은 의식이 상당히 광범위하게 존재하고 있다는 것을 나타낸다(『暗黒日記』). '별'이란 육군을, '갈고랑이'란 해군을 가리키는데, 생활필수품의 확보라는 면에서는 군관계자나 '유지'가 활개치고, 연고나 돈도 없는 일반의 정직한 자만이 부족한 물자의 배급을 구하는 행렬에 서고 있다는 것이 이 노래가 의미하는 바이기 때문이다.

정부와 군은 애투 섬 수비대의 전멸을 전의 고양
캠페인에 최대한 이용했다. 사진은 대정익찬회의
포스터(히로시마 시 공문서관 편〔広島市公文書館
編〕, 『ひろしま今昔』).

1. 마리아나 제도의 실함(失陷)과 도조 내각

뉴기니와 솔로몬 제도

1943년 2월 과달카날 섬에서 철퇴한 이후에도 일본은 광대한 점령지를 여전히 확보하려고 하였다. 원칙대로라면 국력의 한계를 넘어 확대되어 버린 점령지를 과감히 축소하여 해군 항공부대의 재건을 도모하고, 요지의 방위 태세를 강화하지 않으면 안 되었을 것이다. 하지만 전선의 축소와 수정은 용이하게 실현되지 못했다. 하나는 육군이 과달카날 섬에서의 패배를 뉴기니 전선에서의 공세로 보충하려고 했기 때문이다. 이 때문에 대본영은 뉴기니 방면을 담당하는 제18군에 3개 사단을 증강할 것을 결정하여, 제20사단과 제41사단의 뉴기니 수송에 성공했다. 그러나 가장 긴급하게 병력을 증강할 필요가 있었던 라에, 사모아로의 제51사단 수송은 1943년 3월 연합군기의 공격에 의해 저지되어, 일본 측은 수송선 8척, 호위 구축함 4척을 잃어버린 대손해를 입었다(던빌의 비극).

연합국 측에서는 비스마르크 해(Bismarck Sea, 태평양 남서부의 해역─옮긴이) 해전이라 부르는 이 전투에서, 미군기나 호주군기는 표류하는 다수의 일본병에 대해서 수일에 걸쳐 기총소사(機銃掃射)를 반복하고, 출격한 어뢰정이 해상을 수색해서 일본병을 사살했다. 전후의 오스트레일리아 사회에서는 표류 중인 무저항의 일본병을 기총소사로 살해한 것은 전쟁 범죄에 해당한다는 비판의 소리가 있었고, 큰 논쟁으로 발전하고 있다.

▶사진 4-1. 미군은 개전과 동시에 일본어가 가능한 요원을 대량으로 양성하여, 정보전과 심리전에 종사시켰다. 사진은 미국 육군성이 작성한 和英·英和군사용어사전.

그 후 뉴기니 전선에서는 연합군이 본격적인 공세로 나와 일본군은 어쩔 수 없이 한발 한발 후퇴를 하게 되었다. 보급이 두절됨에 따라 다수의 장병이 아사한 것도 이 전선의 큰 특징이었다. 뉴기니는 섬이라고 해도 세계 제2위의 큰 섬이며, 중앙부에는 4,000~5,000미터 급의 산맥이 동서로 이어지고, 내륙부는 정글로 덮여 있다. 해안선 부분은 습지대로 상호 분단되어, 해안선을 따르는 육상 교통로는 정비되지 않았다. 즉 제해권과 그 전제가 되는 제공권을 장악하지 않는 한, 각지에 고립되어 있는 수비대에게로 보급하는 일은 곤란하게 된다.

그러나 육해군은 이 방면에 2,000~3,000기, 혹은 그것을 넘는 항공기를 투입해서 일대 항공소모전을 전개했지만, 연합군의 공세를 저지하는 것이 불가능하여, 제공·제해권을 연합군 측에 빼앗겼다(田中宏已, 『BC級戰犯』). 그 결과 다수의 아사자가 발생했던 것이다. 뉴기니의 제18군의 전몰자 수는 약 10만 명, 그중 약 9만 명이 아사자였다고 생각된다.

한편 해군은 솔로몬 제도의 확보를 고집하고 있었다. 이 지역이 돌파되어 뉴브리튼 섬의 라바울이 점령되어 버리면, 연합함대의 최대 근거지가 있는 트럭(Truk) 섬[35]이 미군 대형 폭격기의 행동권 안에 들어가기 때문이다.

이렇게 전선의 축소와 수정이 진행되는 가운데, 1943년 4월 18일에는 솔로몬 제도의 전선 기지를 시찰 중인 야마모토 이소로쿠(山本五十六, 1884~1943년) 연합함대 사령장관이 비행기 안에서 전사했다(공표는 5월 21일). 일본군의 암호를 해독하여 야마모토의 전선 시찰을 사전에 탐지한 미군은, 16기의 전투기에 의한 잠복 공세로 야마모토의 탑승기를 격추한 것이다. 정보전에서 일본군의 패배를 상징하는 사건이었다.

애투 섬의 '옥쇄'

이어서 5월 12일에는 알류샨 열도(Aleutian Islands)[36]의 애투(Attu) 섬에 미군의 1개 사단이 상륙을 개시하였다. 약 2,500명의 일본군 수비대는 격렬하게 저항했지만 우세한 미군에게 점차로 압도당하여 29일에는 최후의 돌격을 행하고 전멸한다. 돌격에 즈음하여 움직일 수 없는 상병병은 일본병의 손에 의해 '처치'되었다. 대본영은 당초 대규

---

35 태평양 서부 미크로네시아의 캐롤라인 제도 중부에 있는 섬.
36 북태평양에 위치한 섬들로 알래스카의 서남부, 알래스카 반도의 끝에서 러시아의 캄차카 반도에 걸쳐 길이 약 1,930킬로의 화산 열도.

모 증원작전을 계획했지만, 성공할 가망성을 얻지 못했기 때문에 계획을 중지하여 결국은 수비대를 돌보지 않게 되었다.

다음 30일의 대본영 발표는 수비대의 전멸을 보도했지만, 그 가운데서는 "이후부터 통신이 완전히 두절, 전원 옥쇄(玉碎)한 것을 인정한다"라는 형태로 처음 '옥쇄'라는 표현을 사용했다. '옥쇄'란 옥이 아름답게 부서지듯이 마지막까지 싸워 미련 없이 깨끗하게 죽는 것을 의미하였다. 이날의 라디오방송에서는 대본영 육군보도부장 야하기 나카오(谷萩那華雄, 1895~1949년) 소장이 "수비하는 부대원이 모두 옥쇄하여 이렇게 애투 섬은 황군의 신수(神髓) 발휘의 성지로 영원히 역사상에 기록될 것입니다"라고 절규했다. 이후 고도(孤島)의 수비대가 전멸할 때마다 처참한 전장의 현실을 은폐하는 옥쇄 캠페인이 전개되었다(제4장 표지 사진 참조).

그러나 그 후 타라와(Tarawa, 길버트 제도의 환상[環狀] 산호섬―옮긴이) 섬·마킨(Makin) 섬의 수비대의 전멸을 보도한 1943년 12월 20일자의 대본영 발표에서는 '전원 옥쇄했다'는 표현이 사용되고 있다. 그렇지만 퀘제린(Kwajalein) 섬·루오트(Luotto) 섬의 수비대 전멸을 보도한 다음 1944년 2월 25일자의 대본영 발표에서는 "전원이 장렬한 전사를 거두었다"는 표현으로 바뀌고, 이후 '옥쇄'라는 두 글자는 기본적으로는 사용하지 않게 된다. 기요사와 기요시도 1944년 3월 17일의 『암흑일기』에 "'옥쇄'라는 문자는 사용하지 않게 된 것 같다"고 기록해 두고 있다.

이 정책 변경은 '옥쇄'라는 표현이 역으로 일본군은 무력하다는 인상을 국민에게 주는 결과가 된다는 판단에 기초하고 있다고 보인다. 당시 해군대좌로 군령부에 근무하고 있었던 다카마쓰노미야 노부

히토신노(高松宮宣仁親王, 1905~1987년, 쇼와 천황의 남동생)는 1943년 12월 20일 일기에, "'옥쇄'는 이제 됐다. 그러한 중압을 바짝바짝 받는 것은 국민의 감정을 긴장시켜 이제는 견딜 수 없을 정도라고 생각한다" "국민은 처음부터 '옥쇄'를 부정하지 않았다. 그러나 어떻게 할 수 없을까 라는 것은 항상 생각한다." 결론적으로 비행기가 부족하다고 생각할 것이지만 해군의 제해력의 부족도 '클로즈업'된다"라고 쓰고 있다. 다음 1944년 1월 5일에는 시마다(嶋田繁太郎) 해상에게 '옥쇄와 국민 정신 문제'에 대해서 의사 표시를 하고 있다(『高松宮日記 7』). '옥쇄'라고 하는 얼핏 아름다운 표현은 양날의 칼이기도 했던 것이다.

'절대 국방권의 설정'

애투 섬을 점령한 후 미군은 솔로몬 제도나 동부 뉴기니에서의 작전을 활성화시켜 길게 늘어난 일본군의 작전선은 심각한 위협에 직면하였다. 이 때문에 전선을 축소해서 후방요선(要線)의 방비를 단단히 하고, 연합군에 대한 본격적인 결전을 준비한다는 점에서 대략적인 합의가 육해군 사이에서 겨우 형성되었다.

그 결과 1943년 9월 30일의 어전회의는 「금후 취해야 할 전쟁지도의 대강」을 결정한다. 전선을 축소·정리해서 후방요선을 다지고, 쿠릴·오가사와라(小笠原)·내(內) 남양·서부 뉴기니·순다(Sunda)[37]·미얀마를 연결하는 선을 '절대 확보해야 할 요역' 즉 '절대 국방권(圈)'

---

37 인도네시아 서부, 수마트라와 자바 섬 사이에 위치하였다.

으로서 설정하는 새로운 전략을 결정하였다. 이 요역 안에서 지구 태세를 다지고, 연합군의 공격에 대해서는 기동부대와 각 지역의 기지항공부대를 기동적으로 운용해서 결전을 벌이는 것이 그 기본 구상이었다. 한편 바로 이 무렵, 유럽 정세도 또 하나의 전기를 맞이하고 있었다. 9월 8일, 이탈리아가 연합국에게 항복한 것이다.

그러나 '절대 국방권'의 강화는 지지부진하여 나가지 않았다. 트럭 섬의 확보를 여전히 중시하는 해군이 '절대 국방권'의 권외에 위치하는 전방요선의 방기에 들어가지 못했기 때문이다. 이 때문에 1943년 11월, 미군이 전방요선인 길버트 제도의 마킨·타라와 섬에 상륙을 개시하자, 연합함대는 기지항공부대에 공격을 명했지만 미군의 반격에 의해 귀중한 항공 전력을 소멸시켜 버리는 결과를 낳았다. 한편 두 섬의 수비대는 수일간의 전투 뒤에 전멸하였다.

방위 태세의 강화가 진행되지 않았던 것에는 다른 이유도 있다. 하나는 중국전선에 있는 일본군의 전용(轉用) 문제다. 중국전선에는 1943년 전반 시점에서 24개 사단, 16개 혼성여단이라는 큰 병력이 묶여 있었다. 남방전선의 전국이 악화됨에 따라 1943년 10월부터 사단 단위의 남방에의 전용이 개시되고, 나아가 5개 사단을 대본영 직할로 남방에 전용하기 위해서 집결시키는 것이 결정되었다. '갑호(甲號) 전용'이다. 그러나 후술하는 것처럼 지나파견군이 1944년 1월부터 1호 작전(대륙관통작전)을 개시했기 때문에 남방으로의 병력 전용은 곤란하게 되었고, 1944년 1월 '갑호전용'은 정식으로 중지되었다. 결국 중국전선으로부터의 병력 전용은 부분적인 것이 되었고, 대미전을 위해 태평양전선에 전용된 병력의 대부분은 만주에 있는 관동군에서 추출된 부대와 일본의 내지에서 새로이 편성된 부대였다(等松春夫,「日中戰爭

と太平洋戦爭の戰略的関係」).

해상수송력의 저하

방위 태세 강화에 따르는 다른 하나의 애로는 해상수송력의 대폭적인 저하다. 이미 연합군의 잠수함이나 항공기에 의해 집중 공격을 받게 되자, 상실된 선박이 급증하고, 병원수송용의 수송선조차 결정적으로 부족해졌다. 1944년 초두 대본영은 중부태평양 방면의 방비를 빠르게 강화할 것을 결정하여, 3월부터 5월에 걸쳐서 사이판 섬, 트럭 섬, 괌 섬, 이오 섬(硫黃島), 펠렐리우(Peleliu) 섬으로의 긴급 우선수송을 실시하였다(「松輸送」). 한편 이 단계에서도 트럭 섬의 확보가 중시되고 있다는 점에 주목할 필요가 있다. 그러나 수송선이 부족하여 병원(兵員) 거주구 한 평당 병원 수는 18.5명에 달하는 '협축(狹縮, 차지하고 있는 자리가 매우 좁은 것을 말함—옮긴이) 탑재'가 되었다. 실제로 반수 이상의 병원은 노천 위의 갑판에서 기거한다는 이상한 수송이 되었다. 한편 1944년 1월부터 6월 사이에 중부태평양 방면에 수송된 병원 수는 4만 5천 명, 이 가운데 잠수함 등의 공격에 따라 승선이 침몰하여 '해몰'한 인원이 1만 2천 명, 그 가운데 전사자는 3,600명이다(三岡健次郎, 『船舶太平洋戰爭』).

1호작전

　미군의 공세는 계속되었다. 1944년 2월 2일, 미군은 마샬 제도의 쿼제린·루오트 섬에, 19일에는 브라운 환초에 상륙하여 일본군 수비대를 계속해서 전멸시켰다. 또 17일부터 18일에 걸쳐서 미군의 기동부대가 트럭 섬을 공격하여, 일본군은 항공기 270기, 함선 40여 척을 잃어버리는 큰 손해를 입었다. 이에 따라 트럭 섬은 완전하게 기지 기능을 상실한다.

　이렇게 남방전선에서 미군의 공세가 계속되고 있었음에도 불구하고 이 시기의 대본영은 큰 전략적 미스를 범하고 있었다. 1호작전과 임팔(Imphal) 작전의 개시다. 1944년 1월 대본영은 지나파견군에 1호작전(대륙관통작전)의 실시를 명했다. 작전의 목적은 중국 대륙에 있는 미군 항공 기지를 점령하여 본토 공습을 저지할 것과, 일본 본토와 남방을 연결하는 해상 교통로가 절단된 상황 아래에서 중국 대륙을 남북으로 연결하여 남방과의 육상 교통로를 확보할 것, 이상의 두 가지다. 4월부터 개시된 이 작전에서 일본군은 경한(京漢)·오한(奧漢)·상계선(湘桂線)[38]의 연선 지역을 점령하고, 12월에는 프랑스령 인도차이나에 있는 남방군과의 연락에 성공한다. 참가 병력 41만 명, 작전 거리 약 2천킬로미터에 미치는 대작전이었다. 차량 부족, 중국군에 의한 도로나 철도의 철저한 파괴, 재중 미공군의 활발한 활동 등에 따라 이 작전에 참가한 대부분의 일본군 장병은 어쩔 수 없이 도보로 행군을 하

38　경한선(京漢線)은 베이징(北京)에서 한커우(漢口)를 연결하는 선, 오한선(奧漢線)은 우창(武昌)에서 광저우(廣州)를 연결하는 선, 상계선(湘桂線)은 후난성(湖南省) 헝양(衡陽)에서 광시좡족(廣西壯族) 자치구(自治區) 핑샹(憑祥)을 연결하는 선을 말한다.

게 되었다. 이 때문에 일본병은 자기의 부담을 조금이라도 가볍게 하려고 납치한 중국의 민간인에게 식량과 장비를 운반시켰다. 제37사단 보병 제227연대의 중대장으로, 화북에서 프랑스령 인도차이나에 이르는 작전 행동에 참가한 후지사키 다케오(藤崎武男)는, 일본병이 '고력(苦力)'이라 부른 중국인에 대해서 다음과 같이 회상하고 있다(藤崎武男, 『歷戰 1萬5000キロ』).

> 제37사단이 불지(佛支, 프랑스령과 중국—옮긴이) 국경을 넘어 프랑스령 인도차이나(중략)에 들어갔을 때, 병사의 수보다도 이 고력의 수가 많았다. 이 지역의 주둔 부대는 이것을 보고, 제37사단이라고 하지 않고 〈고력부대〉라고 부를 정도다. 작전 행동이 시작되면 어느새 주민을 납치하고 거의 강제적으로 고력에게 짐을 운반시켰기 때문이다. 그중에는 화북에서 납치되고 화중, 화남을 거쳐, 프랑스령 인도차이나까지 문자 그대로 중국 대륙을 두 개의 발로 종단하여, 일본군과 행동을 함께 한 고력도 있었다.

이 작전에서 일본군은 미군 항공 기지를 점령하여, 프랑스령 인도차이나와의 사이에 있는 육로의 관통에도 성공해서 형태상으로는 작전 목적을 달성했다. 그러나 실제로 항공 기지는 이미 오지의 청두(成都, 쓰촨성 도시—옮긴이) 등으로 이동하고 있었다. 1944년 7~8월에 마리아나 제도가 함락되자 마리아나 제도에 건설된 항공 기지가 일본 본토 공습 때문에 주요 기지가 되었다. 또 남방과의 육상 교통로도 철도, 도로가 철저히 파괴되고, 미군 항공부대가 활동하고 있어 이미 교통로로서의 실속을 잃어버리고 있었던 것이다. 이 1호작전이 장제스의 국민정부를 어려운 입장에 빠뜨린 것은 확실하지만, 작전 목적이라는 점에서 보면 실질적으로는 의미가 없는 작전이었다.

임팔 작전의 실패

한편 무다구치 렌야(牟田口廉也, 1888~1966년) 중장이 이끄는 제15군은 영국군의 미얀마 반공작전을 저지하고, 아울러 인도 국내에서 일어나는 반영운동을 고양시키기 위해, 애샘(Assam) 주의 주도(主島)인 임팔을 점령할 목적으로 임팔 작전을 계획하였다. 이 작전에서는 보급상 무리가 있다는 신중론이 뿌리 깊게 존재했음에도 불구하고, 무다구치 군사령관은 작전을 강행하였다. 1944년 3월에는 제15군의 3개 사단이 인도 영내에 진공, 아라칸(Arakan) 산맥을 돌파하여 임팔로 향했다.

처음 작전은 영국군이 의도적인 후퇴전술을 취한 일도 있어서 순조롭게 진행되어, 4월 상순에는 임팔 포위의 태세가 갖추어졌다. 하지만 공중 보급에 따라 병력을 증강한 영국군이 여기에서 반격으로 나왔다. 보급선이 길게 연장된 것을 돌파한 일본군은 무기·탄약·식량 등의 보급이 계속되지 않아 완전히 패배하여 퇴각을 개시했다. 산악 지대의 이 퇴각전은 식량과 의약품이 부족함에 따라 다수의 아사자, 병사자를 내는 비참한 사건이 되었다. 또 이 지방

▶그림 4-2. 임팔에서의 퇴각전에서는 쇠약하여 회복할 가망이 없는 병사에게는 수류탄을 건네주고 '자결'하도록 촉구하였다. 수류탄을 받은 병사는 무릎걸음으로 다가가 상관에게 항의했다. 독립공병 제20연대, 西地保正 曹長의 작품이다(玉山和夫, ジョン・ナンネリー, 『日本兵のはなし』).

이 우기에 들어 있었던 것도 사태를 한층 악화시켰다. 세찬 빗속에서의 행군은 일본군 장병의 체력을 현저하게 소모시켰기 때문이다.

퇴각하는 병사 가운데에는 피로가 쌓이고 쇠약해진 나머지 자살하는 자도 끊이지 않았다. 독립공병 제20연대의 니시지 야스마사(西地保正) 조장은 다음과 같이 회상하고 있다(玉山和夫, Nunneley. John, 『日本兵のはなし』, 그림 4-2도 참조).

"금일은 꽤 기분이 좋으니까 먼저 가겠네. 나중에 뒤따라오게". 이렇게 말하고, 병사는 혼자서 갔다. 잠시 지난 뒤에 우리들은 그가 죽은 것을 발견했다. 길 한가운데서 자결한 것이다. 뒤에서 우리들이 오는 것을 알고 있었기 때문에 유체를 처리해 주기를 바랐던 것이다. 아직 걸을 수 있었는데 모두는 그의 결심에 놀랐다. 그러나 그의 성격에서 생각해 보면 부대의 짐이 되고 싶지 않았을 것이다. 젊은 병사들이 그에게 매달려서 눈물에 숨이 막혔다.(중략) 휴식하고 있을 때 일어난 이 사건을 목격한 부상병은 그가 다리의 엄지발가락으로 총의 방아쇠를 당긴 것을 보았다고 말했다.

1944년 7월에 임팔 작전은 중지되었지만 이 무모한 작전의 결과, 참가 인원 약 10만 명 중 3만 명의 일본병이 전사하고, 2만 명이 전·병사했다고 전해진다. 또 이 작전이 실패하자 미얀마 방위선의 붕괴가 확실시 되었다.

엄밀하게 말한다면 이 두 가지 작전이 일어난 시기에 대본영은 태평양전선에서의 대미 결전을 향해 전력을 집중하지 않으면 안 되었을 것이다. 그럼에도 불구하고 대본영은 두 가지 작전의 개시를 인정해버려 전략적 중점의 설정에 실패했다. 표 4-1은 임시군사비의 지역별 지출액이다. 군수 생산의 중심인 일본 본토에서 지출액이 많은 것은 당연하지만, 1944년의 경우 1호작전이 행해진 중국전선에서의 지출이 전체의 37.9%나 달하고 있는 것을 알 수 있다. 이에 비해서 남방전선의 지출은 16.6%에 지나지 않고 임팔 작전을 고려에 넣는다면 미국과 전쟁할 때 정식으로 정한 비용에서의 전비 지출은 더욱 내려가게 될 것이다. 중국 대륙과 임팔에 발목이 잡혀 미국과의 결전 준비가 크게 늦어진 것이다.

▶표 4-1. 임시군사비 지역별 지출제액

(1,000엔)

지역/연도	1941	(%)	1942	(%)	1943	(%)	1944	(%)	1945 (4~8월)	(%)
내지	6,562,124	(69.2)	14,074,360	(75.1)	20,030,541	(67.1)	30,027,699	(40.9)	29,586,148	(71.1)
조선/ 타이완	342,527	(3.6)	387,550	(2.1)	510,879	(1.7)	1,163,246	(1.6)	2,282,546	(5.5)
만주	1,199,683	(12.6)	1,405,833	(7.5)	1,661,802	(5.6)	2,294,446	(3.1)	1,711,315	(4.1)
중국	1,061,827	(11.2)	1,511,813	(8.1)	4,301,637	(14.4)	27,827,558	(37.9)	6,836,672	(16.4)
남방	320,857	(3.4)	1,373,587	(7.3)	3,328,347	(11.2)	12,165,842	(16.6)	1,200,704	(2.9)
계	9,487,018	(100.0)	18,753,143	(100.0)	29,833,206	(100.0)	73,478,791	(100.0)	41,617,385	(100.0)

大藏省昭和財政史編集室編, 「昭和財政史 4」에서.

사이판 섬 함락

이러한 상황 가운데 1944년 6월 15일 미군이 마리아나 제도의 사이판 섬으로 상륙작전을 개시했다. 이 섬의 방위전의 주력인 제43사단이 사이판에 도착한 것이 5월 19일이므로 전비 강화가 낙후한 것은 분명하다. 이때 미해군과 결전의 기회를 찾고 있던 연합함대는 바로 기동부대를 출격시켰고, 그 결과 미·일의 기동부대 사이에서 마리아나 해전이 벌어졌다. 일본 측의 참가 병력은 대형 공모=3척, 소형 공모=6척, 미국 측의 참가 병력은 대형 공모=7척, 소형 공모=8척으로, 일찍이 본 적이 없었던 규모의 이 전투는 미국 측의 압승으로 끝났다. 6월 19일, 미국의 기동부대를 발견한 일본 해군은 원거리에서 공격대를 발진시켜서 선제공격을 가했다. 그러나 레이더로 내습을 탐지하고 잠복하고 있던 미전투기들의 공격을 받아 차례차례로 격추되고, 기동부대의 상공에 겨우 도달한 공격기도 미군의 강력한 대공 포화로 인해 격추당했다. '마리아나의 7면조 공격'이라고 불린 일방적 전투다. 또 이 단계에서는 파일럿의 기량 면에서 커다란 격차가 미·일 간에 생기고 있었다. 충분한 훈련을 쌓은 미국 측에 비해서 일본의 파일럿은 훈련도 불충분하고 비행 시간도 극단적으로 짧은 자가 대부분이었기 때문이다. 결국 이 해전에서 일본 해군은 대형 공모=2척, 소형 공모=1척을 잃어버리고, 기지항공부대도 괴멸했다. 미국 측의 손해는 대형 공모=1척, 소형 공모=1척의 손상만 있었다. 사실상 일본 해군의 기동부대에 의한 최후의 전투라고 해도 좋다.

한편 지상전에서도 강력한 함포 사격과 항공 공격의 지원을 받은 미군의 공격에 의해 일본군은 점차로 조직적인 저항 능력을 잃고, 7월 7일에 마지막 돌격을 행하고 전멸했다. 또 미군은 7월 21일에는 괌 섬에, 24일에는 티니안(Tinian) 섬에 상륙하려고 개시했지만 두 섬 모두 일본군 수비대에 의한 조직적 전투로 인해 8월 상순까지로 끝나고 있다.

사이판 섬을 둘러싼 공방전에서는 일본군 수비대 4만 4,000명 외에 일본 민간인 1만 2,000명과 선주민 차모로(Chamorro) 인·카나카(Kanaka) 인 수백 명이 전투에 말려들어서 전사했다. 일본 민간인의 대부분은 오키나와 현으로부터 온 이민자였는데, 사이판전은 다수의 민간인을 말려들게 한 최초의 지상전이 되었다. 미군에게 잡히는 것을 두려워하여 사이판 섬 북단의 맵 곶(일명, Banzai Cliff—옮긴이) 낭떠러지에서 몸을 던진 일본인 여성의 모습이 미군 사진사의 카메라에 찍힌 바 있다.

그러한 전투인 만큼 사이판 섬이 함락된 후인 1944년 9월 6일에 소집된 제85 임시의회에서는 민간인 전몰자의 처우 문제가 다루어졌다. 9월 15일의 중원예산위원회에서는 나카지마 야단지(中島弥団次, 1886~1962년) 위원이 민간인 전몰자를 군속(軍屬)으로 취급하여 야스쿠니신사에 합사할 것을 주장했다. 이에 대해서 수상도 육·해상도 전향적인 자세를 나타냈지만, 이 합사는 결국 실현되지 못했다(澤地久枝, 『ベラウの生と死』). 총력전 시대는 민간인의 전쟁 협력을 필수 불가결한 것으로 만들어, 민간인의 전몰자 수도 과거의 전쟁과 비교하여 급증한다. 국가 측에서도 그러한 전쟁 양상의 변화에 대응하여 전몰자를 추도하기 위한 새로운 국가 의례의 장소를 창출하는 것을 객관적으로 요구받았는데도, 그 역할을 야스쿠니신사가 해내기에는 무리가 있었다. 야스쿠니신사는 현재에 이르기까지 기본적으로는 천황을 위해 싸우고, 천황을 위해 전사한 군인·군속만을 위령하고 현창하는 시설에 지나지 않았기 때문이다.

한편, 당초에 대본영은 사이판 섬의 방위에 절대적인 자신을 갖고 있었다. 그 최대의 이유는 제공·제해권을 장악한 미군의 강습 상륙작전 능력을 과소평가하고 있었기 때문이다. 당시 참모본부 제1부 장의 요직에 있었던 사나다 조이치로(真田穰一郎, 1897~1957년)는, 전후 왜 사이판 섬의 방비 강화가 늦었는가, 라는 미군 관계자의 질문에 대해서 "'사이판'이 공략당할 때까지 우리들의 생각이 미치지 않았기 때문에, 미국 측의 KB(기동부대) 소속의 항공 지원하에 상륙작전의 강행이 가능하다고 판단할 수 없었던 것은 지금 생각해도 태평하게 된 한 원인이었다"고 회답하고 있다(佐藤元英·黒沢文貴編, 『GHQ歷史課陳述録 終戰史資料(下)』).

'태평'한 막료의 최대 희생자는 미군의 압도적인 화력을 맞으며 절망적인 전투를 강요당한 일본군의 병사들이지만, 실제 육군 중앙이 대미전의 중요성을 인식하는 데는 상당한 시간이 걸렸다. 육군 교육의 최고 책임자인 교육총감이 부내 및 예하 여러 학교에 대해서 훈령을 발하여 "금후의 교육, 연구는 주로 아호(ア號)작전[대미전]으로 전환한다"라고 지시한 것은 1943년 9월의 일이다. 그러나 사이판 섬이 함락된 이후 1944년 8월에 교육총감부가 작성한 「현하에 있어서의 군대교육지침」에서조차, "적은 미·영이다. 자명한 일을 말하는 것 같지만 이 점이 군대 일반의 일상 훈련에 명확하게 드러나지 않았다"고 지적하고 있다. 대소전을 위한 교육, 훈련, 장비를 일관해서 중시해 온 육군에게 있어서 대미전으로의 전환은 용이한 과제가 아니었다.

전의의 저하

사이판 섬의 전투에서 놓칠 수 없는 것은 이 무렵부터 일본군의

전의에 명백한 그늘이 보이기 시작했다
는 사실이다. 이미 그 징후는 1943년경부
터 나타나기 시작하고 있었다. 1943년 10
월 24일, 육군차관은 「황군장병의 본령발
휘에 관한 건」을 전 육군에게 통첩하고 있
다. "일부에서 사기 침체의 징조를 인정하
는 것은 매우 유감으로 생각하는 바이다"
라고 한 이 이례적인 통첩은, '고향을 그리
는 생각'에 사로잡혀 전투에 참가하는 것
을 거부한 고급 장교의 사례, '정부(情婦)
를 사모하는 정'에서 허가 없이 내지로 귀

▶사진 4-3. 1944년 7월, 괌 섬에서 포로가
된 일본병. 미군의 정보장교에 의한 심문을
기다리고 있다. 전쟁 전반기의 일본인 포로
는 반항적인 태도를 나타내거나, 극단으로
겁을 먹은 자가 많았지만, 이 포로의 표정
에서 전해지고 있는 것은 조용한 체념뿐이
다. Christopher Phillips, Steichen at War.

환한 현역 대위의 사례, 나아가서는 제일선의 병사나 하사관 가운데서
적측으로 도망가는 '악질 분적(奔敵) 사범의 발생'이 끊이지 않는 사실
등을 구체적으로 언급하였다. 그리고 "이와 같은 것은 모두 성유(聖諭,
천황의 칙유)에 반해서 황군의 전통을 더럽히고 그 본분에 거스르기 때
문에 엄히 감독 지도를 철저하게 해야 한다"고 맺고 있다.

　　이러한 사기의 저하는 사이판전에서도 확실히 나타나고 있다. 사
이판 섬에서 전사한 일본군의 수는 4만 4천 명이지만 이것과는 별도
로 2,300명이라는 다수의 일본병이 미군의 포로가 되었다. 이 중에는
소좌·중좌 계급의 고급 장교가 포함되어 있었다. 1941년 1월, 도조 히
데키 육상이 포달한 '전진훈'(戰陣訓, 일본군의 장교가 지켜야 할 전장〔戰場〕
도덕을 말한 것)에서는, '살아서 포로의 욕을 당하지 않는다'라는 형태로
'포로가 되는 것을 부끄러워하는 사상'이 있었는데, 종래부터 일본군
가운데 뿌리 깊었던 이 사상을 공식적으로 정식화하여 투항을 금하고

있었다. 최초의 '옥쇄'인 괌 섬의 경우, 포로가 된 일본병은 29명이고 이들은 전 병력의 1%에 지나지 않는다. 이에 비해서 사이판전의 경우, 전 병력의 약 5%가 포로가 되었다(秦郁彦, 『日本人捕虜(下)』). 또한 사이판 섬에서도 괌 섬에서도 일본군의 조직적 저항이 끝난 뒤에 정글로 도망가서 전투를 그만두는 '유병(遊兵)'화된 일본병이 다수 존재하고 있었다. 일본병의 전의는 확실히 저하하고 있었던 것이다(사진 4-3). 이 마리아나 제도가 함락되자 일본의 패전은 이제 결정적이 되었다. 이후 전국은 전망이 좋지 않은 절망적 항전기로 이행한다.

수상의 권한 강화

도조 내각은 악화되는 전국을 수상의 권한 강화로 벗어나려고 했다. 1943년 3월 도조 내각은 칙령으로 '전시행정직권특례'를 제정하여, 5대 중점 산업(철강·석탄·조선·경금속·항공기)의 생산 증강에 관하여 수상의 각성 대신에 대한 '지시'권을 인정하였다. 전전의 법령에는 법률과 칙령의 두 종류가 있고, 법률은 의회의 협찬=통과를 필요로 하는 것, 칙령은 그것을 필요로 하지 않는 것이다. 이미 말한 대로 국무 각 대신에 의한 단독보필제 아래서는 내각 총리대신은 국무대신이기도 한 각성 대신에게 명령하는 권한을 가지지 않는다. 그러나 '전시행정직권특례'의 제정에 따라 수상은 생산 증강에 관해서 행정장관으로서의 각성 대신에 대해 '지시'권이 주어져, 그 경우의 '지시'는 지휘 명령을 의미한다고 되었다. 수상의 '지시'권은 국무 각 대신에 의한 보필의 직무에까지 미치지 않는다고 하고, 또한 전시 생산의 증강에 관한 사항에 한정되어 있었다고 하여 수상의 권한 강화라고 하는 점에서는 중요한 '일보전진'이었다.

또한 이것과 관련하여 전시 생산에 관한 수상의 브레인 조직으로서 내각 고문과 전시경제협의회가 새로이 설치되었다.

나아가 1944년 2월에는 도조 히데키 육상이 참모총장을, 시마다 시게타로 해상이 군수부총장을 겸임한다고 하는 이례적인 조치가 취해졌다. 전국이 악화되자 국무와 통수의 분열, 통수부 안에서의 육해군의 대립이 심각해지는 가운데, 육해군의 내부로부터 다양한 개혁 구상이 생겨나고 있었다. 대본영 육군부(참모본부)와 대본영 해군부(군령부)를 완전히 통합하여 대본영 막료부총장 1명을 두는 안, 육상과 참모총장, 해상과 군령부총장의 겸임안 등이다. 특히 육군은 대본영의 일원화에 적극적이었지만 육군에 주도권을 빼앗길 것을 두려워한 해군이 소극적이었기 때문에 실현되지 못했다. 결국 육해군대신이 각각 통수부장을 겸임한다고 하는 위의 조치로 자리 잡았다.

군사 기구의 분립제에 직접 메스가 들어간 것은 결코 아니었지만, 그 결과 도조 수상은 육상과 참모총장을 겸임함으로써 육군에 관해서는 국무와 통수의 통합을 인적으로 실현하였다. 또한 참모총장의 자격으로 군령부총장과 직접 교섭할 수 있는 권한을 획득한 것이다 (鈴木多聞, 「軍部大臣の統帥部長兼任」).

도조에게서 떠남

그러나 도조 수상의 정치적 자산의 하나였던 강한 국민적인 지지에도 그림자가 보이기 시작하였다. 1943년 12월 4일, 오바다 도시시로(小畑敏四郎, 1885~1947년) 중장은 호소카와 모리사다(細川護貞, 1912~2005년)에게 "국내의 정치에 대해서는 민심은 이제 완전히 도조 내각으로부터 떠나 있는 것 같다. 최근까지는 비교적 상층의 지식계급만이라고 생각하고 있었는데, 금일은 상하를 통해서 떠나고 있다"라고 말하고 있다(『細川日記』). 통제파[39]의 도조와 대립하는 황도파[40] 장군의 발언인 만큼 다소 감안해서 생각할 필요가 있지만, '하층'이 '도조에게서 떠나'는 움직임이 조용히 진행되고 있다는 사태를 냉정하게 관찰하고 있는 듯 느껴진다.

본래 도조에 대한 국민의 지지는 도조 개인의 퍼포먼스에 의한 것이 크고, 제도적·정책적 뒷받침은 결여되어 있었다. 예를 들면 도조 수상은 1942년 2월 5일의 중원청원위원회에 출석하여, "국민으로부터의 청원은 헌법에서 부여한 중요한 권리이며, 또 하의상달의 하나의 중점이라고 생각한다"고 발언하여, 정부의 시책상에 민의를 반영시키는 자세를 강하게 어필하고 있다(〈아사히신문〉 1942년 2월 6일자 석간). 이 신문의 2월 5일자 석간에 의하면, 수상의 청원위원회 출석은 1910년의 가쓰라 타로(桂太郎, 1848~1913년) 수상 이래 두 번째라고 지적하고 있다.

그러나 중원통상의회별 청원의 수리건수는, 중일전쟁기의 1,000건 전후가 아시아·태평양전쟁기에는 400건 전후로 떨어지고 있

---

39 일본제국 육군의 파벌로 처음에는 폭력적 혁명 수단에 의한 국가 혁신을 기도했다. 그러나 국가 개조를 위한 직접 행동도 불사한 황도파 청년장교와 달리 그 태도를 바꾸어 합법적인 형태로 열강에 대항할 수 있는 '고도국방국가' 건설을 지향했다.

40 1920~30년대의 일본제국 육군의 보수적 파벌로 전체주의, 국가주의, 팽창주의에 입각한 정치 체제를 수립하려고 했다.

다. 1944년 2월 2일의 청원위원회에서는 반도 고타로(坂東幸太郎, 1881~1974년) 위원이 '청원자 압박에 관한 중대 문제'에 대해서 이례의 질문을 행하여, 경찰이 의회에의 청원서 제출에 간섭한 사실이 있는 것은 '하정상통권(下情上通權)의 말살'이라고 하여, 정부의 자세를 엄격하게 비판하고 있다(古川隆久, 『昭和戰中期の議会と行政』). 청원위원회에서의 도조 수상의 언명은 실질을 동반하지 않았던 것이다.

또한 엄중한 보도 통제에도 불구하고 국민이 악화되어 가는 전국을 점차로 인식하게 되었던 것도, 도조 내각에 대한 국민의 반응을 미묘한 것으로 만들었다. 1944년 2월에 해군대학교 연구부가 정리한 동교 촉탁, 고야마 이와오(高山岩男, 1905~1993년)의 구술, 「패전 의식의 종류 및 대책」은 국민의 전국 인식에 대해서 다음과 같이 지적하고 있다.

남방전선에서의 비참한 고전은 귀환 장졸의 입으로부터 새어나와 전해졌다. 특히 우리 군의 손해가 대본영 발표 및 신문에 나오지 않는 것이 있음을 알게 되면서, 정식 발표보다 배의 손해를 항상 고려하여, 모든 발표를 감안해서 들었다. 옛날만큼 대본영 발표를 신뢰하지 않으며 전과의 발표에 몰래 우리 손해를 더해서 판단하는 상태다.

도조의 초조함

도조 자신도 전국을 만회할 수 없다는 초조함 속에, 신경이 홍분되어 눈에 띌 정도로 감정적인 언동을 하게 된다. 도조 내각에 비판적인 신문기자 등의 '징벌 소집', 도조 반대파의 군인에 대한 격전지에의 전임 명령, 나카노 세이고(中野正剛, 1886~1943년) 등의 정적에 대한 철저한 탄압, 신문보도에의 이상한 관심과 집요한 검열 요청, 등등은 잘 알려져 있다. 한편 나카노는 헌병대의 취조를 받은 후에 할복자살한다.

동시에 극단적인 정신주의가 주위의 빈축을 사게 되었다. 1944년 5월, 도조 육상은 육군항공사관학교를 예고 없이 시찰했다. 이때 도조는 생도 한 사람에게, "적기는 무엇으로 떨어뜨리나"라고 질문하였다. 그 생도가 기관총이라고 답하자, "틀렸다. 적기는 정신력으로 떨어뜨리는 것이다. 따라서 기관포로도 떨어지지 않는 경우에는 몸으로 공격을 감행해서라도 격추하는 것이다. 즉 정신력이 몸으로 부딪치는 형태가 되어 나타나는 것이다"라고 설유하고 있다. 더욱이 도조는 시찰을 종료한 후 직원·생도를 모아서 훈시를 행하여, 본교의 교육에는 실망했다고 하면서, "결사적으로 용감하게 싸우는 기백의 앙양, 교육은 만사 정신주의여야 한다"고 강조하고 돌아갔다. 시찰 후 도쿠가와 요시도시(德川好敏, 1884~1963년) 교장은 직원에 대하여, "도조 대장의 지적은 일단 사리에 맞지만, 본교에는 본교의 방식이 있으므로 교장의 방침에 따라 직무에 힘쓰자"라고 지시하였다. 미야코(宮子実) 생도대장은 "생도대장으로서의 종래의 지도 방침을 바꿀 예정은 없다. 생도 제군은 지금까지처럼 더욱더 실행력, 결사 감투정신, 그리고 과학적 정신을 강화할 필요가 있다"고 훈시했다고 한다(陸軍航空士官学校史刊行会編, 『陸軍航空士官学校』). 육군의 내부에서조차 도조는 분명히 헛돌고 있었다.

도조 내각 총사직

마리아나 제도의 함락은 도조 내각에 결정적인 손해가 되었다. 미군은 바로 마리아나 제도에 거대한 항공기지 군(群)을 건설하였고, 여기에 진출해 온 최신예의 대형 폭격기 B29의 행동권 안에 대략 일본 본토의 전역이 들어가게 되었기 때문이다. 일본 본토에 대한 본격적인 공습의 개시는 이제는 필지의 사실이었다.

이미 일본 국내에서도 반도조·조기 화평이라는 방향으로 다양한 정치 세력이 고노에 후미마로의 주변에 결집하기 시작하였다. 구체적으로 말하면, 오카다 게이스케(岡田啓介, 1868~1952년) 대장·요나이 미쓰마사(米內光政, 1880~1948년) 대장 등의 해군계 중신 그룹, 해군 안의 반도조·반시마다 그룹, 육군 안의 반주류파인 '황도파' 계의 장군 그룹, 전 내대신 마키노 노부아키(牧野伸顯, 1861~1949년)의 사위이자 외교 관료인 요시다 시게루(吉田茂), 그의 협력자인 우에다 슌키치(殖田俊吉, 1890~1960년), 전시의회의 반주류파인 하토야마 이치로(鳩山一郎, 1883~1959년) 등의 동교회계 의회인 등이 그 세력이다. 또 도조와 시마다에 의한 참모총장, 군령부총장 겸임이 반도조파의 기세를 오르게 한 것도 부정할 수 없다. 이 겸임은 '통수권간범'이라는 대의명분으로 도조 내각 비판을 가능하게 했기 때문이다.

마리아나 제도의 함락을 기회로, 이들 그룹은 도조 내각 타도 공작에 나서서, 정국 유동화를 위한 방아쇠를 시마다 해상의 경질에서 찾았다. 중신 그룹 등의 움직임을 감지한 도조는 해상의 경질, 육상과 참모총장, 해상과 군령부총장의 겸임 취소, 중신의 입각 등의 조치를 취하여 반도조 그룹을 포섭해 내각의 위기를 극복하려고 하였다. 그러나 오카다나 고노에 등의 획책에 의해 요나이는 입각을 거부하고, 중신의 입각에 필요한 포스트를 확보하기 위해 사임을 요구받은 국무대신 기시 노부스케(岸信介, 1896~1987년)도 사임을 거부했기 때문에 1944년 7월 18일, 드디어 도조 내각은 총사직하였다. 이 정변의 과정에서 천황과 내대신 기도(木戶幸一)가 중신 그룹의 움직임을 지지한 것이 총사직의 결정적 요인이 되었다.

당시 도조의 육상비서관을 맡고 있던 이모토 구마오(井本熊男, 1903~2000년)는 "이 총사직 상주 때에도 내가 동반했다. 궁중을 향하는 차 안에서 도조 수상은 심각한 표정으로 혼잣말처럼 '정치를 할 게 아니다, 손자의 자손까지 정치에 관련된 것은 시키지 않는다'고 발언했지만, 나는 듣지 못한 시늉을 하고 있었다"고 회상했다(井本熊男, 「国防の基本問題を考え戦争中の経験を語る③」). 정치화한 군인이 정치에 의해 버려진 순간이지만, 그것은 군부 그 자체의 운명도 암시하고 있었다.

사이판 섬의 함락은 일반 국민에게도 큰 충격을 주었다. 경시청 관방정보과가 1944년 8월에 정리한 「최근의 제 정세 제7집」은 '민심의 동향'에 대해서, "그 전의가 매우 저조하고, (중략) 더욱이 일상생활에서도 곤궁이 한층 그 심도를 더해감에 따라 국민 사상에 준 영향도 적지 않은 것이 있다"고 하였다. 사이판 섬 함락의 영향에 대해서도, "일반 서민층에서는 이상한 충격을 느끼면서도 사기가 자못 떨치지 못하고, (중략) 대부분은 전국의 전도에 약간의 불안과 위구를 금할 수 없는 것 같다"고 보도하고 있다. 국민도 분명히 전국의 동향에 불안을 느끼기 시작하였다.

2. 전시하의 사회 변용

일본 경제의 중화학공업화

중일전쟁 이후 통제경제로 이행됨에 따라 일본 경제의 중화학공업화·군수산업화가 급속하게 진행하였다. 표 4-2는 광공업 생산액의 부문별 순위를 나타내고 있지만, 1937년과 1942년을 비교해 보면, 일본 자본주의의 발전을 지탱해 온 섬유 부문의 조락과 항공기·군공창 등의 직접적 병기 생산 부문의 '약진'이 두드러지고 있다.

1943년에 들어가면 전국의 악화에 동반하여 도조 내각은 항공기, 선박 등을 5대 중점 산업에 지정하고, 한정된 자금·자재·노동력을 중점적으로 투입하여 군수 생산을 증강하려고 도모하였다. 그러나 기획원이 담당하는 물동계획과 상공성의 통제 감독 행정과의 어긋남, 육해군 간의 대립 등에 의해서, 생산 증강은 좀처럼 궤도에 오르지 않았다. 이 때문에 1943년 11월에는 군수 생산의 일원화를 도모하기 위해, 기획원·상공성과 육해군의 항공본부를 통합하여, 새로이 군수성이 설치되었다. 또한 군수성이 설치됨에 따라 '전시행정직권특례'가 개정되어, 종래 5대 중점 산업의 생산 증강에 관한 사항에 한정되어 있었던 수상의 '지시' 권이, '중요 식료의 확보' '방공(防空)의 철저 강화' '기타 종합 국력의 확충 운용상 특별히 필요'한 사항에까지 확대되었다.

나아가 같은 해 12월에는 군수회사법의 시행에 따라 정부는 군수 회사에 지정된 민간 기업의 경영에 생산 증강이라는 견지에서 전면적으로 개입할 수 있게 되었다. 그러나 육해군의 통합이라는 점에서 보면 육해군의 항공본부가 군수성 항공병기총국에 통합된 것뿐이고, 해군함정본부, 육군병기행정본부 등의 업무는 군수성의 관할 외에 두었다. 수상 권한의 강화라는 면에서는 상당히 개혁이 이루어졌다고 해도, 군수 생산의 일원화는 마지막까지 실현되지 않았던 것이다(村井哲也,「東条内閣期に於ける戦時体制再編(下)」).

▶표 4-2. 광공업 생산액의 순위

(100만 엔)

	1937년		1942년	
①	철강	1,644	철강	2,626
②	면사	1,053	육해군공창	2,294
③	광폭면직물	734	항공기	1,930
④	제사	510	철포, 탄환, 병기류	1,915
⑤	공업약품	504	석탄	1,077
⑥	석탄	378	선박	858
⑦	선박	357	공업약품	785
⑧	육해군공창	355	특수강	753
⑨	모사	334	전기기계	633
⑩	인견사	332	의약, 매약, 동 유사품	630
⑪	종이	326	제사	590
⑫	청주	316	제재	551
⑬	전력	315	선철	502
⑭	인쇄물	258	종이	477
⑮	모직물	219	금속공작기계	449

三和良一, 「槪說日本経済史 近現代」에서.

전쟁경제의 붕괴

그래도 병기 생산 자체는 1944년까지는 어찌하였든지 증대를 계속하였다(표 4-3). 그러나 일본의 경우는 중화학공업의 생산력이 매우 낮은 단계에서 군수 생산의 급속한 확충을 개시하지 않으면 안 되었다. 그러므로 군수 산업에 자원과 자금이 중점적으로 투입되었기 때문에, 군수 생산에 필요한 각종 생산재의 생산을 저해하여 군수 생산의 기반을 스스로의 손으로 무너뜨려 가는 사태가 생긴다. 사실 표 4-3에서 보는 것처럼 아시아·태평양전쟁이 시작되자 일반 광공업의 생산지수는 급속하게 낮아진다.

▶표 4-3. 전시에 있어서 광공업 생산의 추이

(지수)

	1938	39	40	41	42	43	44	45
일반광공업	131.3	164.0	161.9	169.4	142.7	113.5	86.1	28.5
육해군병기	352	486	729	1,240	1,355	1,805	2,316	566

일반광공업은 종합지수, 기준(100)은 1935~37년 가중산술 평균.
육해군병기는 함선·항공기·탄환 기타의 일반병기를 포함, 1925년을 100으로 함. 즉 1936년은 114, 37년은 190.
安藤良雄編, 「近代日本経済史要覧」에서.

나아가 일본의 전쟁경제에서 치명적인 타격이 된 것은 개전 전 예상을 넘는 선박의 상실이었다. 기획원의 견적에서는 신조선 연평균 60만 톤을 확보하여 선박의 연간 상실량을 80~100만 톤으로 억제하는 것에 성공한다면, 1941년도의 물동계획 수준의 물자를 확보할 수 있다고 되어 있었다. 그런데 실제로는 이미 1942년도 중에 선박 상실량은 100만 톤을 넘었고, 이후 계속 급증하여 1943년 말의 선박 보유량은 개전 시의 77%로 1944년 말에는 40%까지 떨어졌다(표 4-4).

▶표 4-4. 아시아·태평양전쟁 중의 선복(船腹) 추이

(1,000총 톤)

연차	신증 기타의 증	상실 기타의 감	차인 증감	연말보유량	지수
개전 시(1941.12.8)				6,384.0	100
1941년 12월 중	44.2	51.6	△7.4	6,376.6	99
1942년	661.8	1,095.8	△434.0	5,942.6	93
1943년	1,067.1	2,065.7	△998.6	4,944.0	77
1944년	1,735.1	4,115.1	△2,380.0	2,564.0	40
1945년 8월까지	465.0	1,502.1	△1,037.1	1,526.9	24
패전 시(1945.8.15)				1,526.9	24

安藤良雄編, 「近代日本経済史要覧」에서.

그 결과, 남방에서 일본 본토로의 전략 물자의 수송은 불가능하게 되고, 일본의 전쟁경제는 소리를 내면서 붕괴하기 시작하였다. 또 해상수송로의 두절은 '대동아공영권' 내부에서의 물류도 불가능하게 하여, 결정적으로 생활필수품이 부족하게 되었다. 이 때문에 군표에 대신하는 남방개발금고권(南方開發金庫券, The Southern Development Bank Notes)의 남발과 더불어 중국이나 동남아시아의 점령지에서는 심각한 악성인플레이션이 발생하게 된다.

그러나 전쟁경제가 붕괴됨에도 불구하고 중화학공업화의 급속한 전개는 일본 사회를 크게 변모시켰다. 산업별 인구 구성의 변화가 그것을 잘 나타내고 있다. 1932년부터 1944년 사이에 농림업 등 제1차 산업의 인구는 1,500만 명에서 1,403만 명으로, 약 100만 명 감소하였다. 농업 생산의 유지, 병사의 공급원으로서의 농촌을 중시하는 정책을 반영한 것이라고 생각되지만, 그 정도 감소는 상대적으로 보면

큰 것은 아니다. 이에 비해서 상업·공무·서비스업 등의 제3차 산업의 인구는 926만 명에서 756만 명으로 170만 명 감소하여, 그중에서도 상업과 음식점은 524만 명에서 188만 명으로, 336만 명이나 감소하고 있다. 한편 광업·제조업 등의 제2차 산업의 인구는 이 사이 595만 명에서 1,011만 명으로, 416만 명이나 증대하고 있다(中村隆英編,『日本経済史 7』).

또한 통제경제가 강화되는 가운데 이제까지 일본 경제를 지배해온 재벌의 내부에도 새로운 변화가 생기고 있었다. 군수회사법의 제정에 기초한 생산책임제를 도입하게 되어 대주주나 주주총회의 권한은 상당한 정도로 억제되었고, 국가 의사를 체현한 생산 책임자=경영자 우위의 원칙이 확립하였다. 주식 보유에 의한 재벌의 기업 지배가 해체되는 것은 패전 후 재벌이 해체되기를 기다려야 했지만, 통제경제를 강화함에 따라 '소유와 경영의 분리'가 확실하게 진행된 것은 부정할 수 없다(下谷政弘ほか編,『戦時日本経済の研究』).

총력전과 농촌의 변용

여기서 주목할 필요가 있는 것은 총력전의 수행이 경제만이 아니라, 구래의 사회 질서나 사회 관계를 크게 변화시켰다는 역사적 현실이다. 야마노우치 야스시(山之内靖)의『총력전과 현대화』가 강조하고 있는 것처럼, 총력전 아래에서의 전시동원은 종래, 근대 국민국가의 하층이나 주변에 위치하고 있던 사람들의 적극적인 전쟁 협력을 필수 불가결한 것으로 하였다. 이 때문에 국가는 '국민공동체'의 일체성을 강하게 할 필요에 직면하여 다양한 사회 정책을 실시하고, 노동자—자본가 관계나 지주—소작 관계에도 개입하여, 구래의 사회 질서나 사회 관계의 개혁에 들어가지 않을 수 없었다. 그 결과 사회의 근대화·현대화가 전시하에 진행된다.

조금 구체적으로 보기로 하자. 농촌에서는 노동력과 비료가 심각하게 부족해 쌀 등의 식량 증산이 국가의 최우선 과제가 되었다. 이 때문에 중일전쟁 개전 후의 1938년 4월에는 농지조정법이 공포되어, 자작농 창설 사업을 위한 법체계의 정비, 소작인의 권리 확보가 논의되어, 1939년 12월 공포된 소작료 통제령에 의해 소작료의 인상이 정지되었다. 농지 가격에 대해서도 1941년 1월에 임시농지가격 통제령이 공포되어, 지가의 등귀가 자작농 창설 사업을 저해하지 않도록 농지 매매 가격 인상이 정지된다.

또 1939년경부터 쌀 부족이 심각해져, 주요 식량의 배급제가 순차(順次) 실시로 옮겨가는 가운데, 1942년 2월 공포된 식량관리법에 의해 미곡 국가관리 제도가 확립한다. 이 제도 아래서는 생산자·지주가 자가보유미를 제외한 일체의 쌀을 정부에 공출하고, 소비자는 정부로부터 쌀 배급을 받게 된다. 그러나 그때 인플레를 억제하면서 생산자의 공출 의욕을 자극하기 위해서 소비자 쌀값을 생산자 쌀값보다 낮게 설정하는 이중가격제도가 채용되었다. 나아가 생산자와 지주를 구별하여, 생산자에게는 생산장려금을 보급하는 조치가 취해짐과 동시에, 공출제도에 의해 소작료는 사실상 현물납에서 금납으로 이행하였다. 공출은 지주를 대신한 소작인이 행하고, 지주에 대해서는 그 대금을 지불하면 되었기 때문이다.

이렇게 증산이 지상 명령이 되는 가운데 정부는 직접생산자인 소

작농을 보호하는 정책을 취하지 않을 수 없게 되고, 결과적으로는 기생지주제는 전시하에서 크게 후퇴하게 되었다. 사실, 1940년 산미의 현물 소작료율을 50%로 한 경우의 대금납 소작료율은 1941 및 42년도 산미로는 44.9%에, 1943 및 44년도 산미로는 37.6%에 1945년 산미로는 29.7%까지 떨어지고 있다(暉峻衆三編, 『日本農業100年のあゆみ』).

총력전과 노자 관계

노자(勞資) 관계 면에서는 산업보국운동의 중앙지도기관인 산업보국연맹이 신체제운동의 일환으로서 1940년 11월에 대일본산업보국회(산보)로 개조되었다. 산업보국운동이란 '노사일체·산업보국'의 정신을 강조하는 우익적이고 일본주의적인 노동운동의 조류다. 이에 따라 모든 노동조합은 어쩔 수 없이 해산했지만, 이 산보는 중앙본부 아래에 도·부·현 조직, 각 경찰서의 관내별로 만들어진 지부 조직, 공장·사업장별 단위 산보라는 하부 조직을 가진 노동자 통제 단체다. 1941년까지 회원수 약 547만 명, 조직률 70%의 거대 조직으로 성장하였다. 나아가 1941년 8월에는 정부의 통지에 따라 단위 산보의 기본 조직을 각 직장의 직제기구와 일체화한 부대 편성으로 개편하여 최말단의 노동자 통제 조직으로 5인조를 두었다.

한편 군수 산업의 급속한 확충으로 다수의 신 노동력이 필요했는데, 그 공급원이 된 것은 1940년부터 시작된 중소영세상공업의 기업 정비 결과 실업자로 떨어진 사람이고, 그들을 군수 산업으로 강제 취로하게끔 지탱한 것이 국민징용령이었다. 그 의미는 곧 통제경제하에서 군수 산업을 확충시킨 것은 전통적인 산업 구조나 그 배후에 있는 사회 관계를 외부에서 강권적으로 변용시키는 역할을 했다는 것이다.

그러나 실업자로 전락한 징용공의 노동 의욕은 매우 낮았다. 그들은 공장 노동에 간단하게 적응할 수 없었고, 노무 관리가 갖춰지지 않거나 자재가 부족한 경우도 있어, 이미 1942년 후반기부터 '지각 조퇴자의 증가' '결근자의 격증' '도주자의 속출' '직장에서의 태업 경향'이 전국적으로 퍼지는 '노동 정세의 악화'가 현저해졌다(内務省 警報局 編, 『社会運動の状況14 昭和17年』).

1943년 4월 주요 항공기 관련 공장의 결근율을 보면, 나카지마(中島) 비행기 오타(太田) 제작소의 결근율이 남=11.8%, 여=12.9%, 같은 무사시(武藏) 제작소가 남=14.5%, 여=20.0%, 미쓰비시중공업 나고야(名古屋) 항공기제작소가 남=18.4%, 여=26.7%, 가와사키(川崎) 항공기공업 아카시(明石) 발동기공장 고베(神戸) 분공장이 남=20.0%, 여=43.8%이다. 병결자를 포함한 숫자라고 생각되지만, 노동 의욕의 저하나 노무 관리 체제의 이완은 이미 분명하다(西成田豊, 『近代日本労資関係史の研究』).

그렇다고 해도 전후로 연결되는 것 같은 새로운 변화의 싹이 노자 관계 가운데 생기기 시작한 것도 사실이다. '근로'의 국가적 성격이 강조되는 가운데, 종래 전혀 다른 신분 계층에 속하고 있던 직원과 현장 노동자의 신분적 차별이 엷어지고, '종업원'이라는 공통 의식이 형성되기 시작한 것, 노동자의 생활 악화에 대응하기 위해, 가족수당 등의 지급이 시작되고, 능률급보다도 생활급이 중시되게 된 것, 임금 통제가 이루어진 가운데, 연공서열형 임금이 확대되고 있던 것, 등등의 사례를 들 수 있다. 또 노동자 통제 조직으로서의 산업보국회도 그것이 전후 기업별 노동조합의 하나의 모체가 된 것은 부정할 수 없을 것이다.

여성의 동원

여성의 사회적 지위에 대해서도 같은 것을 지적할 수 있다. 여성은 가정에 남아 집안을 지킨다는 전통적인 가치관에 의한 제약이 있었지만, 대규모 병력 동원에 따른 심각한 노동력 부족은 국가에 의한 노무동원정책을 통해서 다수의 여성 노동자를 만들어 냈다. 전쟁은 여성의 사회 진출을 가속시킨 것이다. 제조업에서 여성 노동자 수는 1930년 10월 시점에서 144만 1천 명, 그것이 1944년 2월에는 220만 2천 명까지 증대하고 있다. 또 고등여학교(여자중등교육기관) 재적자의 근로동원, 졸업자의 여자정신대로서의 동원도 큰 사회적 의미를 가졌다. 당시 중류 이상 가정의 딸은 고등여학교 졸업 후 집안에 있으며 가업이나 가사를 돕고, 재봉이나 요리 등의 '신부수업'을 하면서 결혼을 기다리는 것이 일반적이었다. 졸업 후 취직하는 자도 있었지만 '직업부인'은 결혼이 멀어진다고 하여 일부러 피하고, 공장 노동자를 '직공' '여공'으로 천시하는 풍조도 뿌리 깊었다. 전국이 악화됨에 따라 미혼 여성이 공장으로 동원된 것은 이러한 전통적인 노동관을 변용시켰고, 학교를 졸업한 여성이 결혼하기까지의 일정 기간 동안 직업을 갖는다는 새로운 관행을 정착시키는 계기가 되었다(板垣邦子, 「農村」).

전시하 근로동원소녀회 편의 『기록―소녀들의 근로동원』을 보더라도, 근로동원의 가혹한 실태와 함께 남녀가 같은 직장에서 일한다는

새로운 경험, 고등여학교에 진학할 수 없었던 가난한 여공들과의 접촉
과 교류, "우리들만의 사회 가운데서 왠지 모르게 차별적으로 보고 있
었던 사람들의 신상에도 이것저것 생각하게 되었다"고 하는 의식 변
화 등 근로동원이 가져온 다양한 사회적 임팩트를 읽어낼 수가 있다.

전쟁은 또한 일반 주부에게도 가정 외의 활동 장소를 제공했다.
국방부인회, 동회나 대일본연합부인회 등을 통합하여 1942년 2월에
결성된 대일본부인회 등의 여성 단체의 활동, 부락회·정내회의 행정
보조 업무, 익찬회나 농회 등의 각종 단체 활동 등이 그것이다. 예를
들면 도쿄 시 전시생활국 정회과(町會課)의 조사에 의하면 도쿄 시의
인조(隣組, 제2차 대전 당시 국민 통제를 위해 만든 최말단 지역 조직―옮긴이) 수
는 11만 6,971, 이 가운데 남성이 조장인 것이 10만 8,205, 여성이 조
장인 것이 8,766이다. 남성이 조장인 경우에도 "실제 문제의 대부분은
상시 가정을 지키는 부인에게 대부분 조(組)의 사무를 처리시키지 않
으면 안 되는" 상황에 있었다. 이렇게 전시 체제는 여성에게 새로운 활
동의 장소를 제공하였다. 다만 그것이 여성의 사회 진출 의욕을 전쟁
협력으로 바꾸어 가는 기능을 가지고 있었다는 것도 놓쳐서는 안 될
것이다.

'전쟁 미망인'

증대하는 '전쟁 미망인'의 존재도 전시하에서 여성의 사회적 지
위 문제와 관련하고 있다. 중일전쟁 이후 전사자의 유족에게 주어진
일시 하사금과 유족 부조료(扶助料)를 둘러싸고 충돌이 다발하고 있

었다. 민법상은 호주의 권한이 강했기 때문에
호주의 거소(居所) 지정권[41] 등을 남용하여, 전
사자의 아버지가 전사자의 처를 이적(離籍)하
여 수급 자격을 빼앗으려고 하는 케이스 등이
그 전형이다. 또 내연의 처에게는 법률상, 유족
부조료의 수급 자격이 없는 것도 큰 문제였다.
전장에서 죽어 가는 남성 측에서라면 최대의
관심사는 남은 처나 자녀의 생활 문제다. 따라
서 정부로서는 남자들이 '후환' 없이 안심하고
죽어갈 수 있는 '환경 정비'를 위해서 이러한
충돌에 적극적으로 개입하여 전사자 처의 입
장을 후원하지 않을 수 없다. 사실 1939년에는
부조료에 관련하는 가정 내 분쟁을 해결하기

▶그림 4-4. 군인원호행정을 맡은 군
사보호원이 1944년 1월에 작성한 유
족을 위한 소책자. 첫 페이지에 '유족
의 맹세'가 있다. '우리 유족은 가문의
명예를 생각하여 사심을 버리고 일가
의 화합을 도모합니다' 등이 있다(永
瀬一哉編, 『太平洋戦争·海軍機関兵の戦
死』).

위해서 인사조정법이 제정되어, 1940년의 은급법 개정에서는 조건부
지만, 내연의 처나 그 자녀에게 부조료 등의 수급 자격이 인정되었다.
1941년에는 이적을 정한 민법 제749조 제3항에 재판소에 의한 허가제
가 도입되어 호주권의 남용에 제한이 더해지게 되었다.

　　또 군인원호행정 면에서도 1938년 5월 이후 전국 시구정촌별
로 직원·의원·방면위원 등으로 구성된 군사원호상담소를 설치하여,
1941년 1월부터는 시구정촌 총후봉공회(銃後奉公會)[42]에 부인상담원
의 설치가 추진되었다. 어느 것이나 전사자 유가족의 가정 내 분쟁 해

41　타인의 주거를 지정하는 권리.
42　1939년 후생·내무·육군·해군의 4대신의 훈령으로 전국의 시정촌에 설립되었다. 이 단
　　체의 주요 사업은 병역 의무심의 고양, 군인·상이군인 및 유가족의 원호, 노동 봉사였다.

결이 중요한 직무의 하나다. 이렇게 정부는 '전쟁 미망인' 문제에서 여성의 법적, 사회적 지위를 강화하는 정책을 취하지 않을 수 없고, 이것에 의해 결과적으로 전통적인 '가(家)' 제도의 해체를 촉진한 것이다 (吉田裕,「アジア·太平洋戰爭の戰場と兵士」).

'전쟁 미망인'이나 출정 병사의 처를 둘러싼 문제에서 심각한 것은 그녀들에게 성적 관계를 강요하는 남자들의 존재다. 1943년 4월에 내무성 경보국 경무과가 정리한「출정 군인 유족, 가족을 둘러싼 사범의 상황」은 "군사원호와 관계 있는 공직자, 지방 유력자의 범죄가 의외로 많다"고 한 다음에, "풍속사범에 대해서도 물자배급, 군사원호, 취직알선 등의 이름을 빌려 유가족의 가택에 침입하여 정교를 강요하고, 혹은 그 은의를 배경으로 반 강제적으로 간음하는 사례가 많은 것은 차마 유감이라고 하지 않을 수 없다"라고 지적하고 있다. 또한 이 보고서는「유가족인 부인의 사회적 진출에 기초한 사범」에도 다음과 같이 언급하고 있다.

종래 가정의 틀 안에 평화로운 생활을 계속하고 있던 주부가 사회적으로도 경제적으로도 한 집안의 지주가 되어 가계 유지를 위해, 근로에 종사하지 않을 수 없게 되어 자연 주위에서 유혹을 받고 범죄의 기회도 많아진다. (중략) 직장에서 동료인 남성, 고용주 등으로부터의 유혹에 의해 그 순결을 □(판독 불능)하는 경우도 많고, 특히 그 영업의 상태가 접객업인 경우에서 매우 많다.

'유혹'이라는 형태로 묶여 있지만, 현대풍으로 말하면 여성의 사회적 진출에 따른 성희롱 문제로 간주할 수 있을 것이다.

학생·생도의 동원

마지막으로 학생·생도의 동원에 관해서도 간단하게 보기로 하자. 중학교·고등학교·대학 등에 재적하는 학생·생도가 군수공장이나 농촌으로 동원된 것은 중일전쟁기부터 시작되었지만, 본격화한 것은 아시아·태평양전쟁의 개전 이후의 일이다. 1943년 6월, 정부는 「학도전시동원체제확립요강」의 각의 결정에 따라, 학생·생도의 근로동원을 강화할 것을 결정하였다. 계속해서 1944년 3월에는 「결전비상조치요강에 기초한 학도동원실시요강」의 각의 결정에 의해, 중학교 이상 학교의 학생·생도를 상시, 군수공장 등에 배치하는 것이 결정되었다. 이들의 조치에 의해 학생·생도는 전시에서 노동력동원정책의 중요한 일익을 담당하게 되고, 패전 시에 동원 학도 수는 약 193만 명에나 달하고 있다. 한편 1945년 3월의 「결전교육조치요강」의 각의 결정에 따라, 국민학교 초등과(소학교)를 제외한 모든 학교의 수업이 1년간 정지되었다. 학교는 그 본래의 기능을 잃은 것이다.

병력 동원의 면에서는 '학도출진'[43]이 중요하다. 당시의 병역법은 중학교 이상 학교의 재적자에게 24세까지 징집을 연기하는 것을 인정하고 있었다. 그러나 병력 동원의 확대에 따라 하급 장교가 부족해지는 심각한 사태에 대응하기 위해, 정부는 1943년 10월에 '재학징집연기임시특례'를 공포하여, 징집연기제의 폐지(이공계 등을 제외함)를 단행하였다. 그 결과 많은 학생이 바로 징병검사를 받고 같은 해 말에는 약 10만 명의 학생이 입영한다. 이 징병검사에 앞서 10월 21일에는 메이

---

43 1943년에 병력 부족을 보충하기 위해 고등교육기관에 재적하는 20세 이상의 문과계(및 농학부 농업경제학과의 일부) 학생을 재학 도중에 징병하여 출정시킨 것.

▶사진 4-5. 해군의 소년비행병(豫科練)이 된 학우를 보내는 중학생. 1944년의 이 시점에서는 물자가 부족했기 때문에 왜나막신이 보통이었고, 옷도 누덕누덕 기운 것이다. 제모도 전투모로 바뀌었지만, 학생모에 집착을 가진 생도도 있었다(信濃每日新聞社出版局編, 『写真集 信州子どもの20世紀』).

▶사진 4-6. 1943년 10월 21일, '출진학도장행회'가 거행된 메이지신궁 외원경기장(현재의 국립육상경기장)에 세워진 기념비. "학업 중도에 육지로 바다로 하늘로 나가 돌아오지 못한 친구의 심정을 생각하여, ……영원의 평화를 기원한다"고 새겨져 있다(蜷川壽惠, 『学徒出陣』).

지신궁 외원(外苑) 경기장에서 '출진학도장행회'가 거행되었다(사진 4-6).

'학도출진'이 가진 역사적 의미는 다의적이다. 입영한 학생들은 일본 군대의 비인간성과 비합리성에 괴로워하면서 그들의 부조리한 취급에 분노를 느끼게 되었다. 간부후보생과 예비학생 등을 거쳐, 하급의 예비장교가 된 자도, 육군사관학교나 해군병학교 출신의 정규장교로부터는 철저하게 차별을 받았다. 예를 들면 육군 특공대원의 경우, 전체 전사자 가운데 장교의 탑승원이 차지하는 비율은 45%지만, 그 장교 전사자의 71%가 학도병 출신자다. 해군의 경우는 장교 탑승원의 전사자는 전체의 32%, 그 중에서 학도병 출신자가 차지하는 비율은 85%나 된다(山口宗之, 『陸軍と海軍』, 蜷川壽惠, 『学徒出陣』). 학도병은 장교 중의 '소모품'으로 취급된 것이다.

그 결과 살아남은 학도병들은 군대나 군인에 대한 강한 반감을 지니고 전후사회에 복귀해 가게 된다. 그것은 경제 회복에서 고도경제성장을 맡은 일본 사회의 엘리트들의 정치 문화에 무시할 수 없는 영향을 미치고 있다.

군대는 또 그들에게 있어서 다른 계층의 사람들과 처음 접촉하는 장소이기도 하였다. 1943년 12월에 입영한 도쿄제국대학 출신의 나카노 다카시(中野卓)는 자신의 군대 생활에 대하여, "물론 전투 기술이 그 사이에 주입된 것은 개죽음이 되지 않는 데 도움이 되었습니다. 그 이상 중요하게 배웠던 것은 대학 등에서는 불가능한, 농민이나 광부, 공원, 점원들과 함께 단기간에 같은 병졸로서의 생활을 체험할 수 있던 것"이라고 쓰고 있다(中野卓, 『「学徒出陣」前後』).

학도병은 당시의 같은 세대 젊은이 가운데서 2~3%를 차지하는 데 지나지 않는 엘리트 집단이다. 그런 그들의 군대 경험은 이 나라의 학문이나 문화의 존재 양태에도 큰 영향을 미치고 있을 것이다. 그것을 다양한 각도에서 다면적으로 검증해 볼 필요가 있을 것이다.

이상, 전후에 이어지는 새로운 사회적 변화에 대해서 살펴보았다. 전시와 전후의 연속이라는 이 문제에는 모리 다케마로(森武麿)의 「총력전·파시즘·전후개혁」이 신중하게 정리하고 있듯, 정책상의 이념과 현실과의 괴리, 전후개혁기나 고도성장기에서의 변화와 관련 등, 단순화 할 수 없는 복잡한 문제가 내포되어 있다. 그러나 적어도 총력전의 수행이라는 국가적 요청이 사회적 변화를 가속시키는 면이 있었던 것은 확실하다.

미국화(Americanization)의 지하수맥

동시에 사정(射程)을 조금 앞으로 당겨서 전시 체제 이전에 생긴

사회적 변화나 사회 의식이 전시 체제 아래서도 복류수와 같은 형태로 존재하고, 전후로 연결되고 있는 사례가 있다는 것에도 사방을 살필 필요가 있다. 그 전형적인 예가 미국화의 역사다. 1930년 전후부터 35, 6년경까지의 일본 사회에서는 미국적 생활 양식을 동경의 대상으로 삼는 '모던생활'이 도시부를 중심으로 성립하고 있었다. 중일전쟁 이후 국민 생활이 악화되자 '모던생활'의 물적 기반은 잃어버렸지만, 아시아·태평양전쟁이 시작되기까지 할리우드 영화의 인기가 압도적이었던 것처럼, 문화면에서의 영향력은 여전히 컸다. 1932년에 태어난 작가 고바야시 노부히코(小林信彦)는 "영화라고 하면 미국 영화, 라고 나는 생각하고 있다(일본 영화는 학교에서 강제적으로 보게 하는 것뿐이 없었다)"고 하면서, 1939, 40년에 도쿄의 시타마치(下町)[44]에서 최고조에 달한 '타는 듯한 미국주의'가 개전까지 계속됐다고 회상하고 있다(小林信彦, 『一少年の観た〈聖戦〉』).

덧붙여서 배우이자 만담가인 도쿠가와 무세이(德川夢声, 1894~1971년)는 개전 후 1942년 12월 22일에 일본군이 압수한 미국 영화 '바람과 함께 사라지다'를 싱가포르에서 보고 있다. 이 영화는 1939년에 미국에서 공개되어 크게 히트한 장편 컬러 영화인데, 도쿠가와는 그 감상을 그날의 일기에 다음과 같이 써서 남기고 있다(『夢声戦争日記 2』).

그런데 이것은 영화인데 이것을 보는 중 나는 '아무리 해도 지금의 전쟁은 성공하지 못할지도 모른다'고 하는 기분이 점점 강하게 들었다. 이

---

44 아사쿠사(淺草)·시타야(下谷)·간다(神田)·니혼바시(日本橋)·교바시(京橋)·혼조(本所)·후카가와(深川) 등의 지역을 말한다.

'바람과 함께 사라지다'를 제작할 수 있는 나라와 근대 병기의 전쟁을 해도 도저히 안 될 것이라는 생각을 했던 것이다.

미국 영화가 가진 영향력의 일단을 이야기하는 에피소드다.

반미 캠페인

미국 영화가 사실상 상영이 금지되고, 프린트가 몰수되는 것은 아시아·태평양전쟁 개전 직후의 일이다. 이러한 미국화 역사가 존재하게 된 것은 일본인의 전의(戰意)의 존재 양태 자체에도 미묘한 영향을 미친 것으로 보인다. 이 점에서 주목할 만한 것은 일본 국내의 적개심을 부추기는 것 같은 반미적인 전시캠페인이 본격화한 것은 1943년에 들어서부터의 일이라는 사실이다. 『사진주보(写真週報)』[45]는 정부의 광보지인데, 1943년 2월 3일자의 제257호의 '당시의 팻말(時の立札)'이란 지면에, "옛날 옛날 어느 곳에 구미에서 가져온 물건을 신기하게 여겨, 일본인에게는 전혀 알 수 없는 약과 화장품, 간판이 있었습니다"라는 표어가 게재되었다. 배경은 철조망으로 격리된 성조기의 사진이다. 더욱이 이 잡지는 '미·영 레코드를 쫓아버리자' '간판에서 미영색을 말살하자'라는 슬로건을 내걸었다. 이것을 계기로 레코드 연주를 포함한 재즈 등의 영·미 음악 연주가 금지되고, 가두에서 영어

---

45 내각 정보부(나중의 내각 정보국)가 편집 간행한 국내외용의 국책 잡지. 1938년 2월 16일 호부터 1945년 7월 11일호까지 간행되었다. 내각 인쇄국에서 인쇄 제본하여 최대 20만 부를 발간하였다. '時の立札'난은 1941년 11월 5일호부터 이 잡지의 2쪽(표지의 뒷면)에 등장하였다. 이후 국민에게 전쟁 협력을 호소하는 시(詩)가 실렸다.

간판이 철거되었다. 또 영어 잡지명이나 회사명도 어쩔 수 없이 개명되어, 문화와 사회에서 철저한 '일본화'가 실현되어 간 것이다.

신문 보도에서도 1943년 1월 30일자 〈아사히신문〉이 "끊임없는 공습 아래 피투성이의 사투, 총후(銃後)도 계속되는 남(南)의 돌격"이라는 표제로 솔로몬 제도를 둘러싼 공방전을 문제 삼아, '미영병의 잔학성'에 대해 언급하였다. 계속해서 1월 30일·31일·2월 2일자의 석간도 '미국을 쳐부수자'라는 선풍적인 연재를 게재하여, 『사진주보』에 동조하였다.

나아가 1944년 후반경부터는 '귀축(鬼畜) 미·영'이라는 슬로건이 신문에 등장한다. 적의 비인간화는 전시 선전 활동의 상도지만, 그것이 심해져서 미·영은 이제는 귀신이나 짐승이 되었다. 이것은 또 정부의 세론지도 방침의 직접적인 결과이기도 했다. 1944년 10월 6일에 각의 결정된 「결전여론지도 방책요강」은 '적에 대한 적개심의 격성(激成)'에 관하여 다음과 같이 지시하고 있었다.

미·영 지도자의 야망이 이번 전쟁을 유발한 사실을 해명하고, 또 미영인의 잔인성을 실례를 들어 나타내며, 이번 전쟁에서 저들의 포학한 행위를 폭로한다.

이상과 같이 극단적인 반미 캠페인이 전개된 것은 과달카날 섬을 둘러싼 공방전에서 패배한 이후의 일이었다. 그 이유로는 이 시기까지 일본 정부나 군부도 대미전의 중요성을 충분히 인식하지 못하고 있던 것을 지적할 수 있을 것이다. 그것과 동시에 억류 중인 주일미국대사 그루(J. Clark Grew, 1880~1965년)가 1942년 2월 16일의 일기에, "민중 사이에는 근본적인 미국 증오가 존재하지 않는 것 같다"고 쓰고 있는 것처럼(Grew, 『滯日 10年 (下)』), 국민 사이에 미국에 대한 강고한 적개심이 존재하지 않는다는 사정도 관계하고 있었다.

미국에의 동경

물론 포로수용소에서 미군병 포로에 대한 학대는 심각한 문제였으며, 일본 본토에 대한 미군의 공습이 시작되자, 격추되어 낙하산에서 내려온 미군병을 민간인이 참살하는 사건이 다발했다. 특히 포로의 학대는 심각한 문제였다(사진 4-7). 미국의 민간억류자 단체의 조사에 의하면, 제2차 세계대전 중에 독일군의 포로가 된 미군병은 9만 6,614명, 포로 기간 중의 사망자 수는 1,121명으로 사망률은 1.2%다. 이에 비해서 일본군의 포로가 된 미군병은 3만 3,587명, 사망자 수는 1만 2,526명으로 사망률은 37.3%에나 달하고 있다(内海愛子,『日本軍の捕虜政策』). 포로 정책의 비인도성이라는 점에서 말하면 항변의 여지가 없는 숫자다.

그러나 그 한편, 전시하에 있어도 미국에 대해서 동경의 감정을 품는 사람들이 확실하게 존재하였다. 정보국의 『황국 내외의 정세(제17호)』(1943년 11월)는 '극단적인 예'라고 하면서도 "교환선으로 귀조한 미국 문화를 몸에 지닌 사람들—아무튼 미국의 방대한 군수 생산력을 의식적으로 선전하거

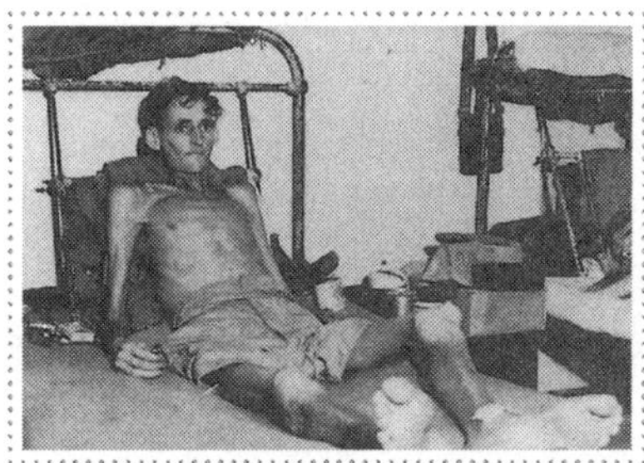

▶사진 4-7. 일본군 포로수용소에서 영양실조가 된 오스트레일리아군 병사. 일본군의 포로가 된 동국병사의 3분의 1이 수용소에서 사망했다(아시아민중법정준비회 편, 『写真図説 日本の侵略』).

나, 전시하라고 해도 화려한 미국의 생활, 게다가 그 식료품의 풍부함을 선전하는 사람들에게 호감을 보내고, 의식적으로 접촉하려고 하는 이른바 인텔리 청장년층"의 존재에 위구를 표명하고 있다. '교환선'이란 억류하고 있던 교전국의 외교관이나 비즈니스맨 등을 상호 자국에 귀국시키는 '전시교환선'의 일이다.

또 연합군의 포로에게 직접 접촉을 시도한 사람도 있었다. 1942년 9월에는 마루가메(丸亀) 고등여학교의 여자 생도 6명이 '백인 포로'에게 사인을 요구하여 큰 문제가 되었으며(『復刻版 外事月報 7』), 공장에서 일하는 연합군 포로의 경우 "동정을 보내고 혹은 이욕(利慾) 에 빠져 저들의 애원을 듣고 몰래 기호물을 알선하는" 일본인 노동자도 끊이지 않았다(『復刻版 外事月報 8』).

미국인의 멸칭

이 친근감의 문제에 대해서는 필리핀 전선에서 미군의 포로가 된 후지오카 아키요시(藤岡明義) 의 다음 회상이 참고가 된다(藤岡明義, 『合冊 初陣の記 敗残の記』).

싸우고 있을 때에는 서로 상대방을 경멸·모욕하는 명칭이 있는 것이다. 지나사변 때에는 일본병은 지나병을 '챤고로'라고 불렀다. 태평양전쟁때, 미군병의 일을 무엇이라고 불렀는가라고 미군병에게 물어보고 답변에 곤란했다. (중략) 모두가 교대로 '베상' '아메공' 혹은 '양키'라고 답하자, "그것은 멸칭이 아니다, 오히려 친칭(親稱)[46]이다. 우리들은 일본병을 '잽(Jap)'이라고 불렀다. 그것에 상응하는 것이 있을 것이다"라고 말하지만, 사실 '미군병'이라고 하는 정식 명칭뿐이 없었다.

후지오카는 "일본인의 심정에는 구미(歐美)를 존경하는 생각이 흐르고 있고, 모욕의 멸칭은 생기지 않았을 것이다"라고 지적하고 있지만, 확실히 그런 면은 부정할 수 없다. 그것은 메이지유신 이래의 '탈아입구(脫亞入歐)' 노선[47]의 하나의 이론적 귀결이었다. 다만 중일전쟁 중의 반영운동의 고양에 보이는 것처럼, 아시아에 많은 식민지를 보유하는 영국에 대해서는 큰 반감이 존재하고 있었기 때문에, 미국과 영국은 구별해서 생각하지 않으면 안 된다. 그러나 적어도 미국에 관해서는 그런 반감은 그다지 보이지 않는다. 오히려 미국화의 긴 역사가 확고하게 존재하고, '귀축 미·영'의 시대에서도 그것이 근절되지 않은 것이 중요할 것이다. 패전 후 미국에 의한 점령을 자연적으로 받아들인 것이 가능했던 역사적 전제가 생활 문화 면에서도 존재한 것이다.

---

46 친한 상대나 자기보다 아래 혹은 동격의 상대에 대해 사용하는 2인칭 대명사를 말한다.
47 후쿠자와 유키치(福沢諭吉)가 "일본은 독립할 능력이 없는 조선·중국과 같은 동방의 악우(惡友)들과 손을 끊고 아시아에서 벗어나야 한다"고 말한 것에서 나왔다.

제5장 패전

원폭 투하 직후의 1945년 8월 10일,
나가사키의 폭심지로부터 북쪽으로 3.6킬로
미터 떨어진 미치노오〔道ノ尾〕 역에서, 응급
처치의 순서를 기다리는 피폭된 모자〔야마하
타 요스케〔山端庸介, 1917~1966년〕 촬영).

1. 전장과 병사

항전하의 절망적인 병사

1944년 10월 10일, 미국의 기동부대는 오키나와를 공습하고 이후 타이완과 필리핀의 루손 섬에 격렬한 파상 공격을 가했다. 이에 대해서 규슈나 타이완에서 작전을 하고 있던 기지항공부대는 전력을 다해 반격을 실시하였다. 19일자의 대본영 발표는 공모 11척, 전함 2척, 순양함 등 4척을 격침, 공모 등 28척을 격파했다고 보도했다. 이른바 타이완·오키나와 항공전이다. 국내는 오랜만의 큰 전과에 열광했지만 실제로 미군에 준 손해는 중순양함(重巡洋艦) 2척을 격파한 것뿐이고, 역으로 일본군은 300기 이상을 잃어버렸다. 훈련이 불충분하고 기량이 미숙한 파일럿의 과대한 보고를 군 상층부가 잘 이해하지 못하고, 종합적인 전과 판정을 게을리한 것이 이 환상의 전과를 만든 것이다.

계속해서 20일에는 미군의 4개 사단이 필리핀의 레이테(Leyte) 섬에 상륙을 개시했지만, 타이완·오키나와 항공전에서 미국의 기동부대에 괴멸적 타격을 주었다고 잘못 믿고 있던 대본영은 루손 섬에서의 결전이라는 종래의 작전 계획을 방기하여, 레이테결전으로 전환하였다. 이 때문에 레이테 섬으로 증원 수송이 이루어졌지만, 미군의 공격에 의해 다수의 함선을 잃어버렸다. 한편 연합함대는 잔존한 수상부대의 총력을 올려 레이테 만으로 돌입을 시도했는데, 미국함대에 의해 저지당했다. 이 레이테·오키나와 해전에서 일본 해군은 공모=4척, 전함=3척, 순양함=10척, 구축함=11척, 잠수함=1척을 잃어버리고 연합함대는 사실상 소멸한다.

그 후 지상전에서도 일본군은 미군에게 압도되어, 12월 하순 대본영은 레이테결전을 단념하지만, 그 레이테결전의 실패로 필리핀 방위전의 패배는 결정적이 되었다. 미군은 12월 15일에는 민도르 (Mindoro) 섬으로의 상륙을, 다음 1945년 1월 9일에는 루손 섬으로의 상륙을 개시하는데, 이미 이 시점에서 미군의 공세를 저지할 힘은 일본군에게 남아 있지 않았다.

이오 섬·오키나와의 싸움

필리핀을 대략 공략한 미군은 1945년 2월 19일에는 이오 섬에 상륙하여, 이후 미·일 양군 사이에서 일찍이 없었던 격전이 전개되는데, 약 1개월 후에는 일본군 수비대가 전멸했다. 계속해서 4월 1일에는 오키나와 본도에 미군이 상륙하여 격전 끝에 6월 말에는 일본군의 조직적 저항이 종막을 고한다. 이 오키나와전에서 특징적인 것은 일본군

전의의 저하다. 미군의 상륙 이전부터 현지에서 소집된 초년병 등이 도망가는 일이 잇달아, 상륙 후에는 부상당해 움직일 수 없는 상태의 포로가 아닌, 스스로의 의사에 기초한 투항과 집단 투항이 두드러진다. 6월 말의 시점에서 일본병 포로는 7,339명, 민간인을 가장해 투항하고 있는 병사도 상당히 많기 때문에 실제의 포로 수는 더욱 많아진다(林博史, 『沖繩戰と民衆』).

오키나와전의 특징 중 또 하나는 일본군 수비대의 전사자 수(오키나와 현 출신의 군인·군속을 포함)와 대략 같은 수의 일반 주민(준 군속을 포함)이 전투에 연루되어 사망하고 있는 것이다. 오키나와 현 원호과의 자료에 의하면 전자는 9만 4,136명, 후자는 9만 4천 명이다. 오키나와의 방위에 임하는 제32군과 대본영은 오키나와전을 본토 결전 준비를 위해 시간을 버는 버림돌 작전으로 위치 짓고 있었다. 오키나와의 방위 그 자체가 목적이었던 것이 아니라 작전의 주안은 어디까지나 미군에게 장기간에 걸쳐 많은 출혈을 강요하는 것에 있었다. 따라서 현민의 피난 계획이나 안전 확보 대책은 뒷전이 되고, 현민에게 큰 희생자를 내는 결과를 가져왔다.

오키나와전의 다른 하나의 특징은 일본군에 의해 다수의 오키나와 현민이 살해당한 것이다. 일본군은 미군의 스파이로 간주한 일반 주민을 바로 처형했을 뿐 아니라, 일본군 장교용의 참호를 확보하기 위해 주민을 참호에서 쫓아냈다. 이에 따라 많은 주민이 격렬한 총포화를 맞아 생명을 빼앗기게 된 것이다. 또 일본군과 주민이 혼재하고 있는 경우에는 일본병이 미군에게 발견될 것을 두려워하여, 우는 소리를 내는 아기를 살해하거나, 미군에게 투항하려고 하는 주민을 사살하는 사례가 각지에서 나타났다. 오키나와는 일본 본토로부터 차별받아

온 긴 역사를 가지고 있다. 본토 출신의 일본군 장병의 오키나와에 대한 우월감과 모멸감이 이러한 잔학 행위의 방아쇠가 되었다.

더욱 심각한 것은 '집단자결'이다. 미군에게 압도당해 전국의 행방에 절망하여 자포자기가 된 일본군 장병은 수류탄을 나누어 주는 등, 주민에게 '황국신민'으로서 '자결'할 것을 강요했다. 그들은 미군의 잔학성 등을 강조하면서 주민을 '집단자결'의 방향으로 몰고 갔던 것이다. 오키나와의 지방 유력자가 협력하고 있는 경우도 있지만 일본군이 관여하고 일본군이 주도하지 않으면 이 '집단자결'은 일어나지 않았을 것이다.

오키나와전에 패배한 뒤에도 일본군의 항전이 계속되지만, 중요한 것은 아시아·태평양전쟁의 전사자 대부분이 마리아나 함락 후의 절망적 항전기에 발생하고 있다는 사실이다. 전국적인 연차별 통계가 없기 때문에 이와테(岩手) 현의 사례를 보기로 하자(표 5-1). 엄밀하게 말하면 마리아나 제도 함락 후의 전사자가 아니지만, 1944년 1월 1일 이후의 전사자(패전 후의 전사자를 포함)는 전체의 87.6%에 달하고 있다. 전쟁 종결의 결단이 늦어진 일로 얼마나 많은 생명을 잃어버렸는가를 이 숫자는 나타내고 있다.

▶표 5-1. 육해군의 전사자 수(이와테 현)

1941.12.8~ 1942.12.31	1943.1.1~ 1943.12.31	1944.1.1~ 1944.12.31	1945.1.1~ 1945.8.15	1945.8.16~	합계
1,222	2,582	8,681	13,370	4,869	30,724

岩手県編, 『援護の記録』에서.

병사의 장비와 체위

또한 병사가 놓여 있는 상황도 가혹하고 비참한 것이었다. 먼저 지적할 것은 기본 장비의 부족이다. 소총 생산은 항공기의 생산이 최우선되었기 때문에 여의치 않았다. 1941년의 소총 생산량은 73만정, 그것이 1942년에는 44만정, 1943년에는 63만정으로 떨어지고, 1944년에는 83만정으로 회복했지만, 1945년에는 21만정으로 격감하고 있다. 따라서 아시아·태평양전쟁 말기의 대동원을 생각한다면, 육전용의 기본 장비인 소총조차, 구식 소총을 사용했다고 해도 필요량을 채우는 것이 불가능하였다(須川薫雄, 『日本の軍用銃と裝具』). 실제 본토결전[48]을 위해 관동 지방에 배치되고 있던 제12방면군의 신설 부대의 상황을 보면, 1945년 6월 말의 병기 충족률은 소총은 40%보다 약간 적고, 총검은 30%보다 약간 적은 데에 그치고 있다(防衛庁防衛研修所戦史室, 『戦史叢書 本土決戦準備〈1〉』). 또 육군은 중일전쟁부터 보급을 담당하는 후방병참부대용의 자위 병기로 죽창을 사용하고 있었는데, 1942년에 들어서서 육군도야마(戸山)학교가 『총검술지도필휴』를 작성하여 근접 전투용의 무기로서의 죽창 제조법을 소개하고 있으며, 나아가 같은 해에는 『죽창훈련의 참고』를 작성하고 있다(藤田昌雄, 『激戦場 皇軍うらばなし』). 소총의 절대량의 부족이라는 사태와 관련한 조치라고 보인다.

군복이나 군화의 부족도 심각한 문제였다. 생산이 따라잡지 못했을 뿐 아니라, 수송이 두절되어 전선으로의 추가 수송 자체가 곤란하

---

48 제2차 세계대전 때 일어난 일본 본토에서의 육상 전투.

게 되었기 때문이다. 1945년 4월에 야전경리장관부가 정리한 「피복의 유지 보수에 관한 전훈」에 의하면, 중국전선에 배치된 제13군의 경우, 1944년 8월부터 '내지에서의 피복의 도착은 전무(全無)'가 되고, '응급 조치로 이것을 현지 취득하기 위해 노력하고' 있는 상황에 있었다. 또 미얀마 방면군(方面軍)에서는 1944년 9월의 시점에서 군복과 군화 등 의 소모를 방지하기 위해, "평상 시 영내에서 복무 및 기거하는 사이에 는 편상화(編上靴, 구 육군 병사용 군화—옮긴이), 지카다비(地下足袋, 노동용 신발—옮긴이)의 사용을 금지"하고, "영내에서의 작업 등은 특별한 사유 가 있는 경우 외에, 가능한 한 반나(半裸) 맨발로 실시"하고 있다고 보 고되어 있다.

1942년에 징집되어 초년병으로 화중에 주둔한 보병연대에 파견 된 이노우에 도시오(井上俊夫, 1922~2008년)의 동년병들은 현지에 도착 함과 동시에 신품의 군복, 군화를 빼앗겨, '헌옷 같은 군복과 보기에 무 참하게 변형된 군화'를 받았다. 그들이 '문자 그대로' 몸으로 '옮겨온 신품의 군장품'은 모두 하사관이나 고참병용으로 돌려버렸다고 한다 (井上俊夫, 『初めて人を殺す』). 이미 이 시점에서 비교적 수송이 용이한 중국전선에서조차, 군장품의 부족이 심각한 문제가 되고 있었다는 것 을 알 수 있다.

병사의 체위나 체력도 중일전쟁기에 비해서 분명히 떨어지고 있 었다. 1940년의 육군신체검사규칙의 개정에 의해 징병검사 시의 신체 검사 기준이 대폭으로 완화되어, 체위가 약한 자나 병약자가 대량으 로 군대에 입영하러 왔기 때문이다. 징병검사 수검인원 중에서 차지 하는 현역병의 비율은 1941년에 54.1%, 그것이 1945년에는 89.9%까 지 증대하고 있다. 종래라면 현역병으로 입영할 수 없는 젊은이까지 징집되고 있는 것이다. 또 '노병'을 소집함에 따라 총병력 중에 차지하는 젊은 현역병의 비율도 급속하게 떨어졌다. 현역병의 보유율은 아시아·태평양전쟁의 개전 전이 약 60%, 1944년 말이 약 40%, 본토결전을 위한 총동원이 행해진 1945년의 시점에서 약 15%다.

아시아·태평양전쟁의 각 전장에서는 이러한 병사들이 문자 그대로 과중한 부담을 견디지 않으면 안 되었다. 수송 수단이 없는 정글 안에서 무기, 탄약, 식량 등의 '인력 담송(擔送, 들것으로 이송하는 것—옮긴이)', 제공권의 상실이라는 상황 하에서 어쩔 수 없는 야간의 강행군, 보급이 따라가지 못하기 때문에 개개의 병사가 휴행하는 탄약, 식량 등의 부담량도 증대하고 있었다. 그 결과 완전장비를 한 경우의 보병 부담량은 때로는 40~50킬로그램이나 달했다. 평균 체중이 60킬로그램에도 미치지 않는 병사들이 이만큼 중량의 임무에 견디지 않으면 안 되었던 것이다.

아사하는 병사

아시아·태평양전쟁기에 병사의 전사 형태는 다음 세 가지의 죽음에 따라 특징 지을 수 있다. 아사와 해몰사와 특공사다. 이 가운데 아사에 대해서는 후지와라 아키라(藤原彰, 1922~2003년)의 선구적 연구인 『아사한 영령들』이 있다. 이 책에 의하면 중일전쟁 이후의 군인·군속의 전사자 수는 약 230만 명이다. 이 가운데 영양 부족 또는 실조에 의한 협의의 아사자와, 영양실조에 의해 체력이 소모되어 저항력을 잃고, 말라리아 등의 전염병에 감염되어 병사한 광의의 아사자의 합계는

140만 명에 달한다고 추정되고 있다. 아사율은 약 60%다.

　　다수의 아사자를 낸 최대의 이유는 국력의 한계를 넘어 전선을 확대한 뒤에, 연합군의 공격에 의해 일본군의 보급로가 각지에서 끊어졌기 때문이다. 우선 미군의 '징검돌 작전'에 따라 전선의 후방에 남겨진 남방전선의 이도(離島) 수비대의 경우, 상황은 한층 비참한 것이었다. 미군은 전략상의 요지인 태평양의 섬들만을 차례차례 공략하여, 섬을 따라서 일본 본토로 향했다. 이것이 '징검돌 작전'이다. 제공·제해권은 미군이 완전히 장악하고 있는 이상, 일본군이 수비하는 섬들을 모두 공략하여 쓸데없는 손해를 낼 필요가 없다. 제공·제해권을 가지지 않는 일본군 수비대의 전력은 사실상, 무력화하고 있기 때문이다. 그 결과 보급이 완전히 끊어진 전선의 훨씬 후방에 남겨진 일본군 수비대가 각지에 존재하게 되었다.

　　중부태평양 밀리(Mili) 섬의 사례를 조금 구체적으로 보기로 하자. 이 섬에는 육해군의 수비대가 주류해 있었지만, 1944년 중반까지는 잠수함에 의해 보급이 이루어졌고, 현지의 식량 자원으로서는 야자수의 이용이 가능하였다. 또한 어로(漁勞)나 단호박 등의 채원 재배도 이루어졌다. 그래도 해군부대의 경우 영양실조증에 의한 사망자 수는 공습 등에 의한 전사자도 포함한 전 전사자의 17.8%에 달하고 있다. 영양실조증의 주요 증상은 말라붙은 것, 부종(증상이 심한 경우는 복수에 의해 복부가 팽창한다), 빈혈, 전신권태, 설사 등이 있었다. "의식은 뚜렷하지만 태도 동작이 완만하여 보행 시에 앞으로 구부러지고, 언어는 늦어 말이 불명확하고, 중등증(中等症) 이상은 무욕치매상(의식은 있지만 멍한 상태—옮긴이)을 드러냈다"고 되어 있다(清水勝嘉, 「中部太平洋方面·離島残留海軍部隊の栄養失調症について」).

급양의 악화는 이도 수비대만이 아니라, 육해군 전체에서도 심각한 문제였다. 이 때문에 육군군의학교 군진(軍陣) 위생학교실에서는 1944년 4월부터 "감식이 체력에 미치는 영향을 추구하고, 아울러 감식 시에 체력의 소모를 가장 절약하기 위해서는 어떠한 식재료가 유리한가를 검토하는" 연구를 개시하였다(陸上自衛隊衛生学校編,『大東亜戦争陸軍衛生史 8』). 과연 대증요법적이지만 육군이 처한 비참한 상황이 잘 나타나고 있다.

해군에서도 영양 부족과 병원(兵員)의 체력 저하에서 오는 '불순화성 전신쇠약증'이 큰 문제가 되었다. 해군군의 소좌 잇시키(一色忠雄)가 패전 직후에 정리한 「대동아전쟁 해군위생사실 조사 자료」는 이 점에 대해서 다음과 같이 지적하고 있다(小池猪一編,『海軍医務·衛生史 3』).

해군 병원의 체중은 입적(해군의 군적에 들어가는 것) 후 2, 3개월 사이에는 조금 감소하고 점차 증가하는 것이 일반적인데, 쇼와 19년(1944)에는 병원의 체중은 입적 후 감소한 채 증가 경향을 보이지 않는다. 쇼와 20년(1945) 혹한기에서는 현저하게 감소하기에 이르러, 드디어 극도의 영양 불량, 체력 감소의 결과, 이른바 불순화성 전신쇠약증이 다수 발생하였다. 또한 본증에 의한 다수의 사망자를 발생하기에 이르렀다.

해몰사

다음 해몰사(海沒死)에 대해 살펴보기로 하자. 이것은 함선의 침몰에 의한 전사자의 일을 가리킨다. 이케다 사다에(池田貞枝)의 『태평양전쟁 침몰함선 유체조사대감』(1977년)에 의하면, 아시아·태평양전쟁 중에 연합군의 공격 등으로 군함 651척, 육해군의 징용선을 포함한 상선 2,934척이 침몰하여, 그 결과 해군군인·군속=18만 2천 명, 육군군인·군속=17만 6천 명, 상선선원 등=4만 5백 명 혹은 7만 1,400명, 합계=39만 8,500명 혹은 42만 9,400명이 전사하였다.

다만 이케다는 전몰자 수의 근거를 명시하지 않고 있지만, 하타 이쿠히코(秦郁彦)의 상세한 추계에 의해서도, '해몰'에 의한 전몰자의 총계는 37만 명 이상이라고 되어 있다(秦郁彦, 「第2次 世界大戰の日本人戰沒者像」). 러일전쟁에서 일본 육해군의 전사자 수(전병자를 포함)=8만 8,133명과 비교한다면 기록적이라고 할 만한 이 숫자의 무거움이 이해될 것이다.

이만큼 다수의 인간이 이른바 '익사'한 배경으로는 일본 해군이 미국 해군과의 함대결전만을 중시해서 해상 호위전을 경시한 것, 소나(sonar)[49], 대잠병기(對潛兵器, 수중의 잠수함을 공격하는 병기—옮긴이) 등의 군사 기술 면에서 미국 해군에게 크게 떨어지고 있었던 것, 수송선이 부족하여 다수의 병원을 승선시킨 '협축 탑재'가 일상화한 것, 등을 지적하는 것이 가능하다. 또 일본군이 전용의 군사수송선을 거의 보유하지 않고, 징용한 화물선의 선창에 병원을 잔뜩 실은 것도 침몰할 때의 피해를 크게 한 것이다.

더욱이 해몰사에 관해서는 연합국군 포로 845명이 사망한 '리스본마루(Lisbon丸)'의 사례, 강제 연행된 중국인 노동자라고 생각되는

---

49 수중음파를 사용하여 수상 선박이나 잠수함, 수중 물체를 수색, 탐지, 측거(測距)하는 장치.

'고력' 2,559명을 태우고 침몰한 '류세이마루(隆西丸)'의 사례, 오키나와로부터 소개학동 682명이 사망한 '쓰시마마루(対馬丸)'의 사례, 위안부 26명이 사망한 '이마바리마루(今治丸)'의 사례 등, 다양한 희생자의 존재도 살펴보아야 할 것이다(駒宮真七郎, 『戦時船舶史』).

한편 여기서 중국인 강제 연행의 문제도 간단하게 언급해 둔다. 1942년 11월 27일, 도조 내각은 「화인(華人) 노무자 내지 이입에 관한 건」을 각의 결정하였다. 일본 국내에서 노동력 부족에 대처하기 위해 화북에서 중국인 노동자를 이입하여, 일본 국내의 광산이나 항만에서 강제 노동을 시키기 위한 조치다. 노동자라고 하더라도 그 실태는 중국인 포로나 농촌 등에서 납치해 온 중국의 민간인이다. 이 강제연행정책은 1944년 2월 28일의 차관회의 결정, 「화인 노무자 내지 이입의 촉진에 관한 건」에 의해 본격화되었다. 그리하여 패전까지 약 3만 9,000명의 중국인이 강제 연행되어, 그 가운데 약 6,800명이 학대와 가혹한 노동 조건 아래서 사망했다고 한다. 이런 가운데, 1945년 6월에는 아키다(秋田) 현 하나오카(花岡) 광산의 가지마구미(鹿島組) 사업소에서 열악한 대우에 견디지 못한 중국인이 봉기하여, 일본 측의 무력 진압에 의해 다수의 사상자를 냈다고 하는 사건이 발생했다(하나오카사건). 또 만주국에서 노동력 동원정책의 일환으로 다수의 중국인이 같은 화북에서 만주국으로 강제 연행되었다.

특공사

아시아·태평양전쟁기에 특징적인 전사의 양태로서 마지막에 '특공사'를 들 수 있다. 이른바 특공이란 폭탄을 실은 항공기가 적함선에 돌진하는 공격을 가리킨다. 1944년 10월에 해군이 필리핀 전선에서 최초의 신푸(神風)특별특공대를 출격시켜, 11월에는 육군의 반다대(万朶隊)와 후가쿠대(富嶽隊)가 여기에 이어서 특공공격이 본격화한다. 나아가 1945년 4월에 미군의 오키나와 본도 상륙작전이 시작되자, 대본영은 육해군 아울러 약 2,000기나 되는 특공기를 출격시켜(菊水작전), 특공공격은 일본 항공부대의 주요한 공격법이 되었다. 항공특공에 의한 전사자는 약 4천 명이 넘는다. 한편 특공공격에는 항공특공 이외에도 '신요(震洋)' 등의 모터 보트에 의한 돌진공격(수상특공), 어뢰를 개조한 1인승 인간어뢰 '가이텐(回天)'에 의한 돌진공격(수중특공) 등이 있었다.

이 특공작전은 일반적으로 제1항공 함대사령장관으로 1944년 10월에 필리핀에 부임한 오니시 다키지로(大西瀧治郎, 1891~1945년) 해군 중장이 고안하여, 적극적으로 추진했다고 알려져 있다. 레이티 만으로의 돌입을 계획하는 구리다(栗田) 함대를 지원하기 위해서 괴멸적 타격을 받고 있던 제1항공 함대의 잔존 병력에게 미국 공모의 비행 갑판에 돌진공격을 행하여, 일시적이지만 갑판을 사용 불능 상태로 만드는 것이 그 목적이었다.

그러나 오니시의 역할을 과대하게 평가하는 것은 이 비인간적인 작전을 실시한 군 중앙의 책임을 애매하게 만드는 것으로 연결된다. 실제로 군 중앙은 필리핀 방위전이 시작되기 전부터 특공작전을 실시할 결의를 굳히고 있었다. 사실 관계를 간단하게 추적해 보면, 1944년

2월 26일, 해군 중앙부는 구레(吳)해군공창[50] 어뢰실험부에 인간어뢰의 시험 제작을 지시하고 있다. 나중의 인간어뢰 '가이텐'이다. 계속해서 해군은 8월 16일에 특공기 '오우카(櫻花)'의 시험 제작을 개시하여, 10월 1일에는 '오우카'를 장비한 제721 해군항공대를 신설하고 있다. 또 오니시 중장은 필리핀에 부임하기 직전에 특공작전의 실시에 관하여 군령부의 주무자와의 사이에서 구체적인 의논을 마치고 있었던 것이 금일에는 알려져 있다(防衛庁防衛研修所戦史室,『戦史叢書 海軍捷号作戦〈2〉』).

　　한편 육군이 99식 쌍발경폭격기와 4식 중폭격기의 특공기에 대한 개조를 개시한 것은 1944년 7월경의 일이었다. 전자는 반다대의 사용기, 후자는 후가쿠대의 사용기다. 한편 돌진공격은, 급강하 하는 특공기 자체에 양력이 발생하여 브레이크의 역할을 하기 때문에 장착한 폭탄의 관통력과 파괴력은 폭탄을 투하하는 통상의 공격법보다 상당히 작은 것이 된다. 이 때문에 1.2톤이나 되는 폭약을 두부에 장착한 '오우카'처럼 특공전문기를 개발하거나, 통상의 공격기에 대형 폭탄을 탑재하기 위해 기체를 개조하는 것이 필요하게 된 것이다.

특공대원의 실상

　　전후의 일본사회에서는 특공대원들의 의식이나 행동에 관해서도 미화해서 말하는 것이 너무나 많다. 그러나 특공으로 죽어간 젊은

50　히로시마 현 구레 시에 있었던 해군공창(工廠)으로 전함 '야마토(大和)'를 건조한 것으로 유명하다.

이들은 이미 아무것도 말할 수 없으며, 엔진의 고장으로 돌아오거나 불시착 하여 특공공격에서 생환한 사람들은 너무나 비참한 현실을 보고 왔기 때문에 굳게 입을 다물어 왔다. 히다카 고타로(日高恒太朗)의 『불시착』이 지적하고 있는 것처럼, 특공에 대해서 가장 많이 수다를 떨고, 특공을 미화해 온 것은 특공작전을 추진하여 스스로 살아남은 엘리트 장교다. 회상기 등을 정리하고 있는 전 대원 가운데의 상당 부분은 특공대원으로 훈련 중 혹은 대기 중에 패전을 맞이한 사람들이다.

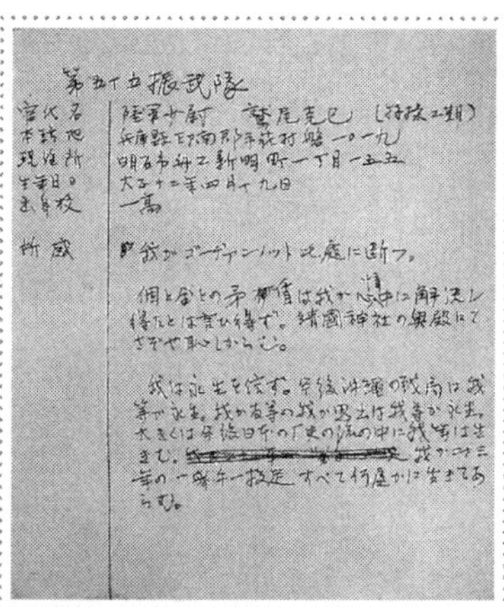

▶사진 5-1. 특공대원 와시오 가쓰미(鷲尾克己) 육군소위가 남긴 메모. "개인과 전체와의 모순은 우리 심정 가운데 해결했다고 말하기 어렵다. 야스쿠니신사의 오쿠덴(奧殿)에서 필시 부끄러워 한다"고 말했다(竹中誠子編, 『戦記作家 高木俊朗の遺言』).

그러나 현실의 특공대원들은 죽음에 대한 공포나 생에의 집착 가운데, 항상 고뇌하고 동요하는 존재였다. 출격을 명령받아도 엔진의 고장 등을 이유로 돌아오고만 대원이나, 다른 대원의 사기에 영향을 미칠까 두려워하여, 동요가 심한 대원을 특공요원으로부터 떼어 놓는 등의 사례도 적지 않게 된 것 같다. 1945년 6월에 특공대원에 대한 심리 조사에 근거하여 육군의 항공본부가 정리한 「전장 심리에서 본 특별공격대 지기(志氣) 앙양책」은, 특공대원의 심리에 대하여 다음과 같이 지적하고 있다(生田惇, 『陸軍航空特別攻擊隊史』).

대원에 편입되어 아직 각오가 서지 않을 때에는 '그 현장에서 어떻게 해서든 결심' 하려고 그것을 연기하여, 따라서 직전의 분위기에 과도하게 민감하게 된다. 정신이 혼란스럽게 되어 도리어 점점 결심을 하는데 심

대한 노력을 요하기에 이른다. 현재의 대원으로 여기에 속하는 자가 약 3분의 1이 있다고 하는 관찰은 거의 맞을 것이다.

대원들이 좀체 본심을 털어 놓지 않을 것이라는 군관계자에 의한 조사에서도 3분의 1의 대원이 특공대에 편입된 것에 납득하지 않고 있는 것이다.

또 비행 제65전대장(戰隊長)으로 육군의 특공기지, 치란(知覽)에서 특공대원[신부대(振武隊)]의 교육을 맡았던 요시다 아쓰시(吉田穆)도 다음과 같은 솔직한 회상을 남기고 있다(戰後50年記念誌刊行会編, 『特攻のまち·知覽』).

내가 교육을 위해 신부(振武)대원의 삼각 병사(兵舍)에 가자, 정좌하고 명상에 빠진 사람, 창백한 얼굴을 하고 모포 위에 길게 눕거나, 창을 향해 심각한 얼굴로 생각에 빠진 사람, 눈시울이 뜨거워지면서 무엇인가를 쓰고 있는 사람, 여러 명이 빙 둘러 앉아 조용히 이야기하고 있는 사람, 그중에는 소리 높이 담소하고 있는 사람 등, 다양하게 있습니다만, 매번 숨이 막힐 것 같은 병사 안의 공기에 나는 압박당하고 있습니다. (중략) '적을 완전히 분쇄한 뒤 싸움을 그만두자'라는 당시의 분위기에서는 본심을 밝히는 사람도 없고, 상담하는 데도 대상이 없으며, 그 고뇌가 얼마나 심각한 것이었는가, 특공대원이 아닌 우리들은 도저히 추측할 수 없었습니다.

특공대에 관해서는 이미 긴 '구술사'가 있지만, 그 '구술사'를 역사 분석의 대상에 앉혀야 할 시기가 왔다고 생각한다.

2. 본토 공습의 본격화와 국민

신예 대형폭격기 B29의 등장

1944년 6월 15일, 미군이 사이판 섬으로의 상륙을 개시한 바로 그날의 심야, 청두(成都)를 기지로 한 B29가 북규슈를 처음 공습하였다. B29는 2,200마력의 엔진 4기를 탑재한 신형 대형폭격기였고, 최대 속도 587킬로미터, 항속 거리 5,300~7,300킬로미터, 폭탄 탑재량 9톤이라는 고성능을 자랑하고 있었다. 계속해서 11월 24일에는 마리아나 제도를 기지로 한 B29가 도쿄를 첫 공습하여, 이후 동 방면에서의 일본 본토에 대한 공습이 본격화한다.

이 B29를 영격하는 일본 측의 방공부대는 결코 강력한 것이 아니었다. 일본의 육해군은 고도 1만미터를 비행하는 B29에 대항할 만큼의 고고도(지상으로부터 7~12미터의 높이─옮긴이) 전투기의 실용화에 성공하지 않았고, 고사포부대의 주요 장비도 구경 8~12센티미터의 구식 고사포였다. 성능은 떨어진다고 해도, 레이더에 의한 경계망이 본토

전역을 커버하고 있었기 때문에, B29에 의한 기습 공격은 면할 수가 있었지만, 야간 전투기를 위한 사격용 레이더의 개발도 크게 늦어지고 있었다.

그러나 미군 측도 본토 폭격에서는 예상외의 고전을 하게 된 것이다. 최대의 장해는 일본 상공에 부는 제트류[51]다. 이 때문에 연료 소비량이 증대했을 뿐 아니라, 투탄 시의 정확한 조준도 곤란하게 되었다. 또 이 강풍을 피하기 위해서 고도를 낮추면, 일본군 전투기의 반격을 받게 된다. 나아가 일본의 겨울 기후도 문제였다. 목표의 대부분은 두꺼운 구름에 덮여 시계는 불량하였고, 레이더의 조준에 의한 폭격도 가능했지만, 미군의 레이더 폭격 수준도 이 단계에서는 그 정도 높은 것이 아니었다.

그러나 필리핀 방위전이 격화됨에 따라 본토의 방공전투기대 일부를 동 방면에 전용시키지 않을 수 없게 되자, 본토의 방공 상태는 약체화되었다. 나아가 결정적이었던 것은 1945년 3월 이오 섬의 함락이다. 이에 따라 미군은 호위 전투기용의 발진 기지와 고장이나 폭격을 맞은 B29의 불시착 기지를 확보하는 것이 가능했기 때문이다.

이러한 상황 가운데 미군은 대일 폭격의 방침을 크게 전환한다. 충분한 성과를 올리지 못하는 군수 산업 등을 목표로 한 고고도에서의 정밀 폭격을 바꾸어, 도시부에 대한 야간의 무차별 융단 폭격에 들어간 것이다. 그 결과 3월 9일의 도쿄대공습을 시작으로 가와사키(川崎)·요코하마·나고야·오사카·고베 등의 대도시가 소이탄(燒夷彈)[52]

---

51 jet stream. 대류권 상층과 성층권에서 일반적으로 수평상으로 동쪽으로 흐르는 길고 좁은 고속 기류.
52 적의 건조물이나 진지를 불태우는 것을 목적으로 한 포탄이나 폭탄. 가연성이 높은 소이

에 의한 무차별 폭격으로 차례차례 불타고 있었다.

이 도시 폭격은 오키나와에 특공기를 출격시키고 있던 규슈 각지의 비행장을 공격하기 위해 B29를 돌렸기 때문에 일시 중단되지만, 5월 중순부터 재개되어 목표도 지방의 중소 도시로 옮겨갔다. 8월 14일의 구마가야(熊谷)·다카사키(高崎)·오다와라(小田原) 등에 대한 야간 공습이 B29에 의한 마지막 도시 폭격이다.

도시 폭격의 유효성

그러나 이 도시에 대한 무차별 폭격이 전략 폭격으로 어느 정도 유효했는가에 대해서는 의문이 있다. 전 해군대좌로 패전 후에는 GHQ(연합국군총사령부)의 역사과에 근무하고 있던 오오이 아쓰시(大井篤, 1902~1994년)는 미군이 철도 공격에 관심을 나타내지 않았다고 언급하였다. B29가 공격한 유일의 철도 목표는 1945년 8월 14일의 이와쿠니(岩國) 기지[53]에 대한 폭격이었던 것을 다음과 같이 지적하고 있다(『海上護衛戰』).

만일 적이 기뢰 투하와 병행하여 일찍부터 철도 시설의 공격을 신중하게 하고 있었다면, 일본의 항복은 어쩔 수 없이 좀 더 일찍 되었을지도 모른다. 웬일인지 적의 전략 폭격은 도시의 화공으로만 계속하였다.

제(燒夷劑)와 작약(炸藥)을 충전한다.

53 야마구치(山口) 현 이와쿠니 시에 소재하는 해군 비행장으로 1938년 4월에 건설을 개시하였다. 1945년 영국군과 미군을 중심으로 하는 연합군기로부터 공습과 기총소사를 받아 기지 시설 대부분이 손해를 입었다.

B29는 1945년 3월의 시모노세키(下関) 해협, 히로시마 만에 대한 기뢰 투하를 시작으로 대규모 기뢰부설작전을 차례로 실시하여 주요 항만, 세토나이카이(瀬戸内海)나 일본해의 항로 등을 봉쇄하고 있었다. 이 기뢰부설작전과 철도에의 공격을 맞추면 확실히 일본 전시경제의 대동맥에 치명적인 타격을 줄 수 있었을 것이다.

그러나 실제로는 그렇게 되지 않았다. 경제안정본부의 조사에 의하면 철도와 궤도의 전쟁에 의한 피해율(피해액을 패전 시 잔존 국부와 피해액과의 합계로 나눈 것)은 7%에 지나지 않고, 선박의 피해율＝80.6%로 매우 대조적이다. 또한 동력 공업 중에는 수력발전이 상하지 않은 채 남아 있었고, 이것은 B29에 의해 댐이나 수력발전소로의 폭격이 이루어지지 않음을 나타내고 있다(中村隆英·宮崎正康編,『史料　太平洋戦争被害調査報告』). 미국은 도시 무차별 폭격을 우선하는 것에 의해 철도, 수력발전 등의 전략적 중추로 공격하는 것을 뒷전으로 미루는 결과를 초래한 것이다.

국민 의식의 변화

다만 도시 폭격은 일본 국민, 특히 도시생활자의 전의를 부수었던 것이다. 공습은 그들이 생활하는 도시를 초토화했을 뿐 아니라, 일본군 방공진의 약체 모습을 보여주는 것에 의해서 미·일의 전력 격차를 자각시켰던 것이다. 또한 대본영이 본토결전에 대비하여 특공용 항공기의 온존 방침을 취하여, 방공전투를 제한한 것도 국민의 방공전투 기대에 대한 신뢰를 크게 손상시켰다.

내무성 경보국 보안과가 1945년 4월 6일에 작성한 「내각 경질에 따른 인계서」는 피재지(被災地)의 민중의 상황에 대해서 다음과 같이 보도하고 있다.

특히 대규모 공습의 참화를 직접 체험한 피폭 지대 주민 중에는 군방공 및 요격전투의 현저한 열세를 보는 데 이르러 일찍부터 불안 동요하고, 혹은 직장을 방기하여 소개에 광분하였다. 혹은 '적대편대 북상 중'이라는 라디오 정보가 있자 자전거, 리어카, 유모차 등에 신변 용품을 가득 싣고 교외로 일시적으로 도피를 한다. 혹은 또 '○○일에는 대공습이 있다'고 하는 유언에 떨면서 그날 밤, 속속 멀리 교외의 친척을 의지하여 일시적으로 도피를 도모한다. 또 연안 지방 주민에게도 소재군인의 경솔한 언동 내지 기동부대 근접 등의 정보에 전전긍긍하여 가재를 꾸려 산간부에 도피하는 등, 그 상황이 모두 갈피를 잡지 못한 감이 있다.

이 패닉 상태는 지방의 중소 도시에도 확대해 가고 있었다. 주목할 필요가 있는 것은 이 보고서가 "그리하여 이와 같은 전국의 부진을 초래한 것은 군관 등 전쟁지휘관의 책임이라는 반군 반관적 태도를 표면화하여, 군방공의 약체, 연합함대의 소재, 군인의 정치·생산면으로의 진출, 관리의 실행력 결여 등에 관련하는 군관 불신, 비방 언동이 현저히 늘어나는 경향이 있다"고 하는 점이다. 군이나 정부의 지도자에 대한 불신감과 비판이 높아지기 시작했던 것이다.

이 점에 대해서는 헌병사령부의 자료, 「[1945년] 5월 중의 조언비어(造言飛語)」도, "전국 부진과 국민의 염전 기운이 대두한 결과는, 점차 과거의 사실을 파악하여 규명 내지는 공격의 화살을 지도층에게 향하려고 하였고, '도조 수상은 국민에게 돌을 맞고 있다' '군과 정부가 대립하고 있다' '고이소(小磯國昭, 1880~1950년) 수상이 할복했다' 등, 군관의 전쟁 책임을 추궁하려고 하는 기운을 엿볼 수 있는 것이다"고 지적하고 있다.

국민 생활의 궁핍화

다른 한편 국민 생활의 궁핍화도 급속하게 이루어지고 있었다. 1942, 43년 단계까지는 경찰이 응급 쌀을 특별 배급하거나 시골과 친척 등으로부터 조달하는 등 배급 시장은 낮은 등급에서 안정되어 있었다. 암거래를 포함한 소비자 측의 노력도 있어서, 식량 부족의 현재화는 회피하고 있었다.

그러나 1944년에 들어가면, 암시장이 확대되는 한편, 생선 식료품의 도시 입하량은 급속하게 감소하였다(그림 5-2). 1944년 1월의 평균 약 50돈쭝(1돈쭝은 약 3.75그램), 가운데 배급량은 약 25돈쭝에 지나지 않고, 같은 어류는 1일 평균 10돈쭝보다 많고, 가운데 7돈쭝보다 적은 배급이라는 상황이었다(佐賀朝, 「戰時下都市における食糧難·配給·闇」). 나아가 1945년이 되면 내지 산미의 흉작과 식민지 산미 이입량이 감소하여 식량은 점점 결정적으로 부족하게 된다.

암거래의 문제도 심각하였다.

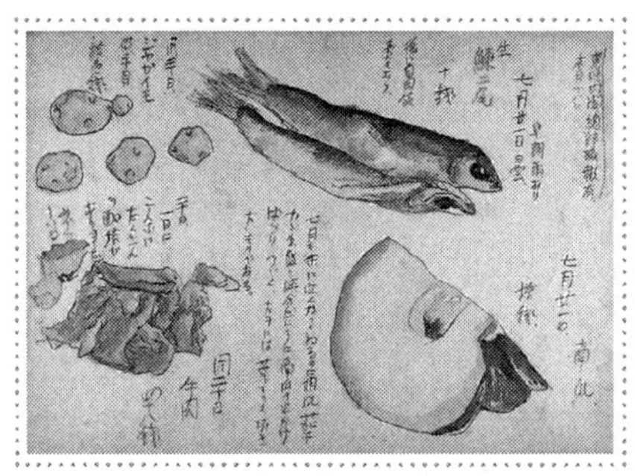

▶그림 5-2. 1944년 7월 20, 21일의 고이즈미 기시오(小泉発巳男, 1893~1945년), 『配給物絵日記』. 판화가인 고이즈미는 처와 두 사람분의 배급품을 이 그림일기에 매일매일 기록했다. 배급의 실태를 알 수 있는 귀중한 기록이다(『昭和のくらし研究』 제2호, 2004년).

1944년 이후가 되면 본래 통제경제체제의 요직에 위치하고 있어야 할 군이나 군수공장 자신이 생산을 확충하기 위해서 암 임금으로 숙련 노동자를 획득하거나, 중요 자재, 중요 물자, 나아가서는 생활필수품을 암시세로 대량으로 사서 모으는 일에 광분하게 된다. 전시 통제경제 아래서는 분명한 경제 범죄 행위다. 그리고 그것은 생활필수품의 공급량이 격감하고, 암시세가 급상승하는 데 박차를 가했다. 군 및 군수공장의 위법적인 경제활동이야말로 통제경제를 붕괴로 이끈 것이다(西田美昭,「戦時下の国民生活条件」).

검사 기쿠치 켄이치로(菊池健一郎)는 이 '군관계의 암거래'를 다음과 같이 지탄하고 있다(菊池健一郎,「司法の面より観たる敗戦原因の研究」,『司法研究』第34輯 第5號, 1947年).

그렇지만 [군수공장] 현장에 배치된 군감독관 등은 자기의 담당 부분만의 사실에 구애되어, 작전 전반, 경제 전반에 관한 인식 없이 자재 암조달의 용인 또는 선동은 여전히 고치는 일 없이 계속되었다. 결국 군 당국은 암거래에 의한 민간 재고품 물자의 호출을 계획하여 규칙을 무시하고 물자를 대량으로 사서 모으는 데 광분하기에 이르렀다. 그것도 최초는 철강, 비철금속 등 좁은 의미의 군수물자에 한정되어 있었지만, 점차 넓혀 노무 관계의 암거래는 물론, 섬유 제품, 생활필수품, 식료품의 암조달에 이르러 그 수단 방법은 점차 노골화되어 갔다.

군관계자에 의한 암거래의 살풍경이 전해져 온다.

전후에 연결되는 의식

군이나 군수공장에서 공공연하게 암거래가 이루어지고 있는 것
은 특권집단화하고 있던 군에 대한 일반 국민의 반감을 한층 조장하
였다. 1944년 11월 4일, 육군차관 및 참모차장은 「군의 자숙자계 철저
에 관한 건」을 육군 일반에 통첩하여, "여전히 군의 위신을 실추하고
특히 현재의 전국하, 군민 이간, 반군 사상의 원인을 양성하는 것 같은
사례가 끊이지 않는다"고 하여, 하루속히 구체적인 대책을 강구하도
록 지시하였다. 이 통첩 중에서 구체적인 사례로 들고 있는 것은 "부대
측에서 민수의 핍박을 무시하여 직접 생활 물자를 다량 매출하기 때문
에, 통제 회사 기타로부터 군 횡포를 비난받고 있는 것" "영외자에 대
해 다량의 생활 필수 물자를 특배하여, 이것 때문에 일반민으로부터
선망, 질시당하고 있는 것" "물품판매소 용품 또는 관급품을 다량으로
지출하여, 가족 지인 등에게 교부 혹은 양도하여, 가까운 자로부터 비
방을 당하고 있는 것" "군용 자동차를 유흥, 이사, 물자의 매출 등에 남
용하고 있는 것" "당번병을 식료 물자의 매출 또는 장작 패기 등에 종
사시켜, 일반민으로부터 군의 행위를 의혹시하고 있는 것" "민방공 활
동에 협력하지 않고 지방경방단원 등과 분쟁하여 민중의 지탄을 받고
있는 것" "기타 군인 군속의 잘못된 우월감에서 지방민을 경시하고, 혹
은 우대에 익숙하여 증장시키는 것 같은 행동거지로 일반의 빈축을 사
고 있는 것"의 7개 사례다. 암거래에 관여하는 행위가 많은 것을 알 수
있다.

동시에 공공연하게 암거래를 하는 것은 대부분의 국민이 생활상
의 필요에 쫓겨 어쩔 수 없이 암거래 세계의 논리를 수용하게 된 것을

의미하고 있었다. 즉 일반의 국민은 혼네(속마음―옮긴이)와 다테마에(명분―옮긴이)를 능숙하게 적당히 쓰는 생활 태도를 갖추어, 그것을 생활 가운데서 실천하는 것에 의해 국가적인 원리나 윤리로부터 점차로 이탈해 간 것이다. 그것은 생활 방위를 위한 개인의 사적 에고이즘이 국가의 공적 다테마에를 아래로부터 무너뜨려 가는 과정이기도 했다.

'전후민주주의'는 사생활을 우선하여, 풍부한 생활을 갈망하는 개개인의 인간적 욕구를 전면적으로 긍정하여 승인했다는 점에서, "오랜 공적 다테마에로부터 분리한 민중의 에고이즘"을 "보편적인 인권으로서 공인"했다고 하는 측면을 가지고 있었다(安丸良夫,「戰後イデオロギー論」). 그러한 의미에서는 암거래의 전면적인 수용은 '전후민주주의'의 역사적 전제를 은연한 형태로 만들어 낸 것이라고 할 수 있을 것이다.

전국과 주식

흥미로운 사실은 작가 이토 세이(伊藤整)가 1944년 9월 9일의 일기에, "일본의 평화산업 주식이 이 무렵이 되어 급히 등귀하고 있다고 한다. 그것도 국제 간의 움직임 때문이라고 한다"고 쓰고 있는 것처럼(伊藤整,『太平洋戰爭日記 〈3〉』), 이때부터 증권 시장이 미묘한 움직임을 나타내기 시작한 것이다. 1944년 하반기에는 6월의 연합군에 의한 노르망디 상륙작전(Normandy Invasion)의 개시, B29에 의한 북규슈 폭격, 7월의 사이판 섬 함락 등의 '악재료'가 나왔음에도 불구하고, 주식 지수는 고수준을 유지하였다. 그러나 이것은 팔기 시작한 군수주를 전시금융금고가 매입하여 급격한 시세 변동을 막고, 한편에서 민수주(평화주)를 매입하기 시작했기 때문이다. 나아가 다음 1945년 2월경부터 민수주가 주목되기 시작하여, 특히 3월 9일 이후 민수주의 움직임이 두드러지기 시작하였다. 매입이 진행된 것은 주로 방적주, 인견주, 선박주, 시멘트주, 식품주, 흥업주 등이었다(竹中淸之助, 「太平洋戰爭下의 証券市場」).

역시 이것은 전쟁의 종결을 예측한 움직임일 것이다. 일본에서는 외국의 방송을 청취하는 것이 가능한 단파 라디오를 일반인이 소유하는 것은 금지되어 있었다. 그러나 실제로는 외국 방송은 일부 일본인의 뉴스 소스가 되고 있었다. 전시교환선으로 귀국한 사람에 대해 미국 당국이 실시한 조사에 의하면 어느 교사는 다음과 같이 증언하고 있다(山本武利, 『ブラック·プロパガンダ』).

나는 개전 시에 집에서 단파 라디오 수신기를 감추어 가지고 있던 일본인을 한 사람 알고 있다. 또 아마추어의 라디오 기술자는 라디오를 가지고 있으며, 모험심이 있으면 청취할 수 있다. 신문을 주의 깊게 읽고 있는 어느 친구가 말하기를 불리한 외국 뉴스가 공표되기 직전에는 주식시장이 민감하게 반응하고 있다고 한다. 이것은 뉴스의 비밀 소스가 있는 것을 나타내고 있다.

3. 전쟁의 종결

전쟁 종결 결의의 실기(失機)

이미 1943년 11월 27일, 미국 대통령 루스벨트, 영국 수상 처칠 (Churchill, Sir Winston Leonard Spencer, 1874~1965년), 중화민국정부 주석 장제스는 카이로선언을 공표하여 일본의 무조건 항복까지 3국은 공동으로 싸울 것, 일본이 약취한 모든 태평양상의 섬들을 일본으로부터 박탈할 것, 만주·타이완을 중국에 반환시키고, 조선의 독립을 승인할 것 등을 선언하고 있었다. 계속해서 1945년 2월 4일에는 루스벨트, 처칠, 소연방 수상 스탈린(Joseph Stalin, 1879~1953년)의 3자 간에 얄타회담이 개최되어, 대일전에 관한 비밀 협정이 체결되었다(얄타협정). 구체적으로는 독일 항복 후 3개월 이내에 소련은 대일전에 참전한다, 그 보상으로 남사할린은 소련에게 반환하고, 쿠릴 열도를 소련에게 양도한다고 하는 내용이다. 이 협정은 영토 불확대의 원칙을 주장한 대서양헌장의 정신에 분명히 반하고 있었지만, 이 단계에서 미국 정부는 일본 타도를 위해서는 소련과의 군사적 협력이 필수 불가결하다고 판단하고 있었던 것이다.

그러면 일본 정부는 내외의 정세에 어떻게 대응하려고 한 것일까. 도조 내각의 총사직을 이어받아 1944년 7월 22일에 신 내각을 조각한 것은 육군대장 고이소 쿠니아키(小磯國昭)다. 고이소는 국무와 통수의 통합을 실현하는 입장에서 조각에 임한 수상이 대본영에 참석해야 함을 요구했지만 통수부에 거부당해, 결국 8월 4일의 대본영정부연락회의에서 새로 최고전쟁지도회의를 설치할 것이 결정되었다. 그러나 이 실태는 종래의 대본영정부연락회의와 거의 변하지 않았다. 한편 정권 말기의 1945년 3월에 천황의 특지에 의해 고이소 수상의 대본영 참석이 인정되고 있지만, 실질적인 의미는 거의 없었다고 말해도 좋다.

내정 면에서 고이소는 익찬정치회에서 4명을 입각시켰다. 이 가운데 시마다 도시오(島田俊雄) 농상상, 마에다 요네조(前田米藏, 1882~1954년) 운수통신상, 마치다 추지(町田忠治, 1863~1946년) 무임소상의 3명은 구 정우회·민정당의 유력 대의사다. 대의사 3인의 입각은 제2차 고노에 후미마로 내각에 의한 1940년 9월의 내각 개조 이래 또 한 번의 일이었다. 또한 고이소 내각은 1940년 7월 이래 정지하고 있던 정무차관·참여관제도를 부활시켰다. 국내에 거의 정치적 기반을 가지지 않은 고이소는 어쩔 수 없이 의회에 기대는 정치 자세를 취하게 된 것이다(古川隆九, 『戰時議会』).

고노에 상주문

이런 가운데 주목할 움직임을 나타낸 것은 고노에 후미마로였다. 1945년에 들어서자 천황의 주변에서도 국면의 타개를 도모하려는 움직임이 표면화하여, 천황이 중신 그룹에게 의견 청취를 행할 것이 결정되었다. 그 결과 1945년 2월에는 히라누마 기이치로(平沼騏一郎, 1867~1952년) 이하 7명의 중신(수상 경험자 및 전 내대신)이 각각 천황에게 배알하여 전국에 대한 전망을 상주했는데, 그중에서도 유일하게 전쟁의 종결을 명확한 형태로 주장한 것이 고노에였다. 14일에 이루어진 상주에 즈음하여 고노에는 요시다(吉田茂, 전후의 수상)와 우에다 슌키치(殖田俊吉)의 협력을 얻어 미리 장문의 상주문을 작성하고 있었다. 그 내용은 "패전은 유감이지만 이제는 필지라고 알고 있습니다"라고 하여 패전을 확실히 예견했다. 그리고 "국체호지의 방침에서 가장 걱정해야 할 것은 패전보다도 패전에 동반하여 일어날 공산혁명입니다"라고 하는 입장에서, 혁명에 의해 천황제가 붕괴된다는 최악의 사태를 회피하기 위해서도 바로 전쟁의 종결에 들어가야 한다고 결론을 맺은 것이다.

그러나 고노에의 이 상주에 대해서 천황은 "다시 한 번 전과를 올리고 나서가 아니면 이야기는 매우 어렵다고 생각한다"고 말하여 고노에의 상주에 소극적인 자세를 나타냈다. 천황은 미군과 언젠가 전선에서 결전을 행하여 다대한 출혈을 강요한 다음에, 조금이라도 유리한 조건에서 강화로 몰고 갈 것을 생각하고 있었던 것이다. 그때 천황이 위구하고 있던 것은 육해군의 무장해제와 전쟁 책임자의 처벌 문제였다. 1944년 9월 26일, 기도(木戸幸一) 내대신과 전쟁의 전망에 대해서 간담한 시게미쓰(重光葵) 외상은 기도로부터 "독일 굴복 등의 기회를 삼아 명예를 유지하고, 무장해제 또는 전쟁 책임자 문제 없이 평화가 가능하지 않을까? 영토는 어떻게 되어도 좋다"라고 하는 천황의 견해를 전해 들었다(伊藤隆·武田知己編, 『重光葵 最高戦争指導者会議記録·手記』). 제2차 세계대전의 발발 이래 연합국 수뇌는 추축국 측의 전쟁 책임자의 처벌을 재삼에 걸쳐 언명해 왔다. 일본 측도 그것은 잘 인식하고 있었다. 또한 육해군의 무장해제는 동아시아에 군사적 진공 상태를 만들어 내어, 소련의 세력 확대에 연결된다. 전형적인 힘의 정치(Power Politics) 논리이기는 했지만, 천황은 처벌 문제에 더하여 이러한 위구를 안고 있었던 것이다.

전쟁 말기의 사회적 변화

고노에 상주문은 총력전 체제 아래서 생기고 있던 사회적 변화에 대한 귀족 특권층의 위기 의식을 짙게 반영한 것이기도 했다. 총력전 체제는 소작층, 노동자, 직인 등의 '하류 계급'의 경제력과 지위를 상대적으로 향상시킨다. 또 배급 제도는 소비에 나타난 사회의 상층 계급과 하층 계급의 격차를 아래쪽으로 평준화한다. 그리고 고노에 상주문이 "돌이켜 국내를 보면 공산혁명 달성의 모든 조건이 날로 구비되어 가는 감이 있다"고 하여 "생활의 궁핍, 노동자 발언권의 증대" 등의 변화를 들고 있는 것에 나타난 것처럼, 그러한 사회적 변화는 고노에에게 있어 혁명의 전제 조건이 형성되어 가는 과정으로 비춰졌던 것이다(雨宮昭一, 『戦時戦後体制論』).

나아가 본토 공습의 격화가 이러한 변화에 박차를 가했다. 피재 (被災)에 의한 도시 중산 계급의 몰락이다. 1945년 7월 20일자의 내무 성 경보국 보안과의 『사상순보』 제31호는 공습에 의해 '가건물 생활 자'가 된 도시 주민 수가 도쿄에서 22만 7천 명, 요코하마에서 약 10만 명, 오사카에서 약 9만 명에나 달하고 있다는 사실을 언급하면서 다음 과 같이 지적하고 있다. 글 가운데 '협력 소공장'이란 대기업의 하청 공장을 말한다.

대도시, 중소 도시를 통해 매우 많은 다수에 달하는 중류 계층(특히 하층 봉급 생활자 혹은 소규모 경영의 영세 공장 경영자, 즉 협력 소공장주 등)은 공 습에 의해 하룻밤 사이에 집이 불타고, 산업을 잃어버렸으며, 빠른 부흥 능력이 없기 때문에 하층 생활자로 전락해 가는 것, 즉 이들 중견 건전 층의 상실은 (중략) 가건물 생활자의 증가와 함께 사회 구성에 현저한 변 동을 야기하고 있다.

공습과 관련하여 무시할 수 없는 사회적 영향을 미치고 있는 것 은 학동 소개(疏開)다. 1944년 6월 30일의 각의는 본토 공습이 본격화 될 것을 예상하여 중요 도시의 국민학교 초등과 아동을 지방으로 소개 시킬 방침을 결정했다. 소개에는 친척 등의 연고를 믿고 소개하는 연 고 소개와, 학교별 집단 소개의 두 가지가 있었는데, 건강상이나 경제 상 등의 이유로 도시에 잔류하는 아동도 적지 않았다. 8월에는 집단 소개의 제1진이 도쿄를 출발하는데, 최종적으로는 약 46만 명의 아동 이 집단 소개하여 부모를 떠나 지방의 신사나 사찰, 여관에서 생활하 였다.

군대 징집과 응소, 군수 산업 등에의 징용과 근로동원, 그리고 이

학동 소개는 일본의 가족을 갈라 놓았다. 전쟁의 말기에는 대규모의 병력과 노동력을 동원한 결과, 1,400만 세대 가운데 적어도 800만부터 900만 세대는 그 성원(成員)이 이산했다고 전해지고 있다. 여기에 패전 시에는 850만 명에 달했다는 소개자의 존재를 고려에 넣는다면, 전쟁의 말기에는 거의 가족이 본래의 성원을 잃었다고 말할 수 있을 것이다. 총력전의 수행은 가족을, 나아가서는 농업과 상업 등에서 가족 경영을 해체로 이끌고 있었던 것이다(大門正克, 「子どもたちの戰爭, 子どもたちの戰後」).

전쟁 종결의 결의

그러나 '다시 한 번 전과를 올리고 나서'라는 천황의 기대에 반하여 전국은 악화 일로를 걷고 있었다. 1945년 3월 3일에는 미군이 마닐라를 완전히 점령하고, 25일에는 이오 섬 수비대에 의한 조직적 전투가 종막을 고했다. 26일에는 오키나와의 게라마(慶良間) 열도에, 4월 1일에는 오키나와 본도에 미군이 상륙을 개시한다.

고이소 내각은 난징의 왕자오밍 정권의 먀오빈(繆斌, 1899~1946년)을 중개자로 하여 장제스의 국민정부와 화평 교섭을 강인하게 추진하려고 했다(먀오빈공작). 그러나 시게미쓰 외상과 천황의 동의를 얻지 못하고 좌절하여, 전국 타개의 전망이 없는 채, 1945년 4월 5일에 총사직하였다.

대신해서 4월 7일에는 해군대장 스즈키 칸타로(鈴木貫太郎, 1868~1948년)가 내각을 조직하였다. 스즈키는 오랫동안 시종장을 근무하여

천황의 신뢰도 두터웠는데, 79세라는 고령의 총리대신이었다. 천황은 오키나와에서의 결전에 기대를 걸고 있었지만, 5월 초에는 최종적으로 전쟁 종결을 결의했다. 전쟁 종결 공작에도 관계하고 있던 해군소장 다카기 소키치(高木惣吉, 1893~1979년)는 5월 13일자의 각서 가운데에, 고노에로부터의 전언 내용을 기록하고 있다. 이 각서에 의하면 고노에와 기도 내대신과의 사이에서 이루어진 회담의 내용은 다음과 같은 것이었다(伊藤隆ほか編, 『高木惣吉 日記と情報〈下〉』).

기도에게 추궁하여 도대체 폐하의 생각은 어떤가 들어 보니 '종래는 전면적 무장 해제와 책임자의 처벌은 절대로 양보할 수 없다. 그것을 한다면 마지막까지 싸울 것이라는 말씀으로, 무장 해제를 하면 소련이 나올 것이라는 의견이셨다. 그래서 폐하의 기분을 완화시키는 것에 오래 걸렸지만, 최근(5월 5일의 2, 3일 전) 기분이 바뀌셨다. 두 가지의 문제도 어쩔 수 없다는 마음이 생기셨다. 뿐만 아니라 이번에는 반대로 빠른 것이 좋지 않을까 하는 생각조차 가지셨다. 빨라도 시기가 있지만 결국은 결단하시기 바라는 시기가 가까운 시기에 있다고 생각한다'는 기도의 이야기다.

미군에 점령당한 비행장을 탈회하기 위해 오키나와의 제32군이 반격을 실시하여 실패한 것이 4월 12일, 소련군이 베를린 시내에 돌입한 것이 24일, 제32군의 최후의 총반격이 좌절된 것이 5월 5일, 독일이 연합국에의 무조건 항복문서에 조인한 것이 8일의 일이다. 하지만 5월 초의 시점에서 오키나와 결전의 실패와 독일의 패배는 이미 분명하였다. 이러한 전국이 천황에게 최종적 결단을 촉구한 것이다.

본토결전 준비

이런 가운데 5월 11일, 12일, 14일에 개최된 최고전쟁지도회의에서는 소련의 대일참전을 방지하여, 그 호의적 중립을 확보할 것, 소련을 중개자로 한 전쟁 종결 공작을 실시로 옮기기 위해 일소교섭을 개시할 것이 겨우 결정되었다. 그러나 6월 8일에 개최된 어전회의에서는 천황을 포함한 누구 한 사람도 전쟁 종결을 향한 주도권을 발휘하려고 하지 않았다. 그 결과 어전회의에서 결정된 「금후 취해야 할 전쟁지도의 기본 대강」은 "일곱 번 환생하여 나라를 위해 충성을 다하는 신념을 원력으로 하고, 지리와 인화로써 어디까지나 전쟁을 완수하여 국체를 호지하고 황토를 보위하여 정전(征戰) 목적의 달성을 기"하는 기본 방침을 결정하였다. 일본 본토에서 연합군과 결전을 행한다고 하는, 국력과 전국의 현상을 무시한 무모한 본토결전론=철저항전론이다. 다만 전쟁 목적이 '국체'의 '호지'로 변경되고 있는 점은 주의를 끈다. '국체 호지'=천황제의 존속이 확보되는 것이라면 전쟁 목적은 달성된다, 즉 전쟁은 종결한다고 하는 의미로도 해석하는 것이 가능하기 때문이다.

이후 본토결전 준비가 분주하게 추진되었다. 이미 1945년 3월 23일에 고이소 내각은 국민의용대의 결성을 각의 결정하고 있었다. 국민의용대란 국민학교 초등과 졸업자로 65세 이하의 남자 및 45세 이하의 여자로 편성된 보조 부대다. 방공·전재 복구·진지 구축·수송·경비 등의 활동에 종사하여, 유사시에는 국민의용전투대로 개편되어 군의 통솔하에 들어간다고 되어 있었다. 나아가 6월 23일 공포된 의용병역법에 의해 15세부터 60세까지의 남자와 17세부터 40세까지의 여자가 의용병역에 복무하는 것으로 되어, 국민의용전투대로 개편하기 위해서 필요한 법 정비가 이루어졌다.

또 6월 22일에는 정부에 강대한 권한을 위임한 전시긴급조치법이 공포되었다. 전쟁 수행상 긴급의 필요가 있는 경우에는, 정부는 필요한 명령을 발하여 처분을 할 수 있다고 하는 광범한 위임입법이다.

군부의 정치적 후퇴

이렇게 본토결전을 향한 국내 체제가 정비되어 있었지만, 이 과정에서 군부의 정치적 위신도 확실하게 저하되어 갔다. 6월 8일의 어전회의에서는 종합계획국 장관이 '국력의 현상'에 대해서 매우 비관적인 전망을 보고했다. 그중에서 '민심의 동향'에 대해서도 다음과 같이 지적하고 있다.

> 다른 면에서 국면의 전회를 바라는 기분이 있다. 군부나 정부에 대한 비판이 점차 왕성하게 된다. 자칫하면 지도층에 대한 신뢰감에 동요를 가져올 경향이 있다. 또 국민 도의는 퇴폐의 조짐이 있다. 자기 방위의 관념이 강하여 감투 봉공 정신의 앙양이 충분하지 않으며, 서민층에게는 농가에서도 체념 자기(自棄)적 풍조가 있다. 지도적 지식층에게는 초조하게 화평을 바라는 기분이 저변에 흐르고 있는 것을 간취할 수 있다.

전의의 저하, 군부를 중심으로 한 국가 지도자에 대한 비판의 증대는 분명하고, 국민의 대부분은 어떠한 형태로의 국면 전환을 요구하고 있었다.

이러한 정치적 상황 가운데, 정당 세력의 복권이 두드러지게 되었다. 1945년 3월 30일에는 익찬정치회가 개조되어 새로운 대일본정치회(총재=미나미 지로〔南次郎, 1874~1955년〕 육군대장)가 결성되고 있는데, 동회에서는 익찬정치회의 시대에 인정되지 않았던 지방 지부가 설치되었다. 그리고 각도(都)·도(道)·부·현 별로 지방 지부에 각급의 대의사나 시정촌장 등의 지방 정치가가 결집해서 오게 된 것이다. '이전 기성 정당의 당지부의 재현'이다(앞의 책, 『戰時議会』).

또 6월 9일에 개회한 제87 임시의회에서는 전시긴급조치법안에 대해서 헌법 위반의 가능성이 있다고 하는 강한 비판이 나와, 회기도 의회 측의 요망을 넣어 2일간 연장되고 있다.

포츠담선언의 수락

이즈음 천황의 주변에서도 새로운 움직임이 일어나고 있었다. 6월 8일의 어전회의 내용을 천황으로부터 들은 내대신 기도(木戸幸一)가 철저 항전 노선에 위기감을 품고, 소련을 중개자로 한 화평 교섭을 개시할 것을 결의하고 관계자와 협의에 들어간 것이다. 천황도 기도의 이 움직임을 지지하여, 그 결과 22일에 개최된 어전회의에서는 천황 자신이 바로 전쟁 종결 공작에 착수해야 한다는 의사 표시를 하고 있다. 이에 따라 이미 최고전쟁지도자회의의 레벨에서 결정되고 있던 소련을 중개자로 한 화평 교섭이 겨우 본격적으로 움직이기 시작한 것이다. 이 대소 교섭을 위한 특사로 뽑힌 것이 고노에 후미마로다.

그러나 독일의 항복 후, 대일전에 참전하는 것을 결정하고 있던 소련이 이 교섭에 적극적으로 응할 리가 없었다. 한편 7월 17일에는 연합국 수뇌에 의한 포츠담회담이 개최되어, 26일에는 일본에 항복을 요구한 미국·영국·중국의 대일공동선언(포츠담선언)이 발표되었다. 선언의 내용은 일본 정부에 대해서, 군국주의 세력의 제거, 연합국군에 의한 보장 점령, 식민지·점령지의 방기, 육해군의 무장 해제와 복원, 전쟁 범죄인의 처벌, 일본의 민주화, 배상 지불 등의 여러 요구를 내민 것이다. 일본 정부는 당초 포츠담선언을 '묵살'한다는 태도를 취하고 있었지만, 8월 6일에는 히로시마(広島)에, 계속해서 9일에는 나가사키(長崎)에 원자폭탄이 투하되었다. 나아가 8일에는 소련이 일소중립 조약의 존재를 무시하여 일본에 선전포고하고, 약 150만 명의 적군(赤軍)이 만주에 침공해 왔다.

미국 정부는 '맨해튼 계획(Manhattan Project)'이라는 암호명으로 불리고 있던 원자폭탄 제조 계획을 1942년 8월부터 본격적으로 시작하고 있었다. 1945년 7월 16일, 뉴멕시코에서 최초의 핵실험이 성공하기까지, 이 계획에는 20억 달러의 막대한 비용과 54만 명의 인원이 투입되고 있었다. 1945년 2월의 얄타회담의 시점에서 미국은 소련의 대일 참전에 큰 기대를 하고 있었다. 그러나 핵실험이 성공함에 따라 원폭의 파괴력이 확인된 뒤에는 원폭투하에 의해 일본을 항복으로 몰고 간다는 노선을 선택했다. 동아시아에서 소련의 영향력 확대를 저지하기 위해서라도 어디까지나 미국이 주도하는 형태로 대일전을 종결시키고 싶었기 때문이다.

원폭에 의한 사망자 수는 1945년 말까지로 히로시마·나가사키 양시에서 약 21만 명이라고 추정되고 있고, 그 뒤의 사망자를 합친다면 사망자의 총수는 적어도 약 30만 명에 달한다고 생각된다.

한편 일본의 증권 시장은 포츠담선언에 민감하게 반응했다. 7월 29일자의 내무성 경보국 보안과의 『사상순보(호외) 미·영·충칭 삼국의 대일최후조건 공동성명에 대한 반향(제1보)』은 "이에 주목할 것은 성명이 발표된 이래 증권 시장의 동향은 활황을 드러내 일본우선주(日本郵船株) 같은 것은 27일 90전, 어제는 2엔 30전짜리를 나타낸다"고 지적하여, "조기 전쟁 종결에 대한 희망적 관측이 시장에 나타나고 있다고 인정할 수 있다"고 결론을 맺고 있다.

여기에 이르러 겨우 일본 정부의 내부에서도 '국체 호지'만을 조건으로 해서 포츠담선언을 수락하려고 하는 세력이 대두하게 된다. 그들은 천황의 지지를 획득한 다음에, 8월 9일 심야부터 10일에 걸쳐 개최된 어전회의와 14일의 두 번의 어전회의에 임하여 천황의 지지를 배경으로 포츠담선언 수락을 최종적으로 결정했다. 미국 측은 천황제의 존속을 명시적인 형태로 보증하고 있던 것은 아니지만, 8월 10일의 일본 정부에 의한 제1차 수락 통고에 대한 회답에 보이는 것처럼(미국 무장관 번즈 Byrnes의 회답), 적어도 존속의 가능성을 시사하고 있었다. 천황과 즉시 수락파는 거기에 희망을 걸고 선언의 수락이라는 정치적 결단을 단행한 것이다.

공문서의 소각과 은닉

포츠담선언의 수락을 결정한 일본 정부가 바로 착수한 것이 공문서의 소각이다. 이것은 각의 결정에 기초한 조치이고, 외무성·내무성·대장성 등의 각 성청의 공문서가 소각명령에 의해 차례차례 소각되었다. 소각명령은 각 시정촌에도 발동되어, 그 결과 전국의 시정촌에서 징병이나 소집 관계를 중심으로 한 대량의 병사 자료가 소각된 것이다(사진 5-3).

또 외지에서는 대동아성이 8월 14일의 각의 결정에 근거하여 진출 공관에 대해서 기밀문서의 소각 훈령을 발하였다. 이것에 따라 기

▶사진 5-3. 군의 소각명령은 시정촌의 병사 문서에까지 미쳤기 때문에 대부분의 시정촌에서 징병 관계 등의 병사 문서가 소각 처분되었다. 니가타 현의 조에쓰(上越) 시는 드물게 병사 문서가 정리된 형태로 남아 있는 시정촌의 하나다.

밀문서의 폐기가 시작된 사실이 확인되고 있다. 대동아성이란 1942년 11월에 설치된 관청으로 중국이나 동남아시아의 점령지에서 일반 정무(외교를 제외)를 총괄했다. 나아가 식민지 조선에서도 8월 15일의 '옥음방송(玉音放送)'[54] 직후부터 총독부를 비롯한 주요 관청에서 중요 서류의 소각이 시작되었다.

가장 철저하게 공문서의 소각을 행한 것은 말할 것도 없이 육해군이다. 육군의 경우를 보면, 참모본부 등의 중앙 기관이 위치하고 있던 이치가야(市ヶ谷)에서는 공문서를 소각하는 검은 연기가 8월 14일 오후부터 16일까지 계속해서 올라왔다. 이 소각 작업은 미군의 진주 후에도 이루어져, 패전 후에 이치가야로 이송되고 있던 참모본부 작전과의 기밀작전일지는 미군의 진주 후에 몰래 소각되고 있었다.

나아가 이미 서술한 것처럼 육해군의 군인은 공문서의 은닉도 실행에 옮겼다. 육군에서는 핫도리 다쿠시로(服部卓四郎, 1901~1960년) 대

---

54 1945년 8월 15일 정오, 천황의 육성(玉音)으로 스스로 '종전(終戰)의 조서'를 읽은 라디오 방송.

좌를 중심으로 하는 그룹이 대본영정부연락회의, 어전회의의 기록 외 '대육명' '대육지'의 서류철을 몰래 숨겼다. 해군의 경우도 '대해령'이 은닉되고 있다.

이들 일련의 조치는 전쟁 책임과 전쟁 범죄에 관한 자료의 '증거 인멸'을 목적으로 이루어졌다. 사실 패전 후에 개정된 극동국제군사 재판(도쿄재판)에서 검찰 측은 범죄를 뒷받침하는 공문서가 너무 적은 것에 고민하게 된다(吉田裕, 「加害の'忘却'と日本政府」).

수락 과정의 특질

포츠담선언의 수락 과정을 보면, 두 가지의 일을 알 수 있다. 하나는 개전에 이르는 과정과 완전히 일치하여 각의가 형해화되는 것이다. 포츠담선언의 수락을 실질적으로 결정한 것은 두 번의 어전회의였고, 각의가 아니다. 다만 8월 14일의 어전회의는 천황 임석의 최고 전쟁지도회의에 각료가 참석하는 형태를 취하고 있다. 「종전의 조서」는 각의에 회부하여 전 국무대신이 서명하고 있고, 국무대신의 보필만으로 천황의 외교 대권의 행사가 이루어졌다고 하는 형태를 갖추고 있다. 그러나 실제로 각의는 어전회의의 결정을 추인한 것에 지나지 않는다.

추밀원에 관해서도 사태는 마찬가지였다. 8월 15일의 추밀원 본회의에서 히라누마 기이치로(平沼騏一郎, 1867~1952년) 추밀원의장은 포츠담선언 수락에 관해 다음과 같은 내용의 천황의 오사다가키(御沙

汰書)[55]를 읽고 있다.

> 이 건은 추밀원에게 자순(諮詢)할 만한 것이지만, 사태가 급하여 시간
> 이 없기 때문에 다만 의장을 최고전쟁지도회의인 어전회의에 열석시켰
> 을 뿐이고, 특별히 자순하지 못한 것을 양해하기 바람.

즉 추밀원의장을 어전회의에 참석시키는 것에 의해 수속상 필요
불가결한 추밀원에의 자순을 생략하고 있는 것이다. 이상의 사태는
메이지헌법 체제의 변질을 의미하고 있을 뿐 아니라, 메이지헌법이 정
한 국가 의사의 결정 과정이 긴급한 의사 결정을 필요로 하는 총력전
아래서의 현실에 대응할 수 없게 된 것을 나타내고 있다.

다른 하나의 문제는 전쟁 종결의 방향에서 움직인 사람들이 명
확한 형태에서의 전후구상을 거의 준비하지 않았던 것이다. 그 드문
예외가 고노에다. 대소 교섭을 위한 특사를 수락한 고노에는 브레인
그룹의 협력을 얻으면서 바로 「화평교섭의 요강」이라는 문서를 작성
하였다. 이 '요강'은 교섭의 기본 방침으로 '국체의 호지'를 절대 조건
으로 할 것, 어쩔 수 없는 경우에는 영토는 '고유 본토'를 가지고 만족
할 것, '민본정치'에의 복귀를 위해 '약간의 법규 개정, 교육의 혁신'에
도 동의할 것, 최소한도의 군사력 보유가 인정되지 않는 경우에는 '일
시 완전한 무장 해제에 동의할' 것 등, 당시로서는 상당히 과감한 내용
의 화평 조건을 결정하고 있었다. 나아가 이 '요강'에는 보충 설명적
인 '해설'이 첨부되어 있지만, 그 가운데에는 천황의 퇴위나 메이지헌

---

55 궁내대신, 시종장을 통해 전해진 칙지(勅旨)를 문자로 쓴 것.

법의 개정 가능성에 대해서도 언급하고 있는 것이다. 그러나 패전 후 1945년 12월 6일에 GHQ가 고노에의 체포를 지령하고, 16일에는 고노에가 음복 자살하자 이 드문 자주 개혁 구상은 좌절하게 된다.

주목할 필요가 있는 것은 연합국 측의 전후구상 문제다. 총력전 하의 다양한 사회 개혁 문제에서도 전후를 시야에 넣고 개혁을 구상해 가려고 하는 의식적인 시도를 많이 보인 것은 오히려 연합국 측이었다. 파시즘과 싸운 민주주의를 옹호하기 위한 전쟁은 생활의 향상과 복지의 증진과 연결되어야 한다는 주장은 많은 국민에게 적극적으로 지지받고, 전후의 복지국가를 준비했다고 말할 수 있다(木畑洋一,『第2 次 世界大戰』).

전몰자 수

여기서 이 전쟁에서의 전몰자 수를 확인해 두고자 한다. 후생성에 의하면 중일전쟁부터 패전까지의 일본인 전몰자 수는 군인·군속 등이 약 230만 명, 외지의 일반 방인(일본인―옮긴이)이 약 30만 명, 공습 등에 의한 국내의 전재 사망자가 약 50만 명, 이상의 합계 310만 명이다(厚生省社會·援護局援護50年史編集委員会監修,『援護50年史』). 다만 이 수 가운데에는 조선인과 타이완인의 군인·군속의 전몰자 수, 약 5만 명이 포함되어 있다.

그러나 이 약 310만 명이라는 숫자에는 의문도 적지 않다. 하나는 외지에서의 일반 방인의 전몰자 수 약 30만 명 가운데 계산되지 않은 오키나와 현민의 전몰자 수, 약 9만 5천 명(준 군속을 포함)이 과소한 견적이 아닌가, 라는 문제다. 어느 추계에 의하면 오키나와 현민의 전몰자 총수는 약 15~16만 명이 넘는다고 한다(『週刊朝日百科 日本の歴史 119』).

　　다른 하나는 공습과 원폭 등에 의한 민간인의 전몰자 수를 약 50만 명이라고 하는 점이다. 이 숫자는 전국전재도시연맹에 의한 조사, 「전국 전재도시 공폭사몰자수 일람」을 기초로 하고 있다고 보이지만, 가와사키 시나 나하 시 등 대규모 공습을 받고 있음에도 불구하고 사망자 수의 난이 공란으로 되어 있는 도시가 여러 개 있다. 또 이 숫자는 대규모 공습을 받은 전국 113개 도시의 사망자 수만을 집계한 것이지만, 이외에도 공습을 받은 지역은 상당히 존재했고, 실제의 전몰자 수는 더 많아질 것이다. 이렇게 보면 일본인의 전몰자 수는 310만 명을 넘는 것이다.

　　다음에 외국인의 전몰자 수를 보기로 하자. 아시아·태평양 전역에서 미군의 전사자 수는 9만 2천 명부터 10만 명, 소련군은 장고봉(張鼓峰)사건[56], 노몬한사건[57], 대일참전 이후의 전사자를 합하여 2만 2,694명, 영국군=2만 9,968명, 네덜란드군=2만 7,600명(민간인을 포함)이다(読売新聞 戦争責任検証委員会編, 『検証 戦争責任II』).

　　교전국이었던 중국이나 일본의 점령하에 있던 아시아의 각 지역의 인적 피해는 더욱 심각하다. 그러나 이에 대해서는 정확한 통계 자료가 남아 있지 않기 때문에, 각국 정부의 공식 발표 등을 기초로 하여 대충 어림하지 않을 수 없다. 그러한 견적의 하나로 중국군과 중국 민

---

56 1938년 한·중·소 국경 교차점에 있는 장고봉(張鼓峰)에서 벌어진 일본과 소련의 국경 분쟁.
57 1939년 만주와 몽골의 접경 지대인 노몬한에서 소련과 일본군이 국지전을 벌인 사건.

중의 사망자=1,000만 명 이상, 조선의 사망자=약 20만 명, 필리핀=약 111만 명, 타이완=약 3만 명, 말레이시아·싱가포르=약 10만 명, 기타 베트남, 인도네시아 등을 합하여 총계로 1,900만 명 이상이라는 숫자를 들 수 있다(小田部雄次ほか編, 『キーワード 日本の戦争犯罪』). 어느 것이나 일본이 싸운 전쟁의 최대 희생자가 아시아의 민중이었다는 사실은 틀림없다.

'옥음방송'과 소련군 침공

1945년 8월 15일 정오, 라디오는 천황 자신이 읽어가는 「종전의 조서」를 방송하여, 포츠담선언의 수락 사실을 국민에게 전했다. 이른바 '옥음방송'이다. 계속해서 9월 2일에는 일본 정부의 전권단이 미 전함 미주리(Missouri) 호의 함상에서 항복문서에 조인하였다. 그러나 이것은 모든 전선에서 전투가 끝난 것을 의미하지 않았다.

8월 11일 소련군은 남사할린으로의 침공작전을 개시하였다. 어전회의의 결정을 받아 일본 정부가 포츠담선언 수락의 제1차 통고를 연합국에 대해 행한 직후의 일이다. 이후 일·소 양군의 전투는 8월 25일까지 계속되었다. 나아가 쿠릴 열도에서는 8월 18일에 슘슈(Shumshu, 占守島)에 대한 소련군의 상륙작전이 개시되어 격렬한 전투가 이루어지고, 21일에 정전협정이 체결된다. 이미 8월 14일의 어전회의는 포츠담선언의 최종적 수락을 결정하여 연합국 측으로의 통고도 이루어지고 있었음에도 불구하고 벌어진 일이었다. 슘슈에 대한 공격은 준비가 부족한 채 소련군이 강행한 면이 있고, 일본군의 반격으로 큰 손해를 입었다. 그 후 소련군은 이투루프(Iturup, 択捉島), 우루프(Urup, 得撫島), 시코탄(Shikotan, 色丹島)을 무혈 점령하였다. 항복문서 조인식이 이루어진 9월 2일에는 쿠나시르(Kunashir, 国後島)를, 3일에는 하보마이 제도(Khabomai Rocks, 歯舞諸島)를 점령하였다. 세력권 확장을 위한 노골적인 군사 행동이다. 한편 만주·사할린·쿠릴 등에서 소련군의 포로가 된 일본군 장병은 그 후 시베리아나 중앙아시아의 강제수용소에 이송되어, 가혹한 조건 아래에서 중노동을 한 결과, 다수의 사망자가 나오게 된다(시베리아 억류).

8월 15일 이후의 중국전선

중국전선에서는 국민정부군과 공산당군의 어느 쪽이 일본군의 무장 해제를 행할까가 큰 문제였다. 일본군이 보유하고 있던 대량의 무기, 탄약의 행방이 국민정부군과 공산당군과의 사이에 군사적 역관계에 큰 영향을 미치는 것은 분명했기 때문이다.

지나파견군 총사령관 오카무라(岡村寧次) 대장은 국민정부 측의 움직임도 있어서, 이른 단계에서 국민정부군에 대한 항복을 결의하고 있었다. 1945년 8월 18일에 총참모장의 이름으로 전군에 통첩된 「화평 직후의 대지(對支) 처리요강」은 "지나에 교부해야 할 무기 탄약, 군수품 등은 (중략) 완전하고 원활하게 지나 측에 교부하여, 이로써 나아가 중앙 정권의 무력 충실에 기여함"이라는 형태로, 국민정부군에의 항복과 동군에 의한 무장 해제를 명확하게 지시하고 있다. 나아가 파견군의 요청을 받아, 8월 22일에 대본영이 발한 대육명 제1388호는 외지의 작전군에 전면적인 정전(停戰)을 명하면서도 지나파견군에게만은 '국지적 자위의 조치를 실시할 것'을 인정하고 있었다. 그 결과 화북에서는 무장 해제를 요구하는 공산당군과 이것을 거부하는 일본군과의 사이에서, 8월 15일 이후에도 격렬한 전투가 일어나게 되었다.

1946년 3월 시점에서의 조사에 의하면 '종전 후'에 3,280명의 일본병이 중국전선에서 전사했다.

오카무라는 그 후 전범으로 국민정부의 군사법정 심리에 부쳐졌지만, 결국 무죄가 되어 일본에 귀국한다. '반공'을 공통항으로 한 국민정부로부터의 적극적 협력을 평가받아서였을 것이다. 오카무라 자신도 1949년 3월에 총리청과 제1복원국 관계자에 의해 이루어진 청취조사 가운데, 국민정부의 전범재판에 대하여, "나에 대해서는 무심리로 귀국시킬 예정으로 되어 있었지만, 결국 일단 재판을 하게 되었다" "요컨대 민중의 비판을 생각하여 재판에까지 가지고 가게 된 것이다"라고 진술하고 있다(「元支那派遣軍総司令官 岡村寧次大將より聽取書」). 국민정부로서는 오카무라를 기소하지 않을 방침이었지만 중국의 국민 감정에 대한 배려에서 형식상으로는 전범재판을 행하지 않을 수 없었을 것이다. 한편 일본에 귀국한 오카무라는 국공(國共)의 내전에 패해서 타이완으로 옮긴 국민정부를 위해 구 육군 장교를 모아 군사고문단을 조직하여, 타이완에 보내는 비밀 임무를 맡았다. 이 군사고문단이 이른바 '백단(白團)'이다.

'반공'을 위한 연대라는 점에서 말하면, 산시(山西) 잔류 문제를 잊을 수는 없다. 산시 성에서는 북지나방면군 예하의 제1군의 일부가 패전 후에도 현지에 잔류하여, 국민정부의 제2 전구군(戰區軍)에 참가하여 공산당군과 싸우는 사태가 발생하고 있었다. 이것은 제2 전구사

령장관 옌시산(閻錫山, 1883~1960년)의 요청에 답하여, 제1군 상층부가 일본군 장병에 잔류를 명했기 때문이다. 그 결과 약 1만 명의 일본군이 전후 3년 반에 걸쳐 공산당군과의 전투를 계속하게 된 것이다(藤原彰, 『天皇の軍隊と日中戦争』).

동남아시아의 일본군

동남아시아에서는 영국의 동남아시아 군사령부(사령관은 루이스 마운트배튼 Louis Francis Albert Victor Nicholas Mountbatten 경)의 관할 지역의 확대가 중요한 의미를 가졌다. 이제까지 동 사령부는 영국의 식민지였던 지역을 주로 관할해 왔다. 그것이 8월 15일에 영·미 간의 합의에 따라 인도네시아의 주요 지역, 북위 16도선 이남의 인도차이나가 새로이 그 관할 지역에 들어갔다. 즉 영국군은 네덜란드나 프랑스의 식민지에서도 일본군을 무장 해제 할 임무를 맡아, 네덜란드와 프랑스가 식민지로 복귀하는 것을 지원하는 역할을 인수한 것이다(木畑洋一, 「ヨーロッパから見たアジア·太平洋戦争」). 이것은 다른 각도에서 보면 영국군이 진주하기까지는 일본군이 독립운동에 대한 억지력으로 기능하고 있던 것, 그리고 영국군 이외의 무장 해제에는 응하지 않는 것에 의해 일본군의 무기, 탄약이 독립운동 측에 도는 것을 저지하는 역할을 하고 있었다는 것을 의미한다. 그 점에서라면 포츠담선언의 수락에 의해 전투가 바로 종식한 것도, 일본의 군사력이 그 군사적 기능을 상실한 것도 아니었던 것이다. 사실 인도네시아에서도 무기, 탄약의 인도를 요구하는 민족운동 측과 일본군과의 사이에서 무력 충돌이 발생

하였다. 스스로의 의지에서 독립운동에 참가한 소수의 일본병을 별도로 하면, 일본군은 여전히 민족운동에 적대하는 존재였다.

한편 패전 시에 해외에 있던 군인·군속 일반 민간인의 총수는 약 660만 명이었고, 그 대략 반수가 민간인이었다. 이들의 귀환도 일본 정부에 있어서 큰 문제였다.

'무언의 귀환'의 내실

육친을 전장에 보내고 집을 지키는 가족의 경우도 '종전'은 전쟁의 종말을 의미하지 않았다. 출정한 육친의 안부가 불명인 채로 있는 가족이 많았기 때문이다. 이와테 현의 사례에서 보면, 육해군의 전체 전사자=3만 1,042명(표 5-1과 수치가 약간 다르다) 가운데, 1945년도까지 전사의 공보가 발령된 자는 9,682명(전체의 31.2%)에 지나지 않는다. 1946년도부터 1948년도까지 발령된 자가 1만 8,976명(61.1%)에 달하고 있다(앞의 책, 『援護の記錄』). 전후 등을 통해서 안부의 정보가 전해진 경우도 있었지만, 집을 지키는 가족의 대부분은 아무런 정보도 받지 못한 채 불안한 시간을 보내야 했다.

또한 전사자의 유골 문제도 심각하였다. 이미 말한 대로 전국의 악화에 따라 실제 유골이 없는 유골함이 급증하고 있었다. 니가타 현의 사례를 보면, 유골의 수용이 불가능한 경우에는 "유류품 또는 기념이 될 만한 물건을 가지고 유골에 대신하여" 유골함에

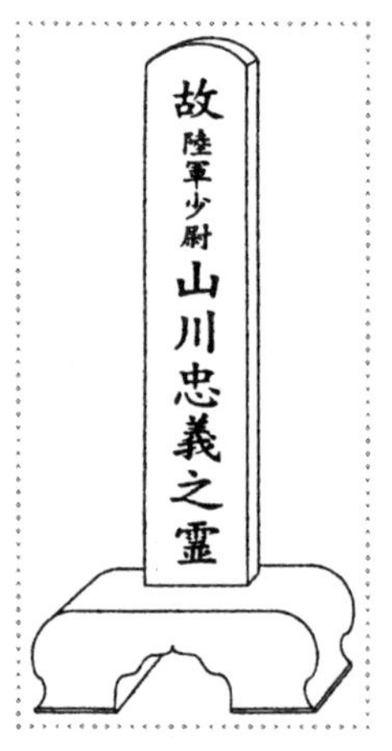

▶ 그림 5-4. 영새, 유골을 대신하여 유족에게 전해진 예가 많았다.

수납했다. 과달카날 섬에서 제2사단의 전사자의 경우에는 이 섬의 모래를 '유골에 대신 수납 전달하'고 있다. 또 유골에 대신할 만한 것이 전혀 없는 경우에는 그림 5-4처럼 영새(靈璽, 위패)를 수납했지만, 전국의 악화에 따라 영새만을 전달하는 것이 늘어났다(新潟県民生部援護課編, 『新潟県終戦処理の記録』).

　　패전 후에는 본래 유골이 들어가 있어야 할 백목상자의 취급은 더욱 소략하게 되어 갔다. 국립역사민속박물관이 실시한 '전쟁 미망인'에 대한 청취 조사 가운데서 패전 후에 전사의 공보가 전해지고, 본인이 전달받은 유골함의 내용을 직접 확인한 21명의 사례를 추출하였다. 유골함의 내용을 정리해 보면 다음과 같이 된다(国立歴史民俗博物館, 『戦争体験の記録と語りに関する資料調査 1-4』).

실제 유골	1
유품(파이프, 지갑)	2
위패·영새	7
널조각·나뭇조각·패	3
작은 돌과 나무패	1
종이	6
아무것도 들어 있지 않음	1

　　나무패나 종이에 전사자의 이름만을 쓴 것과 빈 상자가 대략 반수에 달하는 것을 알 수 있다. 한편 위패·영새라고 기록된 것 가운데, 실제로는 나뭇조각에 이름만 쓴 것이 혼재하고 있을 가능성도 부정할 수 없다.

전사자의 공장 금지

더욱이 점령기에는 전사자에 대한 공장(公葬)이 금지되어 있었다. 1945년 12월의 GHQ의 국가신도에 대한 각서(神道指令)[58]에 기초하여, 1946년 11월에는 내무·문부차관의 통첩 「공장 등에 대하여」가 발표되어, 정부나 지방공공단체에 의한 전사자의 공장 금지, 전사자의 장의에 대한 정부나 지방공공단체의 원조 금지가 지시되었다. 실제로는 이 통첩 이전부터 공장은 이루어지지 않게 된 것이지만, 도야마(富山) 현의 경우 상황은 다음과 같았다(富山県厚生部社会福祉課, 『富山県終戦処理史』).

지령 후 지방세화부(세화과)에서 유족에게 유골을 전달할 즈음해서는 일반인의 열석을 금지하여, 종교색을 뺀 유골전달식이 이루어지게 되었다. 유골을 인수받은 가족은 각각의 집에서 친척 외 참열자가 없는 채로 행해져, 종전 전의 공장에 비교하여 너무나 적막한 것이었다. 또 시정촌 등에서 위령법요도 종전 후에는 이루어지지 않게 되었다.

이시카와(石川) 현의 예에서 보아도 유골·유류품의 전달 상황은 (민간인의 것을 포함), 1946년=6,703건, 1947년=7,136건, 1948년=1,212건, 이후, 1959년까지 총건수 1만 7,670건이었고, 1946년부터 1948년의 3년간만 해도 전체의 85.2%를 차지하고 있다(石川県, 『石川県終戦処理の記録』).

---

58 각서는 신교 자유의 확립과 군국주의 배제, 국가신도를 폐지하고 정교 분리를 위해 나온 것이다. 처음에는 정교의 완전 분리를 목표로 했지만 1945년을 경계로 적용 조건이 대폭 완화되었다.

　대부분의 유족은 조용히 '무언의 귀환'을 받아들일 수밖에 없었던 것이다.

맺음말

패전 후의 어느 편지

패전 후 얼마 지나지 않은 1946년 3월 니시노미야(西宮) 시에 사는 어느 남성이 제1복원성(復員省)[59]의 고쓰키 요시오(上月良夫, 1886~1971년) 차관에게 인상 깊은 편지를 썼다. 이 남성의 자식은 1939년에 소집된 뉴기니 전선에서 '생사 불명'이 되었고, 소속 부대의 부대장, 부관, 당번병 2명만이 일본에 귀환하였다. 남성은 다른 전선에서도 같은 사례가 있다고 하면서, 다음과 같이 지적하여 정부로서의 책임 있는 회답을 요구하고 있다. 우선 구의식(舊意識)을 기반으로 하고 있지만, 거기에는 전후사를 지탱하는 새로운 의식의 싹이 있다.

폐하의 적자(赤子), 고굉(股肱, 가장 믿는 부하—옮긴이)을 내버려 둔 채 돌

---

59 1945년 12월 1일에 설치되어 1946년 6월 15일에 폐지된 중앙성청으로 육군성이 개조된 것이다. 나중에 제2복원성(구 해군성)과 통합하여 복원청이 되었다.

아오는 사령관을 비롯한 각 장군들이야말로 악마이고 귀축(鬼畜, 마귀와 짐승)의 짓입니다. 또 어떻게 폐하에게 미안하다는 말씀을 드리겠는가. 실로 고굉의 신을 돼지나 개를 버리듯이 버리고 간 것과 같은 것이 아닙니까. 부모로서 '생사 불명'의 이름 아래 '뉴기니' 산중에 방치되어 버려진 자식을 생각하면서 고뇌의 날을 계속하고 있습니다. 연민과 동정의 마음을 가지신 다음에 국가로서 또 정부 당국으로서 최선의 구출법, 소환법을 부탁드리고 싶어 간절하게 말씀드립니다.

이 남성을 강하게 움직이고 있는 것은 국가의 기민 정책에 대한 부친으로서의 깊은 분노지만, 그 공격의 화살은 천황에게 향할 가능성을 감추고 있었다. 그는 이 편지 가운데에서 다음과 같이 쓰고 있었던 것이다.

폐하의 어명에 의해 출정을 명령받고, 충량한 폐하의 고굉으로서 부끄럽지 않은 행동을 하라고 했던 부모로서, 이러한 산중에 방치된 사랑하는 자식을 구출하지 못하면 부모로서 죄송한 일입니다. 또한 천리를 거역하는 것입니다. 국가로서 또 정부 당국으로서 이들 충량한 폐하의 고굉을 버리신다면 요컨대 폐하의 어명으로 버리는 것입니다.

아시아·태평양전쟁은 일본의 무참한 패배로 끝났지만, 그 패배는 전후 일본인의 의식에 어떠한 영향을 미친 것일까.

패전에서 냉전으로

먼저 무엇보다도 이 책에서 보아온 것처럼, 전선과 총후의 비참하고 처참한 현실이, 전후의 일본 사회 가운데 군대나 전쟁에 대한 강한 기피감 과 국가가 내거는 대의에 대한 뿌리 깊은 불신감을 정착시킨 것을 지적할 수 있다. 통절한 전쟁 체험에 뒷받침하여 비전(非戰)의 정치 문화가 형성되었다고 말해도 좋다. 그 점에서 패전은 무엇보다도 군국주의와 군대로부터의 해방을 의미하고 있었다(사진). 그리고 그 정치 문화는 일본이 '보통 나라'로서 전쟁의 직접 당사자가 되는 것을 막아 왔다.

▶시나가와(品川) 역에 도착한 복원열차(1946년). 만면에 가득한 웃음에서는 살아남아 고국과 가족에게 돌아온 것에 대한 기쁨이 절실하게 전해온다. 전후 일본 사회의 하나의 원점은 병사들의 이 웃는 얼굴 안에 있었을 것이다(『昭和のくらし研究』 제4호, 2006년).

　그러나 냉전으로의 이행은 상황을 보다 복잡한 것으로 만들었다. 사회주의 진영과의 대결 자세를 강하게 한 미국은 일본의 비군사화와 민주화라는 당초의 점령 정책을 크게 전환시켜 동맹국으로서의 일본의 강화·안정에 중심을 옮기고 있었기 때문이다. 그 결과 재군비가 개시됨과 동시에 전범 용의자가 점차 석방되자, 일본의 전쟁 책임 추궁도 도중에 중단되었다. 사실 1951년 9월에 조인된 샌프란시스코 강화조약은 '관대한 강화'로서의 성격을 짙게 갖고 있었다. 이 조약에서는 미국을 중심으로 한 주요 참전국이 대일배상의 청구권을 방기했다. 뿐만 아니라 제11조에서 일본 정부가 극동국제군사재판(도쿄재판)의 판결을 수락할 것이 규정되었던 만큼, 전쟁 책임 문제에 관한 직접적인 언급은 전혀 없었다. 수석전권으로 이 조약에 조인한 요시다 시게루 수상은 이 점에 대해서 다음과 같이 쓰고 있다(吉田茂, 『回想10年』, 제3권).

이 조약에서는 일본의 전쟁 책임에 대해서 한마디도 언급되어 있지 않다. (중략) 제2차 세계대전 후의 다른 강화조약, 예를 들면 이탈리아, 루마니아의 강화조약에서는 어느 것이나 전쟁의 책임이 명언되어 있다. 일본의 조약에서 이러한 것이 없었던 것은 화해의 정신이 관통하고 있었던 것은 명백하다.

또 국내 정치 면에서도 강화조약의 조인 전후부터 공직추방에서 해제당한 거물 정치가가 속속 정계에 복귀해 왔다. 공직추방이란 점령기에 행해진 것으로, 군국주의자나 국가주의자를 공직에서 배제하는 정책이다. 하지만 그러한 해제는 국민에 대한 지도자의 책임을 애매하게 만드는 것을 의미하기도 했다. 나카소네 야스히로(中曾根康弘) 전 수상도 공직추방조가 정계에 복귀하는 것을 비판적으로 언급하면서, "어찌되었든 저 전쟁의 지도자에게는 일본인 스스로가 확실히 결착을 해야 했음에도 불구하고 냉전이 시작되어 다른 온풍이 흘러들어왔기 때문에 엉거주춤하게 끝나 버리고 말았다"고 지적하고 있다(中曾根康弘, 『天地有情』).

일본인의 평화 의식

이러한 일련의 사태는 국민의 의식상에 복잡한 영향을 미쳤다. 첫째로는 가해의 기억이 봉인되어 국민은 전쟁의 희생자이고 피해자라는 인식을 기반으로, 독특한 평화 의식이 형성된 것을 들 수 있다. 이 피해자로서의 자기 인식은 전장의 비참한 현실과 전쟁에 의한 국민 생활의 악화를 직접적인 기반으로 하고 있던 만큼, 국민 의식 가운데 깊게 뿌리를 내렸다. 역으로 말하면, 그러한 평화 의식은 아시아에 대한 가해의 역사를 망각하는 것에 의해 비로소 성립하고 있었던 것이다.

둘째로 국가 지도자의 국민에 대한 책임까지도 애매하게 된 것은 국민 가운데 깊은 응어리를 남긴 결과가 되었다. 전쟁의 말기부터 국민 사이에 국가 지도자에 대한 반감과 불신감이 퍼져 있었는데, 패전은 그것을 결정적인 것으로 만들었다. 일본 국가 지도자의 전쟁 책임은 연합국 측이 개정한 도쿄재판에서 판가름하게 되지만, 이 재판이 '승자의 재판'이라는 정치성을 가지고 있었기 때문에, 재판에 대한 반감이나 반발이 국가 지도자에 대한 비판의 창끝을 둔하게 한 면이 있었던 것도 부정할 수 없다. 그러나 피해자적인 전쟁관과 결부됨에 따라 전쟁의 책임은 군인을 중심으로 한 국가 지도자에게 있고, 자신들은 국가 지도자들의 잘못된 정책의 희생자라고 하는 국민 의식이 광범하게 형성된 것은 확실하다. 그만큼 전쟁 책임의 문제가 조금씩 애매해진 것으로 인해, 대부분의 국민이 석연치 않은 생각을 갖게 된 것이다. 그리고 그러한 생각은 천황을 향하게 된 것도 있었다. 다수의 아사자를 낸 것으로 유명한 멜레욘(Mereyon=올레아이(Woleai)를 말함—옮긴이) 섬에서 생환한 장병의 체험기를 검토한 이치노세 도시야(一ノ瀬俊也)는, "몇 가지의 체험기를 통해 드러나는 것은 '쇼와'가 끝나고 전후 50년 이상 지나서도 아직 끝나지 않은, '전쟁 책임'에 대한 집요한 질문이다. 그 창끝은 때로 천황에게까지 미친다"고 지적하고 있다(一ノ瀬俊也, 「餓死の島をなぜ語るか」).

셋째로는 미국을 중심으로 한 연합국과의 정치적 화해를 촉구하는 냉전의 논리가 망각을 강요하는 힘으로 작용한 것이다. 전쟁 책임,

전후 처리의 문제에 일단 매듭을 진 일본 사회는 경제 부흥에서 고도 성장의 시대로 돌진해 가지만, 그러한 사회 상황은 전쟁의 시대를 멀리 지나간 과거, 돌아볼 만한 가치가 없는 과거로 간주하는 풍조를 만들었다. "굉장한 기세로 무너져 버려 사무와 상식이 변화하여, 고국은 발전에 바빴"(竹内浩三)던 것이다.

그것은 직접 전쟁 체험을 가진 세대 사이에 굴절된 체념을 만들었다. 다카하시 사부로(高橋三郎) 편저의 『공동연구 전우회』는 전우회에 모인 전 병사들이 전쟁 체험을 하지 않은 세대를 대하는 태도를, "당신들에게 우리의 체험에 대해 이야기하고 싶다. 그러나 당신들은 알 수 없을 것이다"라고 표현하고 있다. 전쟁 체험의 계승이라는 면에서 거기에는 깊은 단층이 존재하고 있었다.

커다란 기로

그러나 이상에서 보아온 것처럼 일본인의 전쟁 인식, 혹은 평화 인식은 냉전의 종언 등을 배경으로 1980년대부터 90년대에 걸쳐서 커다란 기로에 세워진다. 하나는 역사 교과서 문제, 수상의 야스쿠니신사 참배 문제 등을 계기로 아시아 제국으로부터의 대일 비판이 본격화한 것을 지적할 수 있다. 피해자로서의 자기 인식을 기반으로 한 평화 의식 위에 이른바 안주하고 있는 것이 불가능한 국제 환경이 새로이 형성된 것이다.

다른 하나의 변화는 전쟁 체험 세대의 급속한 감소다. 2003년 10월 1일 시점에서 65세 이상의 인구는 전 인구의 19.1%에 지나지 않는다. 이 연령층이 대략 소학교(당시에는 국민학교) 1년생 이상의 연령에서 패전을 맞이한 세대에 해당한다. 이에 따라 직접 체험이나 실감에 의해 지탱된 전쟁 인식과 평화 의식에 큰 그늘이 보이기 시작했다. 직접 체험에 근거하지 않은 '전쟁의 기억'이 차지하는 비중이 결정적이 되었다.

이러한 상황은 지금도 여전히 계속되고 있다. 그리고 그러한 역사적인 전환점을 앞에 두고 우리들 가운데에는 망설임과 초조함도 생겨나고 있다. 또 중국이나 한국과의 사이에 내셔널리즘이 경쟁하는 듯한 나쁜 연쇄 현상이 만들어지고 있다. 비판과 반발을 통해서 양국 간의 내셔널리즘이 상호 높아지는 것 같은 관계가 그것이다. 어찌되었든 우리들이 과거의 역사를 어떠한 형태로 바라볼까, 그 바라보는 방법을 질문받는 시대를, 우리들은 살아가고 있다.

저자 후기

전후에 태어났다고 해도 전쟁의 시대와 연속해 있는 시대를 살아 왔다고 하는 실감이 있다. 나의 유년기를 담당한 의사는 데라시 요시노부(寺師義信, 1882~1964년) 전 육군군의 중장이다. 위엄이 있는 수염을 기른 노선생이었지만 치료 뒤에 사탕을 받은 기억이 있다. 손녀가 소·중학교 시대, 나의 1학년 밑에 있었다. 나중에 알게 된 것이지만, 일중 우호에 진력한 엔도 사부로(遠藤三郞, 1893~1984년) 전 육군 중장의 주거도 나의 행동반경 안에 있었다.

또 최근 중학생 시대의 동급생인 구리하라(栗原好江) 씨로부터 연락을 받고 나서, 동급생 하야시(林夏子) 씨의 부친이 '오우카(櫻花)'를 장비한 해군의 특공부대, 제721 해군항공대의 생존자임을 알았다. 721공의 비행대장 노나카 고로(野中五郞, 1910~1945년) 소좌가 '오우카'의 출격에 반대하고 있었던 것은 잘 알려져 있는데, 출격 전의 노나카 소좌의 생생한 언동을 기록으로 남긴 사람이, 하야시 씨의 아버지 하야시 후지오(林富士夫) 전 해군대위다. 전쟁의 생생한 상처가 매우 가까운 곳에 남겨져 있는 것을 다시 실감했다.

식민지 지배의 문제에서도 같다. 동급생 가운데에는 재일조선인의 자제가 상당히 있었지만, 나의 놀이 친구였던 것은 일본에 살고 있는 가운데서도 경제적으로 성공을 거둔 가정의 아이들이었다. 그러나 그 반대에는 일본 사회의 최저변의 노동자층을 구성하고 있는 사람들이 있었다. A씨의 부친도 그중 한 사람인데, 이마에 머리띠를 질끈 동여매고 땀투성이가 되면서, 거름통을 실은 리어카를 끌던 모습이 눈에 강렬하게 새겨져 있다. 동급생의 부친 가운데 지금 얼굴을 떠올릴 수 있는 것은 A씨 부친의 불그레한 얼굴뿐이다.

그런 세대의 연구자인 나 자신의 강한 생각 같은 것이 이 책에는 짙게 반영되어 있다. 생각해 보면 젊은이, 젊은이라고 대우받고, 젊은이, 젊은이라고 오만불손했던 시대는 먼 과거의 것이 되었고, 지금은 중견이라 부를 수 없는 세대의 연구자가 되었다. 이 사이 계속해서 성장해 온 젊은 세대의 연구자가 보면 나 자신의 이런 생각은 답답할 뿐일지도 모른다. 그러나 이 책의 집필을 마친 지금 나의 가운데에는 해야 할 책무를 내 나름대로 해냈다고 하는 만족감(자기만족감?)이 있다. 독자 및 젊은 연구자 여러분의 기탄 없는 비판을 부탁드리고 싶다. 마지막에 편집자로서 나를 지탱해 준 오타노(小田野耕明) 씨와 주의 깊게 하는 일을 맡아준 교정자 여러분에게 깊이 감사한다.

2007년 7월

요시다 유타카(吉田裕)

역자 후기

이 책은 이와나미 서점에서 2007년에 간행한 일본 근현대사 시리즈(전 10권) 중 요시다 유타카의 『アジア・太平洋戦争』을 완역한 것이다. 저자의 주요 저서는 『天皇の軍隊と南京事件』(青木書店, 1986), 『昭和天皇の終戦史』(岩波新書, 1993), 『現代歴史学と戦争責任』(青木書店, 1997), 『日本の軍隊』(岩波新書, 2002), 『日本人の戦争観』(岩波現代文庫, 2005) 등이 있다. 요시다 교수는 일본 근현대사를 전공하여 지금까지 근대사 연구를 통해 침략 전쟁의 실태뿐 아니라 일본의 전쟁 책임의 실태를 입증하기 위한 연구에 몰두해 왔다.

이 책은 1941년 일본군의 말레이 반도 상륙과 진주만 기습 공격으로 시작되어 1945년 무조건 항복하기까지 일본과 아시아에 깊은 상처를 남긴 아시아·태평양전쟁을 다루었다. 일본이 왜 개전을 회피할 수 없었는지, 병사나 후방의 민중이 총력전을 어떻게 치루었는지 그 전쟁의 경위를 알기 쉽게 설명하였다. 아울러 전시경제의 파탄, 개전과 종전 결정에 있어서 천황과 각의의 역할, '도조 독재'의 특질에 대해서도 흥미롭게 지적하였다. 그리고 "일본이 싸운 전쟁의 최대 희생자는 아시아의 민중이었다는 점은 틀림없다"고 강조하여 전쟁 책임 문제를 다루었다.

　전후 일본의 가장 큰 잘못은 아시아에 대한 침략과 잔학 행위에 대하여 솔직한 사죄와 효과적인 보(배)상을 하지 않은 데 있다. 일본의 전후 처리에서 가장 중요한 문제점은 일본의 가해자 의식과 전쟁 책임의 부재라 할 수 있다. 일본은 스스로가 피해자의 대열에 서서 과거 침략 행위의 진상이나 피해를 파악하는 것을 외면하고 과거 역사에 대해 책임을 지는 데 인색하였다.

　2010년 동북아역사재단에서는 ㈜동서리서치에 의뢰하여 8월 23일부터 31일까지 서울, 도쿄 시민 각 500명과 베이징 시민 511명을 대상으로 한중일의 역사 인식에 관한 여론조사를 실시하였다. 이 가운데 역사 현안 중 선결 과제로 한국인은 지난해에 이어 '독도 문제'(35.2%)를, 중국인은 '침략 역사 인정 등 역사 문제에 대한 일본의 태도'(45.2%)를 지적하였다. 반면, 일본인이 '전쟁 책임과 보상, 사후 처리 문제'(19.2%)라고 응답한 것은 국가 간의 인식의 차이를 엿볼 수 있는 대목이다.

　한편 일본 정부의 일본군 '위안부' 문제 공식 사과에 대한 질문에서는 일본인들은 스스로 '사과해야 한다'는 의견이 지속적으로 상승하고(2007년 38.4%→2008년 40.8%→2009년 48.9%→2010년 49.4%) 있다고 한다. 반면 일본 총리의 야스쿠니신사 참배 문제에 대해서는 한국인(76.8%)과 중국인의 대다수(84.3%)가 반대했으나, 일본인들은 '받아들일 수 있다'(64.4%)가 '반대한다'(28.6%)를 크게 앞서고 있다. 그 이유로는 '희생 군인에 대한 추모'(30.1%), '국가의 전쟁 책임'(24.5%), '개인 차원의 참배'(17.7%)라고 응답했다.

　한일 간의 역사 문제를 다시금 생각하게 하는 지금, 아직도 한일

간의 과거사는 독도 문제, 야스쿠니신사 참배 문제, 일본군 '위안부' 문제, 강제연행 문제, 역사교과서 왜곡 문제 등 여전히 청산되지 않았다. 이러한 때 이 책은 일본의 전쟁 책임 문제를 알고자 하는 독자나 전공자들에게 유익한 길잡이가 될 것이라고 생각한다.

이 책을 옮기면서 원서에는 주가 없으나 설명이 필요한 부분에는 각주를 달고, 인명에는 생몰연대를 찾아서 보충하였다. 가능한 한 원서의 기본 취지와 사료적 가치를 살리기 위해 의역보다는 직역을 택했다. 역자는 2005년에 요시다 유타카 교수의 『일본의 군대』를 번역하여 학계에 소개한 적이 있다. 이번에도 이 책을 번역할 수 있도록 허락해 준 것을 감사드린다.

또한 이 책은 역자가 논문을 쓰는 틈틈이 번역을 시작한 이래 12권째 내놓는 번역서이다. 처음 시작할 때부터 지금까지 어느 것 하나 쉬운 작업이 없었다. 시간이 많이 들고 고생스러운 번역을 다시는 하지 않겠다고 마음먹은 적이 한두 번이 아니었다. 그러면서도 묵묵히 이렇게 공부를 계속할 수 있었던 것은 힘겨워 주저앉을 때마다 견뎌 낼 힘을 주신 하느님과 부모님, 불편을 참아준 가족의 기도 덕분이었다. 특히 이 책을 번역할 때 2년 동안 투병 중이시던 어머님이 돌아가셨다. 누구보다도 역자가 공부하는 것을 좋아하고 책이 나올 때마다 첫 번째 독자가 되어 응원해 주셨지만, 평생 걱정만 끼쳐드렸다. 인내와 겸손의 삶을 가르쳐 주신 부모님께 이 작은 책자를 드려서 지금까지 받은 사랑과 은혜에 감사드리고 싶다.

2011년 10월

최혜주

연표

연도	일본	세계
1940년 (쇼와15)	7월 제2차 고노에 후미마로 내각 성립. 대본영정 부연락회의, 무력남진 결정 9월 부락회·정내회·인보반·시정촌상회 정비요강 통지. 북부 프랑스령 인도차이나 진주. 일·독· 이 3국동맹체결 10월 대정익찬회 발회 11월 일본산업보국회 창립, 일화기본조약 조인	6월 독일군, 파리 점령
1941년 (쇼와16)	1월 「전진훈」 포달 4월 일소중립조약 조인, 일미교섭 개시 7월 어전회의, 「정세의 추이에 따른 제국국책요강」 결정, 관특연 발동. 제3차 고노에 내각 성립. 미국 재미일본자산동결. 남부 프랑스령 인도 차이나 진주. 8월 미국 대일석유수출금지 9월 어전회의, 「제국국책수행요령」 결정 10월 도조 히데키 내각 성립 11월 어전회의, 「제국국책수행요령」 결정. 미국무장 관, 헐노트 제시 12월 어전회의, 대미영란개전결정. 일본군, 말레이 반도 상륙·하와이 진주만 공격. 말레이해전. 괌 섬 점령. 홍콩전도 점령	3월 미국, 무기대여법 성립 6월 독소전 개시 8월 루스벨트와 처칠, 대서양헌장 발표
1942년 (쇼와17)	1월 일본군, 마닐라 점령. 대일본익찬장년단 결성 2월 일본군, 싱가포르 점령. 화교학살사건. 익찬정 치체제협의회 결성 3월 일본군, 자바 섬 상륙. 대본영정부연락회의, 「금 후 취해야 할 전쟁지도의 대강」 결정 4월 일본군, 바타안반도 점령. 둘리틀대, 일본 처음 공습. 익찬선거 5월 산호해 해전. 익찬정치회 결성 6월 미드웨이해전 7월 대본영, 남태평양진공작전 중지 결정 8월 미군, 과달카날 섬 상륙. 솔로몬 해전 10월 남태평양 해전 11월 대동아성 설치	1월 연합국 26개국공동선언 3월 미국, 일본계인의 강제수용 명령 8월 미국, 맨해튼 계획 개시

연도	일본	세계
1943년 (쇼와18)	2월 일본군,과달카날 섬 철퇴 개시 3월 전시행정직권특례 공포 4월 연합함대사령장관 야마모토 이소로쿠,솔로몬 상공에서 전사 5월 애투 섬의 일본수비대 전멸. 어전회의,「대동아 정략지도대강」 결정 8월 조선에 징병제 시행 9월 어전회의,「금후 취해야 할 전쟁지도의 대강」 (절대국방권의 설정) 결정 10월 학생·생도의 징집유예 정지(학도출진) 11월 군수성 설치. 대동아회의 개최 12월 징병적령 1년 인하	2월 스탈린그라드의 독일군 항복 9월 이탈리아,무조건 항복 11월 카이로선언. 테헤란회의
1944년 (쇼와19)	1월 대본영,대륙관통작전 명령. 요코하마 사건 2월 미군,마샬 제도 상륙. 도조 수상·육상,참모총장 겸임. 시마다 해상,군령부총장 겸임 3월 임팔 작전 개시 6월 미군,사이판 섬 상륙(다음 달, 수비대 전멸), 마리아나 해전 7월 도조 내각 총사직. 고이소 쿠니아키 내각 성립 8월 학도근로령·여자정신근로령 9월 타이완에 징병제 시행 10월 미군,레이테 섬 진공. 신푸특공대 출격	6월 미영군,노르망디 상륙 8월 연합군,파리해방
1945년 (쇼와20)	2월 고노에 후미마로,패전필지라고 상주. 미군,이오 섬 상륙(다음 달, 수비대 전멸) 3월 국민근로동원령. 도쿄대공습,오사카공습 4월 미군,오키나와 본도 상륙. 고이소 내각 총사직. 스즈키 칸타로 내각 성립 5월 전시교육령 공포 6월 어전회의,「금후 취해야 할 전쟁지도의 대강」 (본토결전방침) 결정. 의용병역법 공포. 오키나와수비대 전멸. 하나오카 사건 7월 고노에 후미마로의 특사파견을 소련에 신청 8월 히로시마에 원폭투하. 소련, 대일선전포고. 나가사키에 원폭투하. 어전회의,포츠담선언 수락을 결정. 전쟁종결의 조서를 방송(옥음방송). 히가시쿠니노미야 나루히코 내각 성립. 맥아더원수,아쓰키에 도착 9월 항복문서 조인	2월 얄타회담 5월 독일,무조건 항복 7월 포츠담선언 발표

참고문헌

본문에서 직접 언급하거나 집필에 참고한 주요 문헌을 정리해 보았다. 이 외에도 여기에서는 일일이 거론하지 않았지만, 많은 문헌의 도움을 받았다는 것을 밝혀둔다. (각 항목별로 간행연대 순으로 배열)

전체

木坂順一郎, 『昭和の歴史 7 太平洋戦争』, 小学館, 1982
細谷千博編, 『日英関係史 1917~1949』, 東京大学出版会, 1982
江口圭一, 『十五年戦争小史(新版)』, 青木書店, 1991
近藤新治編, 『近代日本戦争史 第四編 大東亜戦争』, 同台経済懇話会, 1995
山田朗, 『軍備拡張の近代史』, 吉川弘文館, 1997
武田幸男編, 『朝鮮史』, 山川出版社, 2000
倉沢愛子ほか編, 『岩波講座 アジア・太平洋戦争』 全 8권, 岩波書店, 2005~6
吉田裕・森茂樹, 『アジア・太平洋戦争』, 吉川弘文館, 2007

머리말

Carol Gluck, 「現在のなかの過去」 『歴史としての前後日本(上)』, みすず書房, 2001
吉田裕, 『日本人の戦争観』, 岩波現代文庫, 2005

제1장

豊田副武, 『最後の帝国海軍』, 世界の日本社, 1950
竹内好, 「近代の超克」, 伊藤整ほか編, 『近代日本思想史講座 7』, 筑摩書房, 1959
朝日新聞法廷記者団編, 『東京裁判(中)』, 東京裁判刊行会, 1962
佐藤賢了, 『大東亜戦争回顧録』, 徳間書店, 1966
宇垣纒, 『戦藻録』, 原書房, 1968
鹿島平和研究所編, 『日本外交史 24』, 鹿島研究所出版会, 1971
新名丈夫編, 『海軍戦争検討会議記録』, 毎日新聞社, 1976
藤原彰, 『太平洋戦争史論』, 青木書店, 1982
伊藤整, 『太平洋戦争日記(1)』, 新潮社, 1983
家永三郎, 『戦争責任』, 岩波書店, 1985
吉沢南, 『戦争拡大の構図』, 青木書店, 1986
原四郎, 『大戦略なき開戦』, 原書房, 1987
波多野澄雄, 『幕僚たちの真珠湾』, 朝日新聞社, 1991
入江昭, 篠原初枝訳, 『太平洋戦争の起源』, 東京大学出版会, 1991
永井和, 『近代日本の軍部と政治』, 思文閣出版, 1993
山田朗, 『大元帥 昭和天皇』, 新日本出版社, 1994
鈴木健二, 『戦争と新聞』, 毎日新聞社, 1995
森山優, 『日米開戦の政治過程』, 吉川弘文館, 1998
軍事史学会編, 『機密戦争日誌』(上), 錦正社, 1998
安田浩, 『天皇の政治史』, 青木書店, 1998
須藤眞志, 『ハル・ノートを書いた男』, 文藝新書, 1999
井口武夫, 「対米開戦通告をめぐる諸問題」 『東海法学』 第22號, 1999
伊藤隆ほか編, 『高木惣吉 日記と情報(下)』, みすず書房, 2000
相澤淳, 『海軍の選択』, 中央公論新社, 2002
佐藤元英, 「なぜ'宣戦布告'の事前通告が行われなかったのか」 『中央公論』 2004年 12月號
竹山昭子, 『史料が語る太平洋戦争下の放送』, 世界思想社, 2005
中園裕, 『新聞検閲制度運用論』, 清文堂出版, 2006

제2장

松村秀逸, 『大本営発表』, 日本週報社, 1952
大谷敬二郎, 『昭和憲兵史』, みすず書房, 1966

防衛庁防衛研修所戦史室,『戦史叢書　大本営陸軍部〈3〉』, 朝雲新聞社, 1970

『宇垣一成日記　3』, みすず書房, 1971

横浜市・横浜の空襲を記録する会編,『横浜の空襲と戦災　2』, 横浜市, 1975

巖谷二三男,『中攻』, 原書房, 1976

『別冊　一億人の昭和史　日本ニュース映画史』, 毎日新聞社, 1977

細川護貞,『細川日記』, 中央公論社, 1978

塚本誠,『ある情報将校の記録』, 芙蓉書房, 1979

大木操,『激動の衆議院秘話』, 第一法規出版, 1980

保阪正康,『東条英機と天皇の時代(下)』, 伝統と現代社, 1980

永井荷風,『断腸亭日乗　5』, 岩波書店, 1981

林茂・辻清明編,『日本内閣史録　4』, 第一法規出版, 1981

若松会編,『陸軍経理部よもやま話』, 非売品, 1982

石島紀之,『中国抗日戦争史』, 青木書店, 1984

日本放送協会編,『ラジオ年鑑　昭和18年版』. 大空社, 1989

伊藤隆ほか編,『東条内閣総理大臣機密記録』, 東京大学出版会, 1990

清沢洌,『暗黒日記』, 岩波文庫, 1990

寺崎英成, マリコ・テラサキ・ミラー編著,『昭和天皇独白録　寺崎英成・御用掛日記』, 文
　　藝春秋, 1991

野村実,『海戦史に学ぶ』, 文春文庫, 1994

加藤陽子,『徴兵制と近代日本』, 吉川弘文館, 1996

笠原十九司,『南京事件と三光作戦』, 大月書店, 1999

山室建徳,「軍神論」, 青木保ほか編,『近代日本文化論　10』, 岩波書店, 1999

新谷尚紀,「慰霊と軍神」, 藤井忠俊・新井勝紘編,『人類にとって戦いとは　3』, 東洋書林,
　　2000

秦郁彦編,『検証・真珠湾の謎と真実』, PHP研究所, 2001

原武史,『皇居前広場』, 光文社新書, 2003

増田知子,「'立憲制'の帰結とファシズム」, 歴史学研究会・日本史研究会編,『日本史講
　　座　9』, 東京大学出版会, 2005

山田朗,「兵士たちの日中戦争」『岩波講座アジア・太平洋戦争　5』, 岩波書店, 2006

제3장

山下粛郎,『戦時下における農業労働力対策』(第2分冊), 農業技術協会, 1948

諏訪敬三郎編,『第2次大戦における精神神経学的経験』, 非売品, 1966

防衛庁防衛研修所戦史室,『戦史叢書　南太平洋陸軍作戦〈2〉』, 朝雲新聞社, 1969

陸上自衛隊衛生学校編,『大東亜戦争陸軍衛生史　8』, 非売品, 1969

防衛庁防衛研修所戦史室,『戦史叢書　大本営陸軍部〈5〉』, 朝雲新聞社, 1973

田中申一,『日本戦争経済秘史』, コンピュータ・エージ, 1974

防衛庁防衛研修所戦史室,『戦史叢書　大本営大東亜戦争開戦経緯〈5〉』, 朝雲新聞社, 1974

戸石泰一,『消燈ラッパと兵隊』, KKベストセラーズ, 1976

山崎広明,「日本戦争経済の崩壊とその特質」, 東京大学社会科学研究所編,『ファシズム期の国家と社会　2』, 東京大学出版会, 1979

東洋経済新報社編,『昭和国勢総攬（下）』, 東洋経済新報社, 1980

大江志乃夫編,『昭和の歴史　3　天皇の軍隊』, 小学館, 1982

大井篤,『海上護衛戦』, 朝日ソノラマ, 1983

テレビ東京編,『証言・私の昭和史　3』, 旺文社文庫, 1984

大江志乃夫編,『支那事変大東亜戦争間　動員概史』, 不二出版, 1988

波多野澄雄,『「大東亜戦争」の時代』, 朝日出版社, 1988

海野福寿,「朝鮮の労務動員」, 大江志乃夫ほか編,『岩波講座　近代日本と植民地　5』, 岩波書店, 1993

小林英夫,『日本軍政下のアジア』, 岩波新書, 1993

原朗編,『日本の戦時経済』, 東京大学出版会, 1995

山田朗,「本土決戦体制への道」, 歴史教育者協議会編,『幻ではなかった本土決戦』, 高文研, 1995

近藤正己,『総力戦と台湾』, 刀水書房, 1996

波多野澄雄,『太平洋戦争とアジア外交』, 東京大学出版会, 1996

小澤眞人・NHK取材班,『赤紙』, 創元社, 1997

上杉忍,『2次大戦下の‘アメリカ民主主義’』, 講談社, 2000

吉村昭,『東京の戦争』, 筑摩書房, 2001

上羽修,「‘三光作戦’実行部隊の内部矛盾と将兵の心情」『季刊戦争責任研究』2002년 秋季號

有馬敲,『時代を生きる替歌・考』, 人文書院, 2003

戦後日本の食科・農業・農村編集委員会編,『戦後日本の食科・農業・農村　1』, 農林統計協会, 2003

塚崎昌之,「朝鮮人徴兵制度の実態」『在日朝鮮人史研究』第34號, 2004

波平恵美子,『日本人の死のかたち』, 朝日新聞社, 2004

小関智弘,『東京大森海岸　ぼくの戦争』, 筑摩書房, 2005

河野仁,「アメリカとの遭遇」『岩波講座　アジア・太平洋戦争　5』, 岩波書店, 2006

倉沢愛子,「帝国内の物流」『岩波講座　アジア·太平洋戦争 7』,岩波書店, 2006

小林英夫·張志強編,『検閲された手紙が語る滿洲国の実態』,小学館, 2006

清水寛編著,『日本帝国陸軍と精神障害兵士』,不二出版, 2006

제4장

ジョセフ C. グル－, 石川欣一 訳,『滯日十年(下)』,毎日新聞社, 1948

大藏省昭和財政史編集室編,『昭和財政史 4』,東洋経済新報社, 1955

内務省警報局編,『社会運動の状況14 昭和17年』,三一書房, 1972

三岡健次郎,『船舶太平洋戦争』,原書房, 1973

安藤良雄編,『近代日本経済史要覽』,東京大学出版会, 1975

德川夢声,『夢声戦争日記 2』,中公文庫, 1977

西成田豊,『近代日本労資関係史の研究』,東京大学出版会, 1988

中村隆英編,『日本経済史 7』,岩波書店, 1989

澤地久枝,『ベラウの生と死』,講談社, 1990

下谷政弘ほか編,『戦時日本経済の研究』,晃洋書房, 1992

中野卓,『「学徒出陣」前後』,新曜社, 1992

井本熊男,「国防の基本問題を考え戦争中の経験を語る③」『偕行』1993年 8月號

三和良一,『概説日本経済史 近現代』,東京大学出版会, 1993

内務省警報局,『復刻版. 外事月報 7·8』,不二出版, 1994

小林信彦,『一少年の観た〈聖戦〉』,筑摩書房, 1995

山之内靖ほか編,『総力戦と現代化』,柏書房, 1995

暉峻衆三編,『日本農業100年のあゆみ』,有斐閣, 1996

陸軍航空士官学校史刊行会編,『陸軍航空士官学校』,非売品, 1996

戦時下勤勞動員少女会編,『記録-少女たちの勤勞動員』,BOC出版部, 1997

高松宮宣仁,『高松宮日記 7』,中央公論社, 1997

蜷川壽惠,『学徒出陣』,吉川弘文館, 1998

秦郁彦,『日本人捕虜(下)』,原書房, 1998

藤崎武男,『歴戦 1萬5000キロ』,中央公論新社, 1999

村井哲也,「東条内閣期に於ける戦時体制再編(下)」『東京都立大学法学会雑誌』第40卷
　第1號, 1999

藤岡明義,『合冊 初陣の記 敗残の記』,朝日新聞出版サ－ビス, 2001

佐藤元英·黒沢文貴編,『GHQ歴史課陳述録 終戦史資料(下)』,原書房, 2002

田中宏巳,『BC級戦犯』,ちくま新書, 2002

玉山和夫, Nunneley. John,『日本兵のはなし』,マネジメント社, 2002.

鈴木多聞, 「軍部大臣の統帥部長兼任」『史学雑誌』2004年 11月號

板垣邦子, 「農村」, 早川紀代編, 『軍国の女たち』, 吉川弘文館, 2005

内海愛子, 『日本軍の捕虜政策』, 青木書店, 2005

古川隆久, 『昭和戦中期の議会と行政』, 吉川弘文館, 2005

山口宗之, 『陸軍と海軍』, 清文堂出版, 2005

森武麿, 「総力戦・ファシズム・戦後改革」『岩波講座　アジア・太平洋戦争　1』, 岩波書店, 2005

等松春夫, 「日中戦争と太平洋戦争の戦略的関係」, 波多野澄雄・戸部良一編, 『日中戦争の軍事的展開』, 慶應義塾大学出版会, 2006

吉田裕, 「アジア・太平洋戦争の戦場と兵士」『岩波講座　アジア・太平洋戦争　5』, 岩波書店, 2006

제5장

菊池健一郎, 「司法の面より観たる敗戦原因の研究」『司法研究』第34輯　第5號, 1947

参謀本部編, 『敗戦の記録』, 原書房, 1967

竹中清之助, 「太平洋戦争下の証券市場」『横浜商大論集』第4巻　第1號, 1970

防衛庁防衛研修所戦史室, 『戦史叢書　本土決戦準備<1>』, 朝雲新聞社, 1971

安丸良夫, 「戦後イデオロギ-論」, 歴史学研究会, 日本史研究会編, 『講座日本史　8』, 東京大学出版会, 1971

防衛庁防衛研修所戦史室, 『戦史叢書　海軍捷号作戦<2>』, 朝雲新聞社, 1972

岩手県編, 『援護の記録』, 非売品, 1972

新潟県民生部社会福祉課編, 『新潟県終戦処理の記録』, 非売品, 1972

富山県厚生部社会福祉課編, 『富山県終戦処理史』, 非売品, 1975

生田惇, 『陸軍航空特別攻撃隊史』, ビジネス社, 1977

池田貞枝, 『太平洋戦争沈没艦船遺體調査大鑑』, 戦没遺体収揚委員会, 1977

清水勝嘉, 「中部太平洋方面・離島残留海軍部隊の栄養失調症について」『防衛衛生』第29巻　第12號, 1982

伊藤整, 『太平洋戦争日記(3)』, 新潮社, 1983

小池猪一編, 『海軍医務・衛生史　3』, 柳原書店, 1986

『週刊朝日百科　日本の歴史　119』, 朝日新聞社, 1988

駒宮眞七郎, 『戦時船舶史』, 非売品, 1991

佐賀朝, 「戦時下都市における食糧難・配給・闇」『戦争と平和：大阪国際平和研究所紀要』第2號, 1993

西田美昭, 「戦時下の国民生活条件」, 大石嘉一郎編, 『日本帝国主義史　3』, 東京大学出

版会, 1994

小田部雄次ほか,『キーワード 日本の戦争犯罪』, 雄山閣, 1995

木畑洋一,「ヨロッパから見たアジア・太平洋戦争」, 中村政則ほか編,『戦後日本 占領
　　と戦後改革 1』, 岩波書店, 1995

須川薫雄,『日本の軍用銃と装具』, 国書刊行会, 1995

戦後50年記念誌刊行会編,『特攻のまち・知覽』, 戦後50年記念誌刊行会, 1995

中村隆英・宮崎正康編,『史料 太平洋戦争被害調査報告』, 東京大学出版会, 1995

雨宮昭一,『戦時戦後体制論』, 岩波書店, 1997

厚生省社会・援護局援護50年史編集委員会監修,『援護50年史』, ぎょうせい, 1997

木畑洋一,『第二次世界大戦』, 吉川弘文館, 2001

林博史,『沖縄戦と民衆』, 大月書店, 2001

藤原彰,『戦死した英霊たち』, 青木書店, 2001

古川隆九,『戦時議会』, 吉川弘文館, 2001

山本武利,『ブラック・プロパガンダ』, 岩波書店, 2002

石川県,『石川県終戦処理の記録』, 非売品, 2003

伊藤隆・武田知己編,『重光葵 最高戦争指導者会議記録・手記』, 中央公論新社, 2004

国立歴史民俗博物館,『戦争体験の記録と語りに関する資料調査 1-4』, 非売品, 2004-5

日高恒太朗,『不時着』, 新人物往來社, 2004

井上俊夫,『初めて人を殺す』, 岩波現代文庫, 2005

大門正克,「子どもたちの戦争, 子どもたちの戦後」『岩波講座 アジア・太平洋戦争 6』,
　　岩波書店, 2006

秦郁彦,「第2次 世界大戦の日本人戦没者像」『軍事史学』第166號, 2006

藤田昌雄,『激戦場 皇軍うらばなし』, 光人社, 2006

藤原彰,『天皇の軍隊と日中戦争』, 大月書店, 2006

吉田裕,「加害の'忘却'と日本政府」, 森村敏己編,『視覚表象と集合的記憶』, 旬報社, 2006

読売新聞戦争責任検証委員会編,『検証 戦争責任Ⅱ』, 中央公論新社, 2006

맺음말

吉田茂,『回想10年』第3卷, 新潮社, 1957

高橋三郎編著,『共同研究 戦友会』, 田畑書店, 1983

中曾根康弘,『天地有情』, 文藝春秋, 1996

一ノ瀬俊也,「餓死の島をなぜ語るか」『国立歴史民俗博物館研究報告』第126輯, 2006

색인

일본 근현대사 시리즈 ⑥

아시아·태평양전쟁

초판 1쇄 발행일 2012년 10월 2일
초판 2쇄 발행일 2013년 7월 8일

지은이 요시다 유타카
옮긴이 최혜주
펴낸이 박영희
편집 배정옥·유태선·김미령·박희경
인쇄·제본 태광인쇄
펴낸곳 도서출판 어문학사
　　　　서울특별시 도봉구 쌍문동 523-21 나너울 카운티 1층
　　　　대표전화: 02-998-0094/편집부1: 02-998-2267, 편집부2: 02-998-2269
　　　　홈페이지: www.amhbook.com
　　　　트위터: @with_amhbook
　　　　블로그: 네이버 http://blog.naver.com/amhbook
　　　　　　　　다음 http://blog.daum.net/amhbook
　　　　e-mail: am@amhbook.com
　　　　등록: 2004년 4월 6일 제7-276호

ISBN 978-89-6184-143-6 94900
ISBN 978-89-6184-137-5(세트)
정가 15,000원

이 도서의 국립중앙도서관 출판시도서목록(CIP)은 e-CIP홈페이지(http://www.nl.go.kr/ecip)와
국가자료공동목록시스템(http://www.nl.go.kr/kolisnet)에서 이용하실 수 있습니다.
(CIP제어번호: CIP2012004137)

※잘못 만들어진 책은 교환해 드립니다.